Über dieses Buch Seinerzeit von Oskar Loerke empfohlen, fand sich Hans Keilsons Roman ›Das Leben geht weiter‹ schon einmal im Programm des S. Fischer Verlags. Das war im Frühjahr 1933. Kaum ausgeliefert, brannte der Reichstag, einige Monate später war das Buch des jüdischen Autors Keilson auf der Verbotsliste. Reichlich fünfzig Jahre später wird der Roman erstmals wieder vorgelegt. Er handelt vom wirtschaftlichen Niedergang eines kleinen Selbständigen in einer kleinen Kreisstadt in der Mark Brandenburg, eingelassen in die politischen, sozialen und ökonomischen Wirren der Jahre nach dem Ersten Weltkrieg, der Weimarer Republik, der Inflationszeit und des aufkommenden Nationalsozialismus. (Die Fortsetzung des Romans, die das Leben eines jungen Juden im damaligen Deutschland beschreibt, verfaßte Keilson im Exil. Sie erschien 1959 unter dem Titel ›Der Tod des Widersachers‹; die amerikanische Übersetzung stand 1962 mehrere Wochen lang auf den Bestsellerlisten.) Für diese Ausgabe hat Hans Keilson ein Nachwort geschrieben, worin er über Entstehung und Schicksal des Buches und seines Autors Auskunft gibt.

Der Autor Hans Keilson wurde 1909 in Freienwalde/Oder geboren, studierte Medizin in Berlin und ließ sich gleichzeitig als Sportlehrer an der Preußischen Hochschule für Leibesübungen ausbilden; 1934 Publikations- und Praxisverbot; arbeitete als Erzieher und Sportlehrer in jüdischen Institutionen; 1936 Emigration in die Niederlande, während der Besetzung untergetaucht und als Arzt für die Widerstandsbewegung tätig; nach dem Krieg Mitbegründer der holländisch-jüdischen Waisenorganisaton »Le Ezrat Ha Jeled«, für die er bis 1970 arbeitete; niederländisches Arztexamen, Ausbildung zum Nervenarzt und Psychoanalytiker, Mitarbeiter an der Kinderpsychiatrischen Universitätsklinik Amsterdam; publizierte in Blättern wie *Sinn und Form, Neue Rundschau* oder *Die Zeit*, daneben zahlreiche wissenschaftliche Fachpublikationen. Hans Keilson lebt und praktiziert als Analytiker in Bussum/Niederlande.

Hans Keilson

Das Leben geht weiter

Eine Jugend
in der Zwischenkriegszeit

Roman

Fischer
Taschenbuch
Verlag

Verboten und verbrannt / Exil
Herausgegeben von Ulrich Walberer

Ungekürzte Ausgabe
Veröffentlicht im Fischer Taschenbuch Verlag GmbH,
Frankfurt am Main, November 1984

Umschlaggestaltung: Max Bartholl
Gesamtherstellung: Clausen & Bosse, Leck
Printed in Germany
1280-ISBN-3-596-25950-9

Der Hauswirt kam in den Laden, er war dick und hatte das Benehmen einer Frau.

»Ich will gern mal mit Ihnen reden, Herr Seldersen«, sagte er und machte sich wichtig.

Der Vater sitzt hinter der Kasse, vorn an dem großen Schaufenster, und liest. Das ist so seine Beschäftigung, wenn er keinen Kunden zu bedienen hat und allein ist. In den letzten Monaten hat er viel Zeit zum Lesen, dann liest er die Zeitung mitunter dreimal am Tag. Als er Schritte hörte, sprang er eiligst auf und sagte: »Bitte sehr«, da erkannte er seinen Wirt, und auf sein diensteifriges Gesicht trat eine behagliche Gelassenheit. Er lachte.

»Lassen Sie sich nicht stören, Herr Seldersen, ich bin es nur. Meine Frau sagte mir, ich soll nachsehen, ob Sie alleine sind, und da komme ich nun herüber. Eigentlich hat es noch Zeit, aber ich will doch einmal mit Ihnen reden.« Er drückt sich umständlich aus und umgibt alles mit einem Schleier.

Der Vater kommt hinter der Kasse hervor und stellt sich vorne neben den hohen Linoleumballen. Er ist durch die unklaren Worte ein wenig gereizt. Wer weiß, denkt er, was da wieder im Gang ist.

»Es handelt sich nur darum, Herr Seldersen«, beginnt der Wirt auf einmal merkwürdig kurz und nüchtern, »der Eckladen nebenan wird frei. In einem halben Jahr läuft der Kontrakt mit dem Konfitürengeschäft ab.«

Er will ihn nicht mehr erneuern, obgleich er viele Jahre hindurch stets eine angemessene Miete erhalten und einen ansehnlichen Gewinn aus dem Laden gezogen hat.

Aber sein eigener Laden, in dem Papier, Schreibwaren, Zeitungen zum Verkauf ausliegen – volle zwölf Jahre sitzt er in ihm –, ist ihm jetzt zu klein geworden, er will sich vergrößern, er fühlt den Drang. Gut.

Was ich hinten auf dem Speicher noch alles liegen habe, prahlt er, ein ganzes Warenhaus kann ich damit bestellen. Bilder, Bücher, Schreibwaren, Andenken. Außerdem, der Zeitungsverlag, den er hier am Orte vertritt, will ihm eine große Filiale ausbauen, draußen am Haus breite grüne Schilder mit den Namen aller bei ihm verlegten Zeitungen und Zeitschriften, ein großer Schaukasten als Aushang für die neuesten Nachrichten, alles wird großzügig und weltstädtisch aufgezogen. Zu diesem Zweck nun will er den Laden des Herrn Seldersen nehmen, der neben seinem Geschäft liegt. Die Wand zwischen beiden wird niedergerissen, und aus zwei kleinen Räumen entsteht ein großes Geschäftslokal. Herr Seldersen zieht dafür in demselben Haus eine Tür weiter in den Eckladen, sonst bleibt alles beim alten. Das ist sein Plan, was Herr Seldersen wohl dazu sagt. Ist das nicht großartig? Bedenken Sie, ein Eckladen, wie viele sich schon um diese Ecke bemüht haben! An der Hauptverkehrsstraße am Markt, eine bessere Lage gibt es nicht.

Pause.

Herr Seldersen hat die ganze Zeit dagestanden, als halte ihm jemand eine Ansprache, und zugehört, aber schon zu Anfang wußte er alles. Jetzt war die Reihe an ihn gekommen, sich zu äußern, und er sagte:

»Ja, da muß ich erst mit meiner Frau sprechen.«

Weiter nichts, kein Widerspruch, kein Auflehnen, er muß erst einmal mit seiner Frau darüber sprechen.

Der Wirt hatte es sich nicht so leicht vorgestellt. »Gewiß, sprechen Sie ruhig mit Ihrer Frau, es eilt ja nicht, in einem halben Jahr erst. Natürlich lasse ich Ihnen alles herrichten, die Wände neu kalken, den Fußboden ausbessern, alles, was zu machen ist. Darüber werden wir schon einig, vorerst sollen Sie sich nur mit dem Gedanken vertraut machen.«

Der Vater schweigt, angelehnt an den Ladentisch stützt er rückwärts seine Hände auf die Tischplatte und schweigt. Da kommt Frau Seldersen in den Laden und sieht die beiden Männer. Der Wirt oder seine Frau kommen öfter einmal herüber, sie besuchen sich gegenseitig, sie stehen gut miteinander. Als das letzte Kind bei dem Wirt ankam, vor zwei Jahren, und der Arzt mit der Hebamme allein es nicht mehr schaffte, wurde Herr Seldersen gerufen. Was man von ihm haben wollte, führte er aus, er reparierte Uhren, besohlte

Schuhe, legte Klingelleitungen, bohnerte Fußböden, nahm Gardinen ab und brachte sie wieder an – er verstand alles. Und auch hier krempelte er sich ohne Zögern die Ärmel hoch, tat sich eine große Schürze um, und nach zehn Minuten war ein strammer Junge geboren. Das vergaß man ihm nie.

»Es ist gut, daß Sie kommen, Frau Seldersen«, sagte der Wirt, »ich spreche eben mit Ihrem Mann.«

»Was gibt es denn?« fragte die Mutter ängstlich. Der Wirt begann von neuem zu erzählen. Frau Seldersen hört zu, und ein großer Schreck überfällt sie. Doch zuerst zeigt sie sich noch beherrscht, bald wird sie unruhig, abwechselnd geht ihr Blick von dem Wirt auf den Vater, der wie abwesend dasteht, als sollte keiner seine Gedanken erraten, und wieder zurück auf den Wirt. Schon nach wenigen Sätzen hat sie verstanden, um was es hier geht. Der Vater ist in dieser Lage wie ein Kind, hilflos, ungeschickt, wäre sie nicht im richtigen Augenblick dazugekommen, er hätte alles schweigend hingenommen, nichts erwidert und nur im geheimen seine Gedanken gehabt.

»Das ist für uns immerhin eine gewaltige Zumutung«, beginnt sie, »wenn man schon mehr als zwanzig Jahre in diesem Laden hier steht. Und jetzt wollen Sie uns hinauswerfen.«

»Hinauswerfen, wo Sie bloß hindenken, keine Rede von Hinauswerfen. Nebenan in den Eckladen sollen Sie ziehen, ist das nicht außerordentlich?«

Die Mutter ganz aufgeregt, es kommt ihr alles so unerwartet: »Ja, aber warum denn diese Veränderung, überhaupt jetzt, wo kein Mensch weiß, welchem Ende man zusteuert.« Die paar Jahre, die sie noch arbeiten werden, es werden keine fünfundzwanzig mehr sein, bei Gott nicht, sie hatten es sich anders gedacht, aber nur keine Veränderung.

»Warum wehren Sie sich so«, fragte der Wirt auf einmal in scharfem Tone, »ob Sie hier oder nebenan in Ihrem Laden stehen, wer zu Ihnen will, geht auch die drei Schritte weiter bis zur Ecke. Genau drei Schritte, in dem gleichen Haus, geradezu lächerlich ...«

Die Mutter schüttelt den Kopf, die letzten Vorstellungen prallen an ihr ab, als habe sie sie nicht gehört.

»... wo Sie selbst sagen, daß sie nicht mehr allzulange hier bleiben und sich bald zur Ruhe setzen.«

»Ja, zur Ruhe setzen«, wiederholt sie bitter.

»Gleichviel«, fährt der Wirt fort, »ich muß auch sehen, wo

ich bleibe. Meine Kinder sind noch klein, aber Ihr Sohn kommt in drei Jahren aus der Schule, und Ihre Tochter ist schon in Berlin.« Aber er, wie steht es mit ihm?

»Dafür besitzen Sie doch das Haus«, wirft die Mutter ein. Er lacht, das Haus, gewiß, da habe sie recht, das Haus gehört ihm. Pause.

Ob sie seine grauen Haare sähe, die gehörten ihm auch. Haha, das Haus gehöre ihm, was er für Sorgen hat, wenn sie das wüßte, würde sie nicht so leicht hinsprechen, nein, nein, nichts als Sorgen bringt ihm das Haus. Da regnet es auf dem Boden durch, der Dachdecker muß kommen, da ist das Wasserrohr geplatzt, der Installateur wird gerufen, da muß der Müll abgefahren werden, und dann die Steuern, die auf dem Haus lasten ... er greift sich an den Kopf. Nein, neulich erst hat er zu seiner Frau gesagt, Mama, hat er gesagt, das Haus macht mir nur Kopfschmerzen, noch nicht eine freudige Minute habe ich an ihm gehabt. Er hatte es von seiner Mutter geerbt, er wollte es nicht annehmen, bis zuletzt hat er sich dagegen gesträubt, aber was sollte er schließlich anderes tun? (Die Hypotheken sind in der Inflation ausgezahlt worden, die Aufwertung noch nicht fällig.) Er stöhnt schwer.

»Aber der Eckladen ist ja viel kleiner«, fängt nach einer Weile Herr Seldersen wieder an.

Zu klein, das gewiß nicht, und wenn er alles nahe beisammen hat, so kann ihm das doch nur recht sein. Aber hell ist er, wesentlich heller, sie werden viel an Licht sparen.

»Und das Schaufenster um die Ecke geht uns auch verloren«, wirft Frau Seldersen ein, »wer geht um die Ecke und sieht sich das Fenster an? Und beide Fenster sind auch viel kleiner. Muß es denn so bald sein«, fragt sie schließlich.

»In einem halben Jahr erst«, erklärte der Wirt, »ich sagte es schon am Anfang.« Er verspürte keine Lust mehr, sich länger in ein Gespräch einzulassen, aus dem am Ende vielleicht noch ein Streit entstand. Was nutzte ihre Widerrede, wenn er wollte ...

Pause.

Die Mutter unterbricht das Schweigen, sie versucht einen unbefangenen Ton anzuschlagen: »Wir werden es uns überlegen, und Sie werden es sich auch einmal überlegen«, sagte sie so ruhig wie möglich, »Sie verlieren doch die Miete für ein Geschäft, so etwas muß genau durchdacht sein.«

»Die paar Jahre, die wir noch hier sein werden«, fügte Herr Seldersen treuherzig hinzu, »lassen Sie uns noch in dem alten Geschäft. Ich bin jetzt vierundzwanzig Jahre hier, wir bleiben ja nicht mehr lange, man hofft doch, daß es bald ein Ende haben wird. Reden Sie noch mal mit Ihrer Frau.«

»Das habe ich ihr schon alles gesagt«, antwortete der Wirt. Aber er versprach, die Angelegenheit noch einmal genau mit ihr zu bereden. Dann geht er.

Die Eltern bleiben zurück. Der Vater steht noch immer rücklings an den Tisch gestützt, die Mutter geht unruhig auf und ab. »Das gibt nichts Gutes«, sagt sie, »nur nicht daran rühren, ich setze keinen Schritt in den neuen Laden. Nein, nein ...«

Der Vater schweigt. Er dachte nach, wie lange er schon Tag für Tag hier unten steht, die vier Kriegsjahre ausgenommen. Die Mutter hat so ihre eigenen Gedanken, er verlacht ihren Aberglauben, aber im Grunde ist er auch nicht frei davon. Er stöhnt. Gewiß, es war nicht ein einfacher Wechsel von Tür zu Tür, wie es der Wirt vorhin so leicht dargestellt hatte. Schließlich sprach die Zeit ein gewichtiges Wort mit, ihre Spur konnte nicht so schnell ausgelöscht werden. Herr Seldersen erinnerte sich genau, als er vor langen, langen Jahren hier in die Stadt kam, als Reisender, stand am Marktplatz ein kleines zweistöckiges Haus, vor dem gerade Leitern und Gerüste aufgefahren wurden. Als er nach einiger Zeit den Ort wieder einmal besuchte, schritt der Hausbau seiner Vollendung entgegen. Eigentlich war es nur ein Umbau gewesen, jedoch nicht wiederzuerkennen: aus einem kleinen baufälligen Haus entstand ein hochaufragendes Eckhaus, weithin sichtbar, unten waren vier Läden mit insgesamt acht großen Schaufenstern ausgebrochen. Hier sah Herr Seldersen die Erfüllung seiner Wünsche: als selbständiger Kaufmann im eigenen Geschäft nur sich selbst verantwortlich. Drei Jahre reiste er schon umher, ohne festen Sitz, ein Angestellter nur wie viele andere. Er stand für sich allein, verdiente gutes Geld. Er war tüchtig, man begegnete ihm mit Achtung und Wohlwollen, doch er, dieses unsteten Lebens überdrüssig, gedachte jetzt für sich selbst etwas zu erobern. Dreihundert Taler hatte er gespart ... Kurz entschlossen ging er hier zu dem Hauswirt und traf einen kleinen geduckten Handwerker, der sich beim Bau übernommen hatte und nun tief in den Schulden steckte. Der sah ihn groß an. »Einen Laden habe ich noch frei«, sagte er, »in der Hauptstraße neben der Ecke, Sie können ihn haben, Sie gefallen mir.« So wurden sie einig. Nach einem halben Jahr eröffnete Herr Seldersen sein Geschäft. Über der Ladentür hing das Schild mit seinem Namen, in zwei Schaufenstern lag die Ware geschmackvoll ausgebreitet, im Laden selbst stand Herr Seldersen und verkaufte unermüdlich, was ein Mensch an notwendiger Kleidung nur brauchte, vom Schnürsenkel bis zum Anzug, alles gab es bei ihm zu kaufen.

Die Zeit ging, der Wirt starb, aber der Vater stand immer an der gleichen Stelle im Geschäft, undenkbar, daß es je anders sein sollte. Die Verhältnisse hatten sich gewaltig verändert, er hätte davon erzählen können.

Jeden Ersten trug er pünktlich seine Miete jetzt zum Sohn, nun erschien der heute auf dem Plan und brachte seinen Vorschlag an.

»Wir wollen abwarten«, sagte der Vater nach einer Weile zur Mutter. Abwarten, sie nickte zustimmend, ja das bleibt die einzige Hoffnung.

Sie erwiderte nichts mehr, sie wußte, so sehr sie sich auch wehren, es wird ihnen wohl nichts anderes übrigbleiben.

Albrecht, der Sohn, kam aus der Schule, und sie gingen zu dritt zum Essen hinauf in die Wohnung. Das Lehrmädchen blieb allein unten, über Mittag war immer eine tote Zeit.

Die Teller vom Vater kamen sauber in die Küche zurück, er saß bei Tisch stumm, mit ernstem Gesicht, als ob sich etwas Schreckliches zugetragen hätte. Die Mutter bat ihn immer wieder, nur einen Löffel Suppe, einen Bissen Fleisch zu essen – vergeblich, er rührte nichts an.

»Es schmeckt dir wohl nicht?« fragte sie.

»Ich mag nicht«, antwortete der Vater. Sein Gesicht blieb starr wie zuvor.

»Du änderst doch nichts, wenn du nicht ißt«, sagte sie schließlich und fügte sich darein.

Der Vater schwieg. Albrecht, dem Sohn, der mit am Tisch saß, erschien dies alles rätselhaft. Was konnte der Vater nicht ändern? Albrecht kam ahnungslos aus der Schule nach Haus und wurde nun Zeuge dieser Unterhaltung, die seine

Gedanken noch einige Zeit später beschäftigte. Genau verfolgte er die einzelnen Worte, beobachtete dabei verstohlen das Verhalten der Eltern, im geheimen versuchte er sich mit Deutungen und Erklärungen, aber er kam nicht ordentlich zu Rande damit. Er war jetzt sechzehn Jahre, ein mittelgroßer schmaler Bursche, der Jüngste in der Klasse, ein wenig verträumt und von einer zarten, fast mädchenhaften Empfindsamkeit. Schon jetzt zeigte er manche Anlagen, doch konnte man noch nicht erkennen, in welcher Richtung ihn später das Leben führte.

»Nimm wenigstens ein bißchen Obst«, fing die Mutter wieder an. Sie reichte dem Vater die Schüssel.

Ihm wurde das ewige Bitten zuviel, ach, quäl mich doch nicht, du siehst doch, daß ich mich schon genug quäle (aber das sagte er schon nicht mehr, man sah ihm nur an, daß er es bei sich dachte). Er ging sofort wieder hinunter in sein Geschäft, heute verzichtete er auf den kurzen Mittagsschlaf. Doch unten auf einem Stuhl überkam ihn die Müdigkeit so stark, daß er sichtbar in sich zusammenfiel, den Kopf auf die harte Lehne legte und in dieser komisch unbequemen Lage einnickte.

Die Mutter und Albrecht blieben oben zurück. Sie konnte sich nicht länger mehr beherrschen, zu viele Gedanken gingen ihr durch den Kopf, sie versank in leidvolle Erinnerung.

Zaghaft bat Albrecht, sie möge ihm doch sagen, was hier vorgegangen sei, während er in der Schule saß. Zuerst glaubte Frau Seldersen, mit bequemen Ausreden ausweichen zu können, aber da der Junge nicht nachließ, erzählte sie ihm von der Unterredung mit dem Hauswirt. Aufmerksam hörte Albrecht zu. Am Schluß sagte er freimütig, auch er könne nichts dabei finden, wenn sie drei Schritte weiter in den Eckladen ziehen, dann muß der Wirt ihnen eben mit der Miete entgegenkommen, da sie sagt, die neuen Räume liegen weit ungünstiger. Die Mutter lächelt etwas über seinen Eifer. »Nein«, erwidert sie, »das ist es ja nicht allein, es geht dabei mehr um anderes, aber das verstehst du ja nicht.« Nun wollte Albrecht erst recht von der Mutter wissen, was er nicht verstünde, und sie versuchte ihm nun zu erklären, was es für sie bedeutet, aus einem Raum zu gehen, in dem sie die Hälfte ihres Lebens verbracht und so manches erfahren habe ... »Vierundzwanzig Jahre, älter als du bist, verstehst du das nicht?« Albrecht stützte seinen Kopf in die Hände und sagte nachdenklich: »Doch, ich glaube, ich verstehe es, aber wenn es nicht anders geht ...«

Da erwiderte Frau Seldersen, lange nicht mehr so ruhig wie vorhin, daß man sich gegen jede Veränderung wehren müsse, solange es möglich sei. Überhaupt jetzt, wo sie doch alles verloren haben, will man sie auch noch dazu zwingen.

Albrecht begriff nicht den Zusammenhang, der versteckt in ihren Worten lag. Er sah ihr offen ins Gesicht; wie sie das von dem Allesverlorenhaben sagte, klang ihre Stimme hart, männlich, als wenn sie das gar nicht beträfe. Im übrigen verstand er nicht, was es bedeutet, etwas zu besitzen und dann abgeben zu müssen, er besaß nichts und wußte nicht viel. Er hatte es nur die Mutter zu vielen Gelegenheiten sagen hören, gleichsam als Entschuldigung, wie jemand um Nachsicht bittet, weil er schlechte Augen hat. Aber ihm selbst mangelte dabei jede Vorstellung.

»Vielleicht läßt der Wirt noch mit sich reden« meinte er zum Schluß großmütig, um die Mutter ein wenig aufzumuntern. Sie schüttelte den Kopf: »Nein, das glaube ich nicht, wir müssen uns darauf gefaßt machen.« Dann ging sie. Albrecht blieb allein in der Stube, er wiederholte für sich ihre letzten Worte und dachte nach, er fand ihre Art, die Dinge zu behandeln, übertrieben und das Gefühl zu sehr betont. Mit etwas Großzügigkeit und Kraft glaubte er viel Unangenehmes umgehen, zumindest aber abschwächen zu können. Er maß der Sache weniger Gewicht bei.

Im Sommer endlich wurde der Bau von Herrn Dalke fertig, zwei Stockwerke und eine riesige Front von hohen Fenstern, über anderthalb Jahre hatte es gedauert, und es schien, als sollte er nie ein Ende nehmen. Bei den Ausschachtungen war man auf Grundwasser gestoßen, Wochen hindurch tat man nichts weiter als Wasser herauspumpen, wenn man am Abend damit fertig war, fand man am Morgen wieder einen großen See vor. Dann kamen die Gewitter, der Boden wurde aufgeweicht, lehmig, alles schien in Feuchtigkeit zu verfaulen, die Leute schüttelten den Kopf, daß dieser Bau nicht vorankam, er verunstaltete das Stadtbild, ständig fuhren Wagen vor, luden Lasten von Steinen, Brettern und Leitern ab, brachten Müll und den Abfall weg, auf der Straße lag Schutt und Erde herum – aber im Grunde waren sie doch froh, eine Menge Arbeiter hatten lange Zeit ihre Beschäftigung, verdienten Geld. Der Bau zog sich in die Länge, aber Herr Dalke konnte es aushalten, wenn er jetzt auch öfters mit einem sorgenvollen Gesicht umherlief und erklärte, wie sehr er sich übernommen habe, wenn er dies zu Anfang gewußt hätte ...

Aber nun war es fertig, ein prachtvolles Gebäude, der ganzen Stadt gereichte es zum Ansehen; wenn man hineinkam, glaubte man in einen großen luftigen Saal zu gelangen, in dem nur Frohsinn herrschte, und wenn man die vielen Sachen ansah, die da zum Verkauf auslagen, so konnten einem nur lustige Gedanken kommen. Eine Treppe führte hinauf zum ersten Stock, da war das Reich der Kinder und der Frauen, alles, was man für die Wirtschaft brauchte, und feine Moden. Nun stand Herr Dalke unbestritten an erster Stelle, Herr Wiesel verhehlte nicht seinen Kummer, obwohl er gleich an zweiter Stelle folgte, er durfte sich eigentlich über nichts beklagen – er war eben nur ein wenig ängstlich.

»Wir werden es verspüren«, sagte er zu Herrn Seldersen, »was meinen Sie, wie es uns schadet, oder haben Sie für die nächste Zeit auch so einen Bau vor?«

Der Vater dachte daran, daß er nun bald in den neuen Laden ziehen müsse, wo alles kleiner und gedrückter war, aber gelassen erwiderte er, bisher sei man immer gut ausgekommen, warum sollte dies in Zukunft anders sein. »Und dann hat Herr Dalke doch die gewaltigen Unkosten«, erklärte er weiter, »auch hierin übertrifft er uns alle, er muß am Tage viel mehr einnehmen als ich zum Beispiel, wenn er auf seine Kosten kommen will, das ist ja klar.«

Herr Dalke kam herüber und lud Herrn Seldersen ein, seinen neuen Bau zu besichtigen, sie standen gut miteinander, auch wenn sie Konkurrenten waren; oftmals am Tag besuchten sie sich in ihren Geschäften, sonntags machten sie gemeinsam Ausflüge mit ihren Familien. Herr Seldersen nahm die Einladung an, und eines Abends nach Geschäftsschluß führte ihn der andere stolz durch die erleuchteten Räume, das hatte er geschaffen. Herr Seldersen lobte, er wurde nicht müde, immer wieder seine Bewunderung laut auszusprechen, er schüttelte Herrn Dalke die Hand, dankte ihm für seine Freundschaft und ging neidlos nach Hause.

Im Herbst zogen Seldersens in den neuen Laden, drei Schritte weiter an die Ecke, es war ihnen nichts anderes übriggeblieben. Der Wirt hielt sein Versprechen, er ließ alles neu herrichten, die Wände kalken, den Fußboden ausbessern, es war alles viel kleiner und gedrängter, es roch nach Farbe. Die Eltern wußten, daß sie hier nie heimisch würden, aber sie verloren kein Wort mehr darüber. Frau Seldersen hatte ihre Drohung wahr gemacht, in der ersten Zeit betrat sie nicht den neuen Raum, doch dann ließ es sich nicht länger vermeiden. Alle Bekannten besuchten sie, auch Herr Wiesel kam herüber. Er sah sich genau alles an und besprach mit Herrn Seldersen die Vorzüge und Nachteile; ihm ging es gut, er besaß ein großes Geschäft in der Eisenstraße, er kannte keine Sorgen. Frau Seldersen erklärte, daß nur die Neugier ihn trieb, zu sehen, ob die Regale voll Ware ständen, aber der Vater verwies ihr den Argwohn. »Bis jetzt sind wir alle noch satt geworden«, sagte er, »und Herr Wiesel meint es aufrichtig.«

In der ersten Zeit sah auch der Wirt öfters herein. »Nun haben Sie sich ja bald eingelebt, ich sagte es Ihnen gleich, es ist alles nicht so schwer.« Es klang wie ein Trost.

Herr Seldersen blieb ihm die Antwort schuldig, er machte eine Handbewegung, die sich der andere nach Belieben deuten konnte. Dann erzählte der Wirt, daß zum Frühjahr die Straße aufgerissen und neu gepflastert würde. Man beriet schon eifrigst in der Stadtverwaltung. »Das gibt Arbeit«, setzte er hinzu, »die Leute haben dann Geld und können wieder einkaufen.«

»Im Frühjahr«, entgegnete der Vater, »wer weiß, was bis dahin sich noch alles ereignet, jetzt stehen wir erst vor dem Winter. Im übrigen, woher will die Stadt das Geld nehmen? Eine Anleihe, neue Steuern, wer weiß woher?« Doch vorerst beriet man nur, das wollte nichts besagen.

Dieser Winter war der erste, in dem die Not und der ganze Jammer offenbar wurde, es gab Arbeitslose, in mancher Familie Vater und Sohn zugleich, die Leute kamen und erzählten, sie klagten viel, sie waren alle so mutlos, nirgends zeigten sich Ansätze zu einer neuen Hoffnung.

Seldersens standen in dem neuen Geschäft wie zuvor in dem alten, sorgten sich für den kommenden Tag und trugen kein weiteres Begehren. Die Zeit hatte so manche Veränderung gebracht, man nahm sie hin ohne jeglichen Widerspruch, ja beinahe mit einer gläubigen Gefaßtheit, als habe eine Gottheit dabei ihre Hand im Spiel. Auch dies hier war nur ein Glied in einer unabsehbaren Kette, es sollte nicht einmal das letzte sein.

Der Kaufmann Seldersen hatte sein Lebtag nichts mit denen im Sinn gehabt, denen der Kopf vor weittragenden Ideen zu platzen scheint, die keine Grenzen kennen. Was er benötigte, lag fein säuberlich um ihn herum, jederzeit erreichbar, seine Art verlor sich nur an das Alltägliche, er blieb nüchtern und überlegen, nicht ohne Spur von Zurückhaltung und Nachsicht, ein ganzer Mann – hinter ihm stand seine ganze Zeit. Er war jetzt über fünfzig Jahre alt und sein Leben bisher nur eine große Arbeit gewesen. Wenn er zurückblickte, da stand alles sicher und fest begründet, wie die Abrechnungen in den Büchern, es lief ein gerader Weg, und am Ende stand das Alter, die Ruhe, die Erholung von der Arbeit. Er hatte den Krieg gesund im Feld überstanden, wenn die Jahre auch doppelt zählten, von einem großen Glück schien er gesegnet, seine Kraft war ungebrochen. Vier Jahre leitete seine Frau das Geschäft, nebenbei zog sie zwei Kinder groß. So sehr sie sich auch mühte, bei seiner Rückkehr fand Herr Seldersen nur noch Trümmer vor, die Regale standen leer, die Kunden blieben aus, alles in allem ein betrübender Anblick. Der Vater unterdrückte alle unliebsamen Erinnerungen und zwecklosen Grübeleien, sein Kredit war unerschüttert, er packte tüchtig mit an, überall hieß es eben wieder aufbauen. Es ging aufwärts in der ersten Zeit, ja es ließ sich alles gut an. Die Stadt wuchs, nach allen Seiten dehnte sie sich aus, es entstanden prächtige Anlagen, die Fabriken steigerten ihren Umsatz, es gab Arbeit für jedermann, Wohlstand und Zufriedenheit, auch Herr Seldersen hatte teil. Er hatte seine Grundsätze und Anschauungen, nach denen er sich im Leben richtete. Schon damals hätte er sich entschlossener und rücksichtsloser zeigen sollen, vieles stünde heute anders.

In der Inflation verlor er sein ganzes Geld, von diesem

Fall kam er nur schlecht wieder auf die Beine. Früher beschäftigte er drei Verkäuferinnen, wenn es not tat, half die Mutter mit aus. Heute teilte er seine Arbeit mit einem Lehrmädchen, aber er hatte sein Auskommen und war zufrieden. Gut, die Zeiten waren schwer und ließen noch Ernsteres ahnen, es hieß eben sich als Mann zeigen, mochte die Last, die auf den Schultern lag, noch so schwer sein – aber das Alter machte keinen Umweg.

In der Nacht zum ersten Osterfeiertag brannte die Fabrik draußen in den Alaungruben bis auf die Grundmauern ab. Es war ein prächtiges Feuer, der Himmel in weitem Umkreis blutig gefärbt, so daß die Wehren weither von den Dörfern des Oderbruches und herab von den Höhen des märkischen Hügellandes mit ihren altmodischen Spritzen angerückt kamen im Glauben, da brenne die halbe Stadt – und es war nur eine Fabrik.

Die Stadt lag weithin sichtbar am Rande des unermeßlichen Flachlandes, lang ausgestreckt zu Füßen einer Hügelkette. Vor unzähligen Jahren, in sagenhaften Zeiten, schleppten gewaltige Eisschollen Schutt, Geröll, Erdmassen mit sich und lagerten sie hier ab, indem sie wie eine Zange die Ebene einzwängten. Heute wellten sich sanfte Hügel, bestanden von düsteren Tannen, schlanken Birken, herben Buchen, aus dem Boden kamen heilkräftige Wasser, und die Erde brachte sich selbst zum Geschenk.

Wo die Hügel allmählich in das Flachland abfielen, waren rundherum Tonziegeleien entstanden, vereinzelt traf man sie auch in der Ebene an, inmitten der Felder und Weideplätze, in der Nähe eines halbversandeten, eingetrockneten Teiches. Landwirtschaft und Industrie bestanden hier dicht nebeneinander, die Fabriken waren ein gewaltiger Konkurrent, sie zogen viele Menschen an, der Bauer mußte sie ernähren. In diesem Landstrich gab es keinen großen Wohlstand, der Boden trug Kartoffeln, Roggen, Gerste und Rüben, unveränderlich seit vielen Jahren, gerade genug, um das tägliche Leben zu fristen.

Der Arbeiter in der Fabrik hatte es schon besser, er tat die vorgeschriebene Zeit seine Arbeit, war nicht abhängig von Wind und Wetter, vielmehr von der Gunst seines Herrn und der Lage auf dem Arbeitsmarkt – aber das kam erst später hinzu, als es immer mehr bergab ging.

Die Nacht war kalt und günstig für ein Feuer. Als das Signal ertönte und die ersten Feuerwehrleute noch schlaftrunken in ihren schweren Stiefeln durch die Straßen stolperten, war das Feuer durch einen Lagerschuppen, der bis obenhin mit fertiggebrannten Ziegeln vollgepackt stand, zum zweiten Verschlag durchgebrochen. Und der Himmel darüber wurde glühend wie eine Esse.

In der Stadt war es vorderhand mit der Nachtruhe vorbei. Seit der letzten Brandperiode vor zwei Jahren, als innerhalb mehrerer Wochen Tag für Tag abwechselnd eine Scheune, eine Strohmiete, ein Stall ausbrannte, hatte man ein so gewaltiges Feuer nicht mehr erlebt. Nun brachen die Flammen ein in die schläfrige Geborgenheit. Die Nacht, die brennende Fabrik, der gespenstisch erhellte Wald dahinter, der Widerschein am Himmel – all das erweckte in den schlaftrunkenen Menschen ängstliche Gedanken, die sich auf das Zukünftige richteten und hier ein erstes dunkles Zeichen zu sehen glaubten. Wer nicht herauslief zur Brandstätte, stieg auf den Dachboden und sah von dort ein großes Flammenmeer, eingebettet in tiefe dunkle Wälder, die ein roter Schein umgaukelte, als ob der Wald selbst brenne.

Der Kaufmann Seldersen stand in dieser Nacht nur kurze Zeit am Fenster, das schrille Signal zu Anfang, der immer mehr aufschwellende Lärm auf der Straße hatten ihn aus dem Bett geholt. Er lehnte sich hinaus, sah die Vorbereitungen der Feuerwehr auf dem kleinen Platz hinter dem Rathaus und hörte die aufgeregten Rufe der Vorbeieilenden.

»In den Alaungruben brennt es«, sagte er zu seiner Frau. Sie lag im Bett zwischen Schlafen und Wachen, unaufhörlich schwammen ihr die Bilder durcheinander.

»Es ist kalt, schließ das Fenster«, bat sie mit halber Stimme.

Der Vater legte sich wieder hin und vertraute der Wärme seines Bettes. Aber der Schlaf stellte sich nicht ein, die ganze Nacht lag er wach, die Erregung von draußen fieberte im Zimmer nach. Gedanken mancherlei Art quälten ihn. Nichts geschah, was in der Auswirkung für sich allein stand, alles war untereinander auf irgendeine Weise schicksalhaft verbunden, und keinem blieb es am Ende versagt, mitzutragen an der großen Verantwortung.

In den Alaungruben brannte das Feuer. Die Arbeiter aus den Gruben sind zum größten Teil seine Kunden. Jeden Donnerstag, wenn es Lohn gibt, kommen sie in die Stadt, mitunter noch am gleichen Tag oder erst am nächsten, und kaufen ein. Wenn sie dieses Mal kommen, werden sie viel zu erzählen haben, aber wie es mit dem Geld und dem Kaufen fortan steht ...?

In dieser Nacht verloren an zweihundert Arbeiter auf lange Zeit ihre Arbeit. Der Besitzer nahm die Versicherungssumme und zog fort. Es hieß, der Brand sei ihm nicht ungelegen gekommen, in absehbarer Zeit habe er seinen Betrieb doch einschränken müssen, er warf nicht mehr genug ab. Das niedergebrannte Werk wurde von einer Gesellschaft gekauft, zwei Jahre blieb es brachliegen.

Das Feuer war längst wieder vergessen, der schweflige Qualm, der noch lange Zeit danach in der Luft hing, abgezogen, die Fabrik stand da, ausgebrannt, ein trauriges Bild der Verlassenheit, die Kinder spielten darin, wenn die Arbeiter daran vorbeigingen, wandten sie ihren Blick ab.

Da erschien eines Nachmittags plötzlich ein kleiner, noch junger Herr bei dem Kaufmann Seldersen unten im Laden, er trat recht entschieden auf, verlangte kurzerhand den Vater zu sprechen und zeigte auch sonst keine Befangenheit. Sein Äußeres wies manche Merkwürdigkeit auf, er trug einen besonders hohen Kragen, der dem Kopf gleichsam als Sockel diente, beim Sprechen verzog er in regelmäßigen Zwischenräumen sein Gesicht, wobei dann unzählige kleine Falten versteckt aus der glatten Haut hervortraten, es sah aus, als wenn er grinse.

Herr Seldersen schien ihn erwartet zu haben, er nahm seine Geschäftsbücher, flüsterte seiner Frau ins Ohr und ging mit dem Fremden hinauf in die Wohnung. Er hatte an den Büchern schwer zu tragen, aber der andere half ihm nicht. Die Mutter blieb allein unten zurück, sie setzte sich an die Kasse und faltete die Hände im Schoß. Sie hatte Mühe, ihre Erregung zu meistern. So fand sie Albrecht, als er in den Laden trat.

»Wo ist Vater?« fragte er.

»Oben«, antwortete die Mutter, sie kritzelte andauernd verschlungene Kreise auf ein Stück Papier. Nach einer Weile: »Geh einmal hinauf, ein Herr vom Finanzamt ist da, paß auf, was sie miteinander reden.«

Albrecht erstaunt: »Ein Herr vom Finanzamt? Was will er bei uns, und so überraschend?«

»Nein, er hatte sich heute morgen schon angemeldet, der Vater sagte es mir auch erst vorhin, ich wußte es nicht, er will Einsicht in die Bücher nehmen.«

»In die Bücher, verdammt«, entfuhr es Albrecht. Er besaß keine große Erfahrung in geschäftlichen Dingen, die Eltern hielten alles, was damit zusammenhing, von ihm fern. Wenn er sich zur Hauptgeschäftszeit unten aufhielt, schickten sie ihn in der Regel hinauf, zum Verkauf eignete er sich nicht, er stand nur herum, jedem im Wege, schon besser, er blieb oben.

Der Vater war als Geschäftsmann verpflichtet, ordnungsgemäß die Bücher zu führen, zu jeder Zeit konnte man schriftliche Unterlagen von ihm verlangen. Allabendlich, wenn er die Tageskasse überzählt hatte, besorgte er die Eintragungen, am Ende eines jeden Monats und dann wieder viertel- und ganzjährig folgte die große Abrechnung. Daraus ergaben sich die Abgaben an den Staat. Das Buchführen war eine Kunst, man konnte, wenn man es verstand, viel Eigenes dazutun, zurechtstutzen, färben. Ob sein Vater es auch tat, wußte Albrecht nicht genau, im Augenblick kamen ihm sogar Zweifel.

»Hoffentlich sind sie in Ordnung«, sagte er ängstlich.

»Natürlich«, antwortete die Mutter, sie war ihrer Sache anscheinend ganz sicher, »aber angenehm ist es nicht.« Albrecht ging hinauf in die Wohnung und legte sich im Nebenzimmer auf die Lauer.

Der Fremde, der Herr vom Finanzamt, nimmt ein großes Buch, und bevor er es aufschlägt, sagt er allgemein ein paar einleitende Worte.

»Sie wissen, daß wir mit Ihrer Erklärung nicht einverstanden sind, Herr Seldersen. Wir sind der Meinung, daß Sie versuchen, der Steuer eine beträchtliche Summe zu hinterziehen. Im Vergleich zu den vorigen Jahren erscheint es uns besonders auffällig. Allgemein versucht man jetzt, uns, den

Staat, zu behumpsen« – wirklich, behumpsen, er gebrauchte es auch später noch ein paarmal, betrügen schien ihm zu scharf zu sein, denn er hatte ja keine direkten Beweise. »Es ist nur zu menschlich«, fährt er fort, »unsere Beamten sind jetzt täglich unterwegs, es kommt da so mancherlei ans Licht.«

Der Vater liegt mit dem ganzen Oberkörper quer über dem Tisch, damit er beim Hin- und Herreichen schneller zur Hand ist, ruhig hört er sich an, wessen man ihn da beschuldigt. Im Vergleich zum vorigen Jahr, was sollte er darauf antworten, hier die Bücher werden schon Auskunft geben. Hinter der Tür lauscht Albrecht gespannt. Bevor der andere aber anfing, hörte er den Vater fragen:

»Wie lange sind Sie schon hier auf dem Amt?«

»Seit einem dreiviertel Jahr.«

»So, so.«

Warum er frage, forschte der Beamte.

»Ach nur, Ihre anderen Kollegen kenne ich schon seit vielen Jahren, aber Sie habe ich eigentlich noch nie gesehen.«

Pause.

Eine harmlose Frage, ja beinahe sinnlos und ohne Zusammenhang, aber Herr Seldersen verfolgte schon seine Absicht. So durchtrieben war er. Erkundige dich bei ihnen nach mir, wollte er damit sagen, frage sie, mit wem du es hier zu tun hast, mit einem Bilanzfälscher oder mit einem ehrlichen Kaufmann.

Der Beamte war nicht dumm, er verstand, nach welchem Ziel diese Frage schoß, aber er war erst kurze Zeit hier. Dieser alte Mann, wie er zitterte!

»Sie dürfen mich nicht falsch verstehen, Herr Seldersen«, sagte er, »ich bin als Beamter verpflichtet, zu verhüten, daß man den Staat behumpst, und wenn ich jetzt bei Ihnen bin, so besagt das noch nichts gegen ihre Lauterkeit. Schließlich müssen wir uns doch überzeugen, daß Ihre Angaben auf festem Boden stehen. Ich weiß genau, es ist jetzt eine schwere Zeit für Sie, für die Geschäfte, für uns alle. Hoffen wir, daß es bald besser wird.«

Der Vater nickte mit dem Kopfe.

Ja, es war schon schwer, lange durfte es nicht mehr so weitergehen, was sollte er noch große Worte machen. Er hatte gearbeitet und verdient, sein Geld verloren und weitergearbeitet, obwohl er die Fünfzig überschritten hatte und ihn oft das Verlangen nach Ruhe und Entspannung ankam. Hier in diesen Büchern stand alles haargenau, unfehlbar richtig. Die Erinnerungen gewannen die Oberhand in ihm, er nahm ein Buch zur Hand: »Da sind die Abschlüsse aus den Jahren vor dem Krieg, sehen Sie, das sind noch Zahlen, was? Die werden wir nicht wieder erreichen, nie, aber das will man auch gar nicht. Nur ein bißchen besser soll es werden, man will die Gewißheit haben, daß es langsam wieder bergauf geht.«

Der Beamte fing an in dem Buch hin und her zu blättern, überprüfte einen Abschluß, verglich die Übertragungen, verfolgte die einzelnen Konten, überall machte er Stichproben. Zwischendurch stellte er einige Fragen an den Vater:

»Sie haben zwei Kinder, Herr Seldersen?«

»Ja, ein Mädel und einen Jungen.«

»Und Ihre Tochter ist in Berlin?«

Der Vater nickte: »Sie hat dort eine Stellung angenommen, nebenbei bildet sie sich noch weiter.«

»So. Wieviel geben Sie ihr monatlich?«

»Gar nichts, gar nichts, sie verdient sich alles selbst.«

»Davon lebt sie und bezahlt noch ihre Ausbildung, das ist doch nicht gut möglich«, forschte der Beamte.

Der Vater bewies es ihm, die Ausbildung kostete nicht viel, sie erhält Ermäßigungen und Vergünstigungen, »ihre Kleidung kann ich ja sehr billig besorgen«.

»Und Sie geben ihr gar nichts?«

Der Vater wand sich hin und her. »Nennen Sie das unterstützen, wenn ich ihr fünf Mark in die Tasche stecke oder ein Paket sende?«

»Wo buchen Sie den Betrag?«

»Das sind kleine Ausgaben, so nebenbei, die trage ich nie besonders ein«, antwortete der Vater, er wurde etwas befangen, seine Stimme verlor mehr und mehr an Sicherheit, für Albrecht ein bekanntes Zeichen. Er lauschte weiter, gespannt.

»Und die Geigenstunde von Ihrem Sohn?«

Der Vater stutzte, mit der Zeit kam ihm dieses Verhör geradezu unheimlich vor, was wußte der Fremde nicht noch alles von ihm? Sicherlich hatte er die Geige in der Ecke am Klavier gesehen. Aber ein Verhör, ein richtiges Verhör.

»Das steht hier«, gab er schnell zur Antwort und nahm ein kleines Buch zur Hand, das für derartige Ausgaben angelegt war.

Noch mehr wollte der Fremde wissen, zum Beispiel, warum Herr Seldersen kein Haus besitzt, wo er doch schon so lange hier ansässig ist und sicherlich Gelegenheit zu einem Kauf gehabt hat.

»Gott sei Dank, auch die Sorgen jetzt noch«, meinte der Vater.

Sorgen? Im Gegenteil, er hätte sein Geld doch dann gut angelegt und nicht alles verloren.

»Das habe ich eben verabsäumt«, gab Herr Seldersen zu, als gestehe er eine Sünde, »konnte man denn alles im voraus wissen und danach sein Handeln einrichten?«

Der Beamte schlug Seite für Seite um, und es dauerte eine lange Zeit. Albrecht wurde es allmählich zu langweilig im Nebenzimmer, er ging hinunter und erstattete der Mutter genauen Bericht, bisher ist alles gut abgelaufen, der Vater ein wenig aufgeregt, aber er macht klare Angaben, der Beamte kann ihm nichts nachweisen. Sie gab sich zufrieden.

Unterdessen arbeitete der Beamte weiter, rechnete, verglich, auf einmal entdeckte er zwei kleine Fehler, er lachte.

Diese Fehler hier waren nicht wesentlich, sie änderten auch nichts an dem Endergebnis, aber einem geübten Auge fielen sie sofort auf.

Dem Vater schoß das Blut zu Kopf, er neigte sich tief auf die Seiten: »Da habe ich angefangen, mir die Bücher alleine in Ordnung zu halten«, sagte er verschämt, »ich wollte die Ausgaben für einen Buchhalter sparen. Zu Anfang unterliefen mir dann gewiß ein paar Fehler.«

»Sie haben die großen Jahresabschlüsse auch alleine ausgeführt?« fragte der Beamte ungläubig.

»Jawohl, zusammen mit meiner Frau. Zuerst machte es große Schwierigkeiten, später fand ich mich damit zurecht.«

»Alle Achtung, wirklich, sehr anerkennenswert.« Er prüfte weiter.

Und dann auf einmal wurden die Summen immer kleiner, die Tageseinnahmen gingen immer mehr zurück, man sah es aus den Eintragungen.

Eine ganze Geschichte konnte man aus diesen Zahlen ablesen. Es gab kein besseres Beispiel. Herr Seldersen stand dabei und starrte auf die beschriebenen Seiten. Seine Erregung hatte sich allmählich gelegt, und eine beherrschte Ruhe lag über ihn gebreitet. »Glauben Sie mir, es ist schon so, wie ich sage«, bat er leichthin.

Der Beamte schwieg. Saß er abends, wenn Herr Seldersen das Geld zählte und die Summen eintrug, neben ihm? Er verglich die Schulden. Nach und nach verließ ihn seine anfängliche Steifheit und das Mißtrauen, ja er taute auf und wurde gesprächig.

»Soll Ihr Sohn später studieren?« fragte er Herrn Seldersen.

Der vergaß zuerst eine Antwort, die Frage hatte noch Zeit, wie konnte man sich jetzt schon entscheiden. Nach einer Weile:

»Es wird ihm wohl nichts anderes übrigbleiben, man muß abwarten.«

Schon jetzt verspürte er ein leises Unbehagen, wenn er an die Zeit dachte, in der sich sein Sohn und er mit ihm zu entscheiden hatten.

Anfangs wollte er auch gerne studieren, erzählte der Beamte, der Krieg kam ihm dazwischen, nachher mußte er zusehen, möglichst schnell Geld zu verdienen. Oft tat es ihm heute noch leid, Pflanzenkunde interessiert ihn brennend.

»So, Sie waren also auch schon draußen«, lenkte der Vater ab.

»Natürlich, ich bin sogar verwundet, ein Querschläger am Arm, es ging noch einmal gut aus.«

Herr Seldersen bot ihm eine Zigarre an.

Schließlich mußte der Beamte sich die Bücher mitnehmen, aus dem kurzen Einblick hier gewann er kein genaues Bild. Soweit er jetzt die Sache übersah, schienen die Angaben auf Wahrheit zu beruhen; von einigen kleineren Fehlern abgesehen, ließen sich keine Unregelmäßigkeiten entdekken. In ein paar Tagen erhält Herr Seldersen dann einen abschließenden Bescheid.

Als der Vater wieder im Laden erschien, lachte er.

»Ist alles in Ordnung?« fragte die Mutter ängstlich, die ganze Zeit verließ sie nicht die Sorge.

»Was soll denn nicht in Ordnung sein? Natürlich, alles hat seine Richtigkeit.«

Nach ein paar Tagen brachte der Beamte die Bücher eigenhändig zurück, er zeigte sich dieses Mal überaus freundlich und zuvorkommend.

»Hier bringe ich Ihnen die Bücher«, sagte er, »sie sind in Ordnung, es war nicht anders zu erwarten.«

Herr Seldersen hatte seine Genugtuung. Noch eine ganze Weile standen sie beisammen und unterhielten sich über die Aussichten. Er hieß übrigens Röllger.

»Das Geld ist knapp und teuer«, erklärte Herr Röllger. Herr Seldersen nickte zustimmend.

»Woher das nur kommt?« wunderte er sich.

Röllger: »Wir haben doch verloren, und deshalb sind wir in der verzwickten Lage.«

»Aber die anderen«, wirft Herr Seldersen ein, »die sich doch den ganzen Gewinn einstecken – geht es denen wirklich so gut?«

Röllger lachte höhnisch: »Von gutgehen keine Rede, aber sie können es vorläufig noch aushalten, denn sie haben ja große Reserven. Und dann die Verschuldung und Lastenverteilung, all das zusammen läßt keine Erleichterung aufkommen. Lieber gehen sie alle zusammen langsam zugrunde, als daß sie dem helfen, bei dem die größte Not herrscht.«

Herr Seldersen nahm sich ein Herz und erklärte freimütig, daß ihm diese gesamten Verwicklungen ziemlich unklar seien, er sieht nicht hindurch, wo es eigentlich im argen liegt, hinzu kommt, daß er auch gar nicht viel Eifer anwendet, um sich mehr um diese Angelegenheiten zu kümmern. Er hat mit sich genug zu tun – auch später wendet er diesen Satz noch oft an: mit sich selbst genug zu tun –, und das genügt ihm vollauf. Außerdem geht er ja deshalb zur Wahl und gibt seine Stimme ab, damit andere, die mehr Zeit haben, sich damit beschäftigen, gleichsam in seinem Auftrag entscheiden. Aber er fürchtet beinahe, daß auch die anderen sich nicht mehr zurechtfinden. In der Tat, es ist köstlich, sie lachen beide. Und dann die großen Zusammenkünfte und Konferenzen, jeden Augenblick eine andere, es wird da gut gegessen und vortrefflich geredet, das muß man sagen, juristische Berater sind natürlich immer zur Hand und finden die gesetzlichen Unterlagen und Begründungen, aber wie weit das mit Recht überhaupt noch etwas zu tun hat, weiß kein Mensch. Zehn Jahre dauert nun schon der Friede, aber er ist schlimmer als der Krieg selbst. Nun kann es endlich bald einmal besser werden.

»Sehr wahr«, sagte Röllger, »sehr wahr.« Zum Abschied gab er dem Vater die Hand, sie verstanden sich beide.

Einen Monat später, im Hochsommer, feierte Herr Seldersen sein fünfundzwanzigjähriges Geschäftsjubiläum. Fünfundzwanzig Jahre! Schon am Morgen schickte der Wirt sein Töchterchen mit einem großen Blumenkorb herüber, an dessen Henkel eine Fünfundzwanzig aus Margueriten gewunden hing. Viel herzlichen Glückwunsch! Der Wirt und seine Frau kamen später selbst und brachten ihre Glückwünsche. Sie fühlten sich geehrt, daß Herr Seldersen fünfundzwanzig Jahre in ihrem Hause sein Geschäft betrieb. Von dem Ruhm und den Ehrungen, mit denen man ihn jetzt überhäufte, fiel auch ein gut Teil auf sie ab. Fünfundzwanzig Jahre konnte man mit ihnen auskommen ... und noch weitere fünfundzwanzig, sagten sie und schüttelten Herrn Seldersen kräftig die Hand. Sie dachten sich wohl beide nichts dabei und meinten es nicht so wörtlich, aber Herr Seldersen dachte bei sich im stillen so manches, offen gestanden, er besaß keinen besonderen Ehrgeiz mehr. Alle stellten sich ein und gratulierten, am Nachmittag stand es in der Zeitung, ein kurzer Rückblick ... ein treuer Mitbürger der Stadt ... angesehen, ein Stück Geschichte – herzlichen Glückwunsch und weiterhin alles Gute.

Unter den Kunden gab es einige, die die ganzen Jahre hindurch treu zu ihm gehalten und, was sie brauchten, nur bei ihm gekauft hatten. Die Eltern waren bereits Kunden gewesen, die Kinder damals noch klein, Seldersens erlebten mit, wie sie aufwuchsen, zur Schule gingen, eingesegnet wurden, sich verheirateten, nun kamen sie selbst, der Vater war vielleicht schon gestorben, sie brachten die Mutter mit. Die saß im Laden auf dem Stuhl, wackelte mit dem Kopf und erinnerte sich der vergangenen Zeiten.

Herr Seldersen ging umher und nahm alles hin, stumm, in einem beglückten Schweigen. Es war ihm nicht recht, auf einmal in den Mittelpunkt gerückt zu sein, wenn auch nur für einen Augenblick, er fühlte sich in seiner Zurückgezogenheit sicherer, umfriedeter, was hatte er schon für ein Verdienst sich erworben. Aber er konnte seine Rührung nicht verbergen, Dank, viel herzlichen Dank auch! Morgen ist auch ein Tag. Aber es ging ihn doch an, so ein Tag war schon ein Ereignis, man konnte auf ihn rechnen, sich auf ihn berufen, er entschädigte für vieles. Aber nicht zu verheimlichen, die Erinnerungen, die erwachten, waren nicht immer angenehm, ihnen wurde nicht immer ein freundliches Gedenken zuteil. Vor fünfundzwanzig Jahren, ja, da fing man erst an, mit Hoffnungen und Wünschen, man selbst war jung, kräftig. Und so sollte es werden, oh, was versprach man sich nicht alles. Und vor zwanzig Jahren ... und vor fünfzehn Jahren, und dann ... der Krieg vier Jahre, und dann ... immer weiter, und dann ...

Der Vater stand den ganzen Tag im Laden, zu Beginn des Nachmittags kam der kleine Kipfer, er war früher lange Zeit Zigarrenarbeiter gewesen, bis seine Lungen erkrankten. Er befand sich gerade auf dem Weg zum Rathaus, um eine Versammlung für die nächste Woche anzumelden; als er an der Ecke vorbeikam, stand Herr Seldersen an der Tür und hielt Ausschau. Auf dem Rückweg sprach der kleine Kipfer bei ihm vor. Von jeher, schon in seinen gesunden Jahren, befaßte er sich mit der Politik, vor allem die Fragen der wirtschaftlichen Neugestaltung hatten es ihm angetan, die Ökonomie, die Rationalisierung und wie die Worte alle hießen, die sich in seinem Munde sonderlich ausnahmen. Seit ihn seine Krankheit zur Untätigkeit verdammte, arbeitete er für eine radikale Partei, die ihn auch schon einmal verschickt hatte, er war belesen, witzig, ein großer, alter Soldatenmantel bedeckte seine kleine, schmale Gestalt. Er kam öfter zu dem Vater, und immer fanden sie Stoff genug zu einer Unterhaltung.

Zuerst brachte der kleine Kipfer noch nachträglich seine Glückwünsche an, sie kamen etwas verspätet, Herr Seldersen dankte, das lag nun schon lange zurück.

Der kleine Kipfer war viel beschäftigt, vor den Wahlen, sagte er, gibt es immer viel Lauferei. Er mußte organisieren, veranstalten, er empfing Anweisungen, gab sie weiter, alles lief bei ihm zusammen. »Man sieht Sie gar nicht in den Versammlungen«, begann der kleine Kipfer, »Sie sind doch ein verständiger Mann ...«

Der Vater lachte. »Allerdings, ja, wenn die Politik mein

Beruf wäre, aber so ...«, er ist am Abend immer zu müde, entschuldigt er sich kurzerhand, im Augenblick lag ihm nichts an einem Gespräch.

»Ein Arbeiter, der acht Stunden Tonkarren schiebt, ist auch müde«, antwortete der andere, »wenn das jeder sagte, wo bliebe dann die Demokratie.« Er ließ nicht locker.

Herr Seldersen verzog mißmutig sein Gesicht: »Ich bin vier Jahre draußen gewesen«, erklärte er in einem Tone, der völlig seinen Widerwillen kundtat, »ich weiß Bescheid.« Am Abend will er wenigstens seine Ruhe haben. Den ganzen Tag steht er hier unten, was ihm die Leute alles erzählen, er hört genug – nein, er macht sich nichts daraus, in einem stikkigen und überfüllten Raum zu sitzen, Reden anzuhören, Bravos und sonstige Zwischenrufe. Bis zu einem gewissen Grad erscheint ihm diese leidenschaftliche Anteilnahme lächerlich, verspielt, ja unmännlich. Glaubt der andere denn wirklich, daß es einen Einfluß auf das Geschehen im Augenblick oder in Zukunft hat, ihm geht das nicht ein. Außerdem ist er ja immer unterrichtet, er liest die Zeitung, natürlich, man muß doch wissen, was in der Welt vor sich geht. Aber jetzt überkommt ihn öfter dabei der Schlaf. So spricht Herr Seldersen, unlustig, spöttisch, und umgibt sich mit dem Schein einer behaglichen Sicherheit.

Bisher ist es ihm anscheinend noch sehr gutgegangen, entgegnet der streitsüchtige Parteifunktionär, denn wüßte er wirklich, was in der Welt vor sich geht, so dächte er entschieden anders über die Beschäftigung mit Politik, die nach seiner Meinung wohl nur für Beschäftigungslose da sei. So ist es ihm unter anderem vielleicht entgangen, oder seine Zeitung hat es ihm geflissentlich unterschlagen – denn das ist ein wesentlicher Grund für die allgemeine Unkenntnis –, daß zum Beispiel riesige Ernten an Weizen und Baumwolle vernichtet werden, während es hierzulande doch genug Menschen gibt, die noch nicht einmal das Nötigste zum Leben haben.

Herr Seldersen hatte davon gehört. Ja, er erinnerte sich, irgendwer erzählte es vor kurzer Zeit, er wollte es erst nicht recht glauben. Aber das muß doch einen Sinn haben?

»Ganz recht, einen Sinn, eben den, die Preise hochzuhalten.«

Dann habe er nur Nutzen davon, entschied sich Herr Seldersen, er sah die Dinge sehr einfach und fällte ein Urteil, ohne viel nachzudenken.

»Gut, dann muß aber der Verdienst aller anderen auch dem entsprechen. Denn was nutzt Ihnen der hohe Baumwollpreis, wenn Sie Ihre Ware nicht loswerden. Im Augenblick mag Ihnen die künstliche Hochhaltung der Preise günstig erscheinen, im Grunde ist das aber nicht nur ein Vorgang für sich alleine, losgelöst von allen anderen Vorgängen des täglichen Lebens, sondern ein einzelner in einer Gruppe von vielen, die in sich körperhaft zusammenhängen und Ihnen nicht alle einen Vorteil bringen können, Herr Seldersen.« Es ist in der Tat so verschlungen, daß alles ineinander übergeht. Heute kann er vielleicht noch von einem Nutzen reden, aber bald kann es so weit sein, vielleicht früher, als er erwartet, daß auch er eines Tages ...

Hm, hm ... der Vater versteht, doch vorläufig gibt er sich noch ruhig und unbefangen, als kenne er keine Sorgen, keine schlaflosen Nächte – aber unbehaglich ist ihm doch zumute. Er hat eine Ahnung, als wenn bei diesem Gespräch nicht sonderlich viel Rühmliches für ihn herausspringt, er wird keine große Ehre mit ihm einlegen. Kurzerhand abbrechen, es nicht zu Ende kommen lassen, das erscheint ihm im Augenblick einzig richtig. Aber für den kleinen schwindsüchtigen Radikalen wäre das ein herrlicher Beweis, daß der andere nicht mehr weiterkann. Herr Seldersen legt sich daher eine andere Erklärung zurecht.

»Bei mir ist es doch etwas anderes«, sagt er bedächtig.

Wieso gerade bei ihm?

»Ein Geschäftsmann wie ich muß eine andere Taktik befolgen«, erklärt er gewichtig. »Ich bin ein Geschäftsmann, Kipfer, ich stehe sozusagen in der Öffentlichkeit, allen Augen sichtbar. Was ich tue, tue ich nicht nur für mich, gleichsam versteckt in meinen vier Wänden oder unter einer Decke. Sehen Sie, da kommt der Herr Inspektor vom Amt mit seiner Gemahlin, der Landwirt hier oben von der Höhe und der Arbeiter aus den Ziegeleien. Nun, ein jeder hat seine eigene politische Meinung, mit einem von den dreien stimme ich, was Politik angeht, sicherlich nicht überein, das ist auch nicht gut möglich. Soll ich es mit ihnen verderben und, wenn ich einen in einer Versammlung treffe, sagen: Guten Tag, Herr Inspektor, ich verkaufe Ihnen gerne jeden

Tag, was Sie wollen, jederzeit haben Sie bei mir ein Konto, aber Ihre politische Meinung – sehen Sie sich Ihre Partei an, lauter Halunken, Bankrotteure, Hochstapler. Was er wohl da zur Antwort erhält? Meine politische Überzeugung, wird der andere sagen, geht Sie mit Verlaub einen Dreck an, und für mein Geld bekomme ich meine Ware auch bei Herrn Wiesel. Schon ist er ihn los. Oder wenn er in seinem Geschäft mit ihm ein Gespräch beginnt, wie soll er sich dazu stellen? Soll er vielleicht sagen, Sie haben recht, und dann kommt der nächste, und der hat auch wieder recht, und so fort. Da ist es schon besser, er sagt gar nichts, stellt sich unwissend.« Er faßt zusammen: »Nein, nein, all die sollen sich öffentlich herausstellen, die unabhängig sind oder vertragen können, wenn ihnen die Kundschaft davonläuft. Ich habe schon meine Meinung, gewiß, aber ich dränge sie keinem Menschen auf.«

Gewiß, das verlangt auch keiner von ihm, bestätigte der kleine Kipfer, aber wenn er es sich recht betrachtet, so scheint es ihm, als ist das nicht der einzige Grund. Herr Seldersen sagte vorhin etwas von unabhängig, wen in Gottes Namen bezeichnet er nun mit unabhängig, wer hängt denn heute nur von sich allein noch ab? Der Landarbeiter etwa, der Angestellte, der Ziegeleiarbeiter? Die sind doch alleweil auf dem Sprung, entlassen zu werden, wenn sie sich mit ihrer Überzeugung unliebsam bemerkbar machen.

»Warum sind sie auch so dumm?«

»Dumm?« Der kleine Kipfer schüttelt den Kopf, »dumm gewiß nicht.« Er hält es eher für mutig.

»Ja«, sagte der Vater und lachte spitzbübisch, als wollt' er jetzt seinen größten Trumpf ausspielen, »dann sind da immer noch die Gewerkschaften ...«

»Ja«, erwiderte der kleine Kipfer, und der Kopf wurde ihm heiß, »da haben wir noch die Gewerkschaften.« Er fühlte sich durchaus nicht geschlagen, im Gegenteil, jetzt holte er erst richtig aus, Herr Seldersen hatte ihm die Waffe selbst in die Hand gegeben.

»Aber Sie, wen haben Sie hinter sich, Herr Seldersen, nehmen wir an, Sie kommen in Schwierigkeiten, oder wenn Sie heute Bankrott machen, was ist dann mit Ihnen, wer steht dann hinter Ihnen?« Jetzt hatte er den Fisch im Netz, er fieberte. »Sehen wir doch einmal Ihre Konkurrenz an, nehmen wir hier den Wiesel und den da oben an der Ecke, aber zuerst den von da oben, denn der ist der weit Gefährlichere. Er hat jetzt fertig gebaut, zwei Stock, sein Geschäft ist gut eine Viertelmillion wert, ein großer Apparat, man bekommt alles, was man braucht. Meinen Sie, das entsteht aus nichts, so aus ihm selbst heraus, und kein anderer steht dahinter. Wenn Sie zumachen müssen, dann kann der es noch dreimal so lange aushalten, denn er hat einen Rückhalt, er wird gestützt, hinter ihm stehen viele, bereit einzuspringen, wenn es bei ihm bedenklich wird. Erst müssen die in die Brüche gehen, der Einkaufskonzern, die Banken, dann erst ist auch er am Ende. Und der andere in der Eisenstraße, Herr Wiesel, ich war neulich bei ihm im Laden, ich habe eine Ahnung vom Geschäft, aber ein so großes Lager habe ich noch nie gesehen, und das ist alles bezahlt. Mag man auch manchmal reden, über seine Art, Geschäfte abzuschließen, und so einiges wissen, er besitzt ein Haus und seit kurzem auch noch das Auto. Er kann ebenfalls ohne Sorge sein. Aber Sie, Herr Seldersen, Sie dürfen es mir nicht übelnehmen, daß ich so offen zu Ihnen spreche, meine Mutter kaufte schon bei Ihnen, als ich noch da drüben in die Schule ging, Ihnen gehörte damals noch das Geschäft nebenan, ich entsinne mich genau – Sie stehen allein für sich hier in Ihrem Laden, nur auf sich selbst angewiesen. Früher ist es Ihnen sicherlich bedeutend besser ergangen, verdient hätten Sie es wenigstens, bald Feierabend zu machen, aber wenn es erst einmal anfängt zu krachen, sind Sie mit der erste und viele andere auch.«

Pause.

»Aber vielleicht irre ich mich, vielleicht haben Sie doch noch Geld, wer kann wissen.«

»Ja, ja«, beeilte sich der Vater zu antworten, »aus der Inflation noch eine ganze Kiste voll.« Sie lachen beide.

Herr Seldersen ist ein anständiger Mensch, er steht fern jeder politischen Tätigkeit, ja, er hält sich noch etwas darauf zugut, seitdem Politik für ihn gleichbedeutend ist mit Einseitigkeit, Verdummung, Geschrei, ohne daß er eine entscheidende Auswirkung, eine Besserung je selbst zu verspüren bekommt oder auch nur irgendwo einen Ansatz entdeckt. Er selbst ist nicht so dumm, wie er sich anstellt, er sieht schon, was um ihn herum vorgeht, er ahnt auch, daß es ihn angeht, auf ihn zielt, aber er hat noch nicht begriffen, noch nicht eingesehen – alles mit seiner Zeit.

»Herr Seldersen«, sagt der kleine Kipfer und tritt näher an den Vater heran, »es ist nicht gut, in Zeiten, wie wir sie jetzt erleben und wie sie uns noch bevorstehen, allein zurückzubleiben und obendrein noch stolz darauf zu sein. Ein jeder muß wissen, wo er hingehört. Ob Sie das nun sind, als Kaufmann, oder ich oder unser Dr. Reschke, der Arzt – wer nicht weiß, wo sein Platz ist, zählt einfach nicht mit, wird übergangen, ausgeschieden, lebendig begraben, sehen Sie das nicht ein?«

Das war der kleine Kipfer, woher er nur die Worte nahm, er redete wie ein Buch, es lag schon ein Sinn darin, wenn auch am Ende immer wieder seine allein beglückende Partei stand.

Herr Seldersen klapperte mit seinem Schlüsselbund in der Hosentasche, er war verlegen, wußte keine Antwort.

»Schon recht, schon recht, allein und stolz.« Schweigen.

Dann wieder der kleine Kipfer: »Sie sind zu gleichgültig, als ob Sie das alles nicht anginge, aber Sie spüren doch die Auswirkung, gerade Sie, und viele andere auch, aber Sie erst recht, oder wollen Sie leugnen?«

Leugnen? Kein Gedanke, in der Tat, er erfuhr so manches am eigenen Leibe, da hatte der andere schon recht, aber was er sonst noch sagte, entspricht nicht ganz der Wahrheit, er ist nicht gleichgültig. Übt er nicht jedesmal, wenn man ihn ruft, seine Wahlpflicht aus, getreu, und ist es auch dreimal im Jahr, besucht hin und wieder einmal eine Versammlung, aber nicht mehr, warum auch? Denn: kann er etwas ändern? »Können Sie die Verhältnisse im Augenblick ändern oder verhindern, daß es noch schlimmer kommt?«

Der kleine Kipfer schüttelt den Kopf: »Im Augenblick, nein. Aber für die Zukunft, ich habe die Idee, mit anderen zusammen.«

So, die Idee für die Zukunft – und davon wird er satt?

Der kleine Kipfer schwieg, ihm war die Luft ausgegangen, jetzt wußte er endgültig nichts mehr zu sagen. Er stand da und starrte auf den Boden, aber er lächelte insgeheim, unsichtbar für den anderen, er wußte, er hatte recht, auch wenn er im Augenblick Hunger litt.

Dem Vater taten seine letzten Worte leid, kurz nachdem er sie hatte fallen lassen, er bedauerte sie aufrichtig, ja, er empfand sogar Scham darüber, vor allem, als er sah, daß der kleine Kipfer um eine Antwort verlegen war. Er hatte nicht die Absicht, zu spotten oder zu kränken, im Grunde gestand er sich ein, daß der kleine Kipfer viel besser daran war, denn er hatte ja eine Idee mit anderen zusammen, vielleicht hielt ihn dies nur über Wasser, wer konnte es wissen. Aber er, der Kaufmann Seldersen, stand allein. Ja. Doch jetzt mußte er zum Mittagessen hinaufgehen.

»Heute gibt es Kartoffel und Heringe.«

»Das gibt es bei uns nur sonntags«, ruft ihm der kleine Kipfer nach.

Am Abend, als der Vater vom Tisch aufstand, sagte die Mutter:

»Ich komme noch ein wenig mit, gehst du spazieren?«

»Ja«, erwiderte der Vater, »aber bleib du hier, du bist müde, ich gehe gerne alleine.«

»Nein«, antwortete die Mutter, »ich bin nicht müde, laß mich mitgehen.«

Aber der Vater hatte das Bedürfnis, ungestört zu sein, er wagte es nicht, laut zu sagen: Du bist doch müde, sieh in den Spiegel, wie klein und umschattet deine Augen sind, und er geht alleine fort.

Der Abend ist warm und süß, auf den Straßen herrscht noch ein reges Leben. Der Tag war vergangen, voll Arbeit und Mühsal, nun benutzte man die ruhigen Stunden, um Atem zu schöpfen und sich in der Dunkelheit zu ergehen. Die warme helle Nacht lockte einen jeden heraus.

Der Vater trifft viele Bekannte. »Guten Abend, Herr Seldersen«, grüßen sie und sind geneigt, stehenzubleiben. – »Guten Abend«, erwidert der Vater kurz und ohne aufzublicken, denn er hat ja die Mutter zu Hause gelassen, um ungestört zu sein. Er eilt, aus der Stadt herauszukommen, wo es hell ist und ein jeder ihn kennt.

Im Park herrscht eine tiefe Stille. Die dickstämmigen Bäume werfen breite schwarze Schatten über Rasen und Wege. Dort eine einsame Bank. Herr Seldersen setzt sich und lehnt seinen Kopf an die harte Holzlehne. Stille. Ein Liebespaar geht vorüber, eng umschlungen, nach drei Schritten bleiben sie stehen, küssen sich traumhaft lange. Immer nach drei Schritten. Sie gingen schon volle zwei Stunden, sprachen kein Wort in der ganzen Zeit. Sie verschwinden langsam in den tiefen Schatten, zögernd erklingen ihre Schritte aus der Ferne.

Lange Zeit sitzt Herr Seldersen auf der Bank, dann erwacht er jäh aus seiner Versunkenheit, und alles ist wieder scharf und klar wie zuvor. Er ist ein alter Mann, das Leben hat er bald hinter sich, nur die letzte Strecke Weges fehlt noch. Aber den langen Teil davor übersieht er prüfend, und nicht ein winziger Abschnitt entgeht seiner Erinnerung. Das ist mein Leben, denkt er, und auf einmal überkommt ihn eine Ahnung, daß er bald an das Sterben denken muß. Aber was hat er mit dem Sterben zu schaffen? Nichts, vorerst noch nichts.

Ein leiser Wind wiegt die Bäume, die Zweige klatschen aneinander, der Himmel erscheint, durch einen kleinen Spalt sichtbar. Der alte Mann sitzt auf der Bank, er atmet den Duft der Blumen und Bäume, er schließt die Augen. Stille.

Er ist von Hause weggegangen, nicht gerade mißmutig, aber auch nicht in überaus froher Stimmung, seine Frau wollte ihn begleiten, doch heute abend wollte er einmal allein sein und kein Wort reden. Sein Kopf ist angenehm betäubt, eine träge Müdigkeit erfüllt ihn. Dann überkommt ihn der Schlaf, und er nickt ein. Als er wieder aufwacht, schrickt er empor, er weiß zuerst nicht, wo er sich befindet, doch bald erinnert er sich wieder. Ein Gefühl überfällt ihn, als habe er viele Stunden fest geschlafen, wie lange, kann er nicht sagen, seine Uhr hat er zu Hause gelassen, aber sicher ist es schon spät. Im Park ertönt kein Laut mehr. Schnell geht er jetzt nach Hause, am anderen Tag muß er früh wieder auf den Beinen sein.

Am anderen Tag ... wer weiß, was er ihm bringt. Er hat keine großen Erwartungen, mit der Zeit hat er es verlernt, etwas zu erwarten. Plötzlich kommt ihm die Unterhaltung mit dem kleinen Kipfer wieder in den Sinn ... eigentlich haben Sie es nun verdient, Feierabend zu machen, hatte er gesagt, deutlich erinnerte sich der Vater der Worte und des ganzen Gespräches. Hatte er es wirklich verdient? Er stöhnt leise und beschleunigt seine Schritte. Wer fragt danach, wer nimmt darauf Rücksicht, wer? Nein, nein, aber nun muß er daran denken, sein Leben langsam zu einem geruhsamen

Ende zu bringen, er ist noch nicht alt, noch fühlt er sich frisch und mutig, aber wie ein Hauch überkommt ihn die Vorstellung, als wenn er es nicht zu einem geruhsamen Abschluß bringen würde. Er hat eine leise Ahnung; wie er es sich dachte, wie er das Leben begonnen hatte und die ganzen Jahre nun schon führte, so würde er es nicht zu Ende bringen, ja, er spürte, daß es ihm mehr und mehr entglitt, daß er keine Macht mehr darüber hatte. Vielleicht lag sie bei irgendeiner anderen unheimlichen Gewalt. Aber mehr konnte er noch nicht dazu sagen.

In der Stadt sah er auf die Kirchturmuhr, zwei Stunden nach Mitternacht. Vorsichtig geht er hinauf in die Wohnung, zieht sich im Nebenzimmer aus und schleicht sich dann voller Spannung in sein Bett.

»Wo warst du nur so lange«, fragt die Mutter, die ganze Zeit hat sie wach gelegen, »ich habe mich so geängstigt, wie spät ist es?«

»Es ist schon spät«, antwortet der Vater begütigend, »ein paar Stunden können wir noch schlafen.«

Bald ist er in tiefem Schlaf.

Die Tage verliefen weiter ruhig, es ereignete sich nichts Bedeutungsvolles, ein jeder ging seiner Beschäftigung nach, auch in der Schule gab es wenig Abwechslung, ein neuer Direktor löste den alten ab, es wehte ein frischer Wind, an vielen Dingen konnte man es erkennen, in der ganzen Anstalt eine Pünktlichkeit und Genauigkeit, auch in den kleinsten Sachen.

Albrecht erzählte getreu zu Hause beim gemeinsamen Mittagessen, die Eltern stellten Fragen, und er gab bereitwilligst Auskunft. Zwischendurch merkte er, daß sein Vater nicht bei der Sache war. Er ließ sich erzählen, stellte wohl auch einmal von selbst eine Frage, aber die Antwort beachtete er kaum. Er hielt den Löffel in die Suppe getaucht, beugte den Körper nach vorn über und starrte unverwandt auf die Tischdecke, darüber vergaß er das Essen – er träumte. Albrecht sah ihn groß an und lachte. Dem Vater war weniger lächerlich zumute, ja im Gegenteil, es schien ihm sogar recht unangenehm zu sein, hier bei Tisch ausgelacht zu werden, wer hätte je gedacht, daß er so leicht reizbar war. Mitunter am Abend verließ er das Zimmer, schon bei der kleinsten Meinungsverschiedenheit sprang er auf, nahm die Schlüssel und schloß sich für Stunden in den kalten Laden ein, obwohl er hier unten nichts mehr zu erledigen hatte. Hinter sich versperrte er die Tür. Die Mutter schleicht ihm dann voller Angst nach und lauscht, sie weicht erst vom Platz, wenn sie ihn herumgehen und arbeiten hört. Zuerst ist es ganz still, er sitzt auf einem Stuhl und starrt vor sich in das Dunkel, dann steht er auf, dreht eine Flamme an, gerade genug für seine traurige Arbeit. Er nimmt die Stoffcoupons aus den Fächern, rollt sie auf, vermißt das ganze Stück und stapelt die Rollen auf dem Ladentisch. Jetzt beginnt er umzuräumen, er legt die Inletts neben die Wäsche, die Schürzen neben die Manchesterstoffe, tauscht die Plätze der Wollwaren mit denen der Kurzwaren, so daß sich am nächsten Tag keiner mehr zurechtfindet. Daran hat er Freude, eine seltsam verbissene, hartnäckige, nur ihm gemäße Art der Freude: zuerst eine große Verwirrung und Unordnung anrichten, die Ware liegt verstreut über Tische, Stühle, sogar auf dem Erdboden, über den Herr Seldersen große weiße Papierstreifen gedeckt hat. Und dann wieder Ordnung schaffen, einräumen, glätten, das ist Arbeit, an der er sich zurechtformen kann, weiter ist sie zu nichts nutze, eine übermäßige Kraftanstrengung nur. Bis tief in die Nacht treibt er sich auf diese Weise seinen Zorn und Gott weiß was für Gedanken aus dem Kopf. Spät erst kam er in die Wohnung, die eine Treppe höher lag. Wenn er unten die Ladentür zuschloß, hallte es durch das nachtstille Haus. Am nächsten Tag ist alles wieder beim alten. Von der Mutter ist nichts herauszubekommen, sie verliert kein Wort, nur wenn es zu arg wird, macht sie sich Luft. Dann geht sie durch die Wohnung, als sei sie in der Kirche, spricht und handelt, als verrichte sie ein heiliges Opfer. Damit übertrieb sie den Sachverhalt und machte alles schlimmer, als es in Wirklichkeit war.

»Du sollst nicht lachen, wenn der Vater dasitzt und vor sich hingrübelt«, ermahnte sie den Sohn, »er hat Sorgen, heitere ihn lieber auf, als daß du dich lustig machst.«

»Ja«, erwiderte der Junge, und sein Kindergesicht wird ernst, »ich werde ihm heute abend etwas auf der Geige vorspielen, ich weiß, das hat er gern.« Die Mutter nickte, sie sah ihn lange an. Er war immer noch ein kleiner Junge, wenn man ihn in der Schule auch schon mit Sie anredete. Er spielte Geige, er trieb viel Musik, er war zart, aber nicht verzärtelt. Im Spiel mit Gleichaltrigen hielt er sich wacker, schwamm bis tief in den Herbst hinein in den Seen, die wie ein großer Kranz seine Heimatstadt umgaben, und auch des Winters hockte er nicht in der Stube.

Am Abend kam Fritz, der Freund, er war anderthalb Jahre älter und viel stämmiger, sie saßen in einer Klasse. Seinem Vater gehörte ein Haus in der Hauptstraße, er betrieb dort ein Installationsgeschäft.

Er holt Albrecht zu einem Spaziergang ab, die Eltern haben nichts dagegen, es ist mitten im Sommer, der Abend warm und hell. Nur ein kurzer Weg, eine steil ansteigende Straße hinauf über eine lange, hohe Treppe, und sie sind oben im Wald. Sie gehen weiter, bis sie zu einer ausgemauerten freien Stelle kommen. Hier legen sie sich auf die Steinmauern und sehen hinunter.

Stille.

Weit hinten über der Hügelkette, vor der mächtig und breit der Strom seinen Weg nimmt, kam sacht die Nacht herauf, senkte sich auf den weiten Talkessel und kroch langsam an die Stadt heran. Die kleinen Dörfer, weit zerstreut in der Ebene, betteten sich in den zarten weißen Schleiern, die aus dem Boden aufstiegen, zur Ruhe, nur die Blinkfeuer von den Kirchtürmen kreisen unermüdlich und weisen den Flugzeugen am Himmel den Weg. Allmählich zieht die Ruhe in die Stadt ein.

Die beiden Freunde liegen still lange Zeit, bis das Dunkel ihnen den Blick verschließt, aber sie sind noch erfüllt von der Landschaft und unsagbar dankbar vor Glück. Sie kennen das Bild am Morgen, wenn die Sonne dampfend heraufrollt und die Arbeiter durch die noch einsamen Straßen in die Ziegeleien gehen, am Mittag, wenn die Mägde das Essen auf die Felder tragen und die Lehrjungen in der Mittagsglut auf den Bordschwellen sitzen, am Abend, wenn die Lichter eines Autos durch das Bruch jagen und der Rauch der Schornsteine mit dem Dunkel der Nacht verschmilzt. Sie kennen es zu allen Jahreszeiten, oft krabbeln sie mit da unten herum und helfen der kleinen Stadt ihr wichtiges Leben führen. Viel lieber liegen sie hier oben, es ist dann, als sei alles ihr eigen und sie die unumschränkten Herren. Das Leben wird sie bald von hier verschlagen, wer weiß wohin, sie werden andere Städte, neue Menschen, fremde Gegenden zu Gesicht bekommen, viele Bilder und Eindrücke, aber fest, ganz zuunterst liegt dieses eine Bild bewahrt.

Auf dem Rückweg gingen sie zu Fiedlers, die Eltern waren noch wach, sie saßen vor der Tür und unterhielten sich mit Nachbarsleuten.

Frau Fiedler empfing sie: »Wo wart ihr nur, so spät kommt ihr erst?«

»Du weißt doch, wo ich war«, wandte Fritz ein.

»Wir waren nur spazieren«, fügte Albrecht hinzu. Was sollte dieser Argwohn?

»Ach, gerade heute, kurz nachdem du gegangen warst, schickten von Arnims her, in ihren Ställen brennt kein Licht. Erich mußte hinausfahren, es war ja kein anderer mehr da.«

Sein Bruder Erich mußte hinausfahren, obwohl er am Tag mächtig schaffte und wenigstens am Abend seine Ruhe hätte beanspruchen können. Fritz hörte wohl den Vorwurf heraus.

»So, so.« Einen Augenblick blieb er stehen, als habe er noch etwas zu klären, doch er brachte kein Wort heraus. Dann gingen sie beide schweigend in die Stube. In der Ecke auf einem Tisch stand der Radioapparat. Fritz zog einen Stuhl heran und setzte sich davor. Die Lampen blinkten auf, er drehte an den Kondensatoren, im Lautsprecher erhob sich ein leises Ziehen und Pfeifen, dann vernahm man deutlich eine Stimme. »Berlin«, sagte Fritz und drehte weiter, im gleichen Augenblick verschwand die Stimme wieder. Albrecht setzte sich dazu und lauschte angespannt. Ganz fein aus der Ferne erklang eine geheimnisvolle Musik, schwoll an und erfüllte den Raum. »Wien«, erklärte Fritz, er sah auf eine Tabelle, stellte ein.

»Das ist ja wieder etwas ganz anderes«, sagte Albrecht.

Fritz nickte nur: »Oslo. Jetzt kommt Moskau.« Der Ehrgeiz hatte ihn gepackt, er schaltete, drehte, nahm die Feineinstellung, immer nur ein Quietschen, Pfeifen, wirr durcheinander.

»Jetzt«, sagte Albrecht, undeutlich vernahm er eine heisere Stimme. Fritz schüttelte den Kopf: »Das ist Warschau oder sonst etwas«, erklärte er gewichtig, »Moskau zu empfangen ist eine Kunst.« Albrecht lehnte sich zurück und wartete geduldig. Er sah, wie Fritz sich anspannte, sein Gesicht sich straffte und jegliche Gleichgültigkeit, die sonst darin zu stehen schien, verschwand.

Unterdessen war Erich zurückgekommen, es war nur eine kleine Reparatur gewesen, es verlohnte fast gar nicht den langen Weg. Er brachte sein Rad mit ins Zimmer, als er die beiden Freunde dasitzen sah, rief er: »Da seid ihr ja, du hättest mir den Weg abnehmen können, Fritz, den ganzen Tag bin ich schon auf den Beinen.«

»Wir auch«, erwiderte Albrecht lachend.

»So, was habt ihr denn getan?«

»Griechische Arbeit geschrieben.«

»Na, das ist ja weiter keine Arbeit«, meinte Erich gutmütig, »Schule, das ist doch Faulenzerei, ich bin auch einmal zur Schule gegangen.« Nur drei Jahre älter war er als Fritz, er hatte das Zeugnis der Mittelschule. Fünf Jahre arbeitete er schon im Geschäft seines Vaters, fleißig, sparsam, immer guter Dinge, die Eltern wußten nicht, was sie an ihm hatten. Der Weg heute abend kam ihm eigentlich nicht gelegen, er hatte schon etwas Besseres vorgehabt, aber da es nun nicht anders ging, fuhr er hinaus, brachte den Schaden in Ordnung und kehrte in Ruhe wieder zurück. Sein Rad stellte er hinten in die Kammer, wusch sich, bereitete sich ein paar Brote und setzte sich gemächlich in die Stube.

Noch immer suchte Fritz, er saß vor seinem Apparat, drehte, schaltete, lauschte in den Lautsprecher hinein, nichts, nichts. Er schüttelte den Kopf.

»Das ist ja langweilig«, sagte Albrecht, »stelle Musik oder irgend etwas ein, aber laß das ewige Gesuche.«

Fritz hatte der Ehrgeiz gepackt, aber endlich sah er ein und gab Moskau auf. Dafür machte er sich auf die Suche nach allen übrigen Stationen, er durchstöberte ganz Deutschland und Europa, jedesmal, wenn er einen neuen Sender in seinem Lautsprecher eingefangen hatte, flüsterte er den Namen vor sich hin wie eine Zauberformel. Er schwelgte in Entfernungen, nirgends verweilte er länger, er suchte immer weiter, unruhig, verwegen, als wolle er die ganze Erde hier in das Zimmer zwingen. Albrecht hatte sich längst zu Erich auf das Sofa gesetzt, es war ihm auf die

Dauer zu langweilig, still daneben zu warten, bis Fritz wieder zur Vernunft kam.

»Was er nur davon hat«, sagte er, »wenn er sich wenigstens ein Musikstück bis zu Ende anhören würde, aber dieses ewige Suchen« – er hatte keinen Gefallen daran. Erich stimmte ihm nur zu: »Ich verstehe das auch nicht, mich brächte das Gequietsche um, wie er das nur aushält – der Radiofimmel.« Er verstehe ja schließlich auch einiges von der Schaltung, aber das ist ihm doch fremd.

Mit der Zeit gingen die meisten Sender zur Ruhe, nur einige englische waren noch da und beherrschten das weite Luftmeer. Aber Fritz hatte nun genug, er stand auf. »Ja, Moskau«, sagte er, »das ist schwer.« Er hatte es immer noch nicht überwunden. Albrecht verabschiedete sich, er war müde, Fritz hingegen immer noch frisch, jetzt schien er erst richtig aufgewacht zu sein. Er könne noch stundenlang aufbleiben, prahlte er. Seinem Bruder fielen die Augen zu, auch er war ehrlich müde.

Am nächsten Tag in einer Schulstunde fielen Albrecht die Worte seiner Mutter ein, daß der Vater Sorgen habe, mitten im Schreiben hielt er inne und sah seinen Lehrer zwei Minuten scharf an. Als er aus der Schule kam, ging er geradenwegs zum Vater in den Laden und fragte ihn:

»Warum warst du gestern so wenig bei der Sache?«

Dem Vater kam diese Frage überraschend, er wurde verlegen: »Ach, gar nichts, es ist nichts, ein paar Sorgen, es ist heute nicht mehr so leicht wie früher.«

Sicherlich, das war es, wenn Albrecht auch nicht aus eigener Erfahrung wußte, wie leicht es ihm früher wurde. Er fragte: »Hat denn jemand wieder nicht bezahlt?« Es war ihm bekannt, daß viele Leute kauften und dann wochenlang die Schuld im Buch anstehen ließen. – »Ja, auch das, es ist überhaupt schwer.«

Ausflüchte, Ausreden, offenbar, er wich einer genaueren Antwort aus. Doch Albrecht ließ nicht locker, er fragte weiter, er verstand es ausgezeichnet, zu fragen, bis dem Vater endlich die Geduld riß.

»Was kümmert dich das«, sagte er erregt, »gehe hinauf und besorge deine Angelegenheiten.«

Oho, was ihn das kümmerte, sehr viel, natürlich, sonst würde er doch nicht fragen, einen bestimmten Grund wird seine Neugierde schon haben. »Glaubst du, ich habe keine Augen und Ohren zu merken, daß hier etwas vorgeht, man sieht es dir an, sogar die Mutter hast du schon angesteckt. Wenn man dich fragt, erwiderst du nur, es ist nichts, laß mich in Ruhe, und so weiter. Gut, wenn kein Grund vorhanden ist, warum dann der ganze Aufwand und die unnütze Aufregung. Auf mich fällt immer etwas ab, entweder du erklärst mir, um was es hier geht, oder du läßt das Theaterspielen, dieses Kopfhängenlassen, immer schlechter Laune sein, nachts das Herunterlaufen, daß einem angst wird, nimm dich zusammen, du bist doch schließlich kein Weib.«

Eine mutige Rede, bei Gott, der Mut wuchs ihm erst bei den Worten selbst, wie er so mit seinem Vater redete, man konnte ihn leicht mißverstehen, ja er schien fast dreist aus Dummheit, mit einem Schlage wollte er Klarheit gewinnen.

Der Vater stand vernichtet da, sein Gesicht kreidebleich, er zitterte. Also Vorwürfe, obendrein noch Vorwürfe, das hat man verdient.

Albrecht: »Kein Mensch macht dir Vorwürfe, du sollst nur endlich etwas sagen, damit ich weiß, woran ich bin.«

»Das will ich auch gern wissen«, erwiderte der Vater, jetzt hatte er die Oberhand, »wissen, woran man ist, das ist es ja gerade, aber du bist eben zu dumm, das verstehst du nicht, geh nach oben.«

Albrecht schwieg, ihn ärgerten die Worte sehr, er sah, daß er sein Ziel nicht erreicht hatte, jetzt gelang es ihm erst recht nicht mehr, eine Antwort aus dem Vater herauszulocken. Er wagte auch keinen neuen Versuch, das Gespräch war verfahren, elendig verfahren, schade, es begann so verheißungsvoll.

Als Albrecht nach der Zeitung griff, um sie mit in die Wohnung zu nehmen, fiel ein Brief zu Boden, der obenauf gelegen hatte. Er hob ihn auf und las: Bezugnehmend auf unser Schreiben vom Dritten dieses Monats erlauben wir uns, noch einmal darauf hinzuweisen, daß Ihr Ziel von sechzig Tagen schon um weitere dreißig überschritten ist. Mit der Bitte um möglichst umgehende Begleichung zeichnen wir, stets gerne zu Ihren Diensten ...

»Was bedeutet das«, fragt Albrecht, unverwandt sieht er den Vater an.

Keine Antwort.

»Die Leute wollen Geld von dir, wie hoch ist der Betrag?«
Pause.

»Geh nach oben«, sagt der Vater plötzlich.

Albrecht folgt, ohne aufzusehen.

Am Abend fragt der Vater, es fiel ihm gerade ein: »Hast du denn heute deine Geigenstunde bezahlt, ich habe vergessen, dir das Geld zu geben, du mußt mich schon daran erinnern.«

»Ich habe gezahlt«, antwortet der Junge kleinlaut.

»Und das Geld?«

»Ich habe es aus meiner Sparbüchse genommen.« Er schämte sich gewaltig.

»Das ist doch unnütz«, sagt der Vater, der Einfall erscheint ihm spaßig genug, aber zu einem freien Lachen bringt er ihn nicht. »Ich werde es dir morgen geben.«

Ein anderer Tag: Wo die Eltern nur blieben. Albrecht hatte sich den Abend wie gewohnt mit Lesen und Geigenspielen vertrieben, dann wurde er müde und hörte auf. Wo die Eltern nur blieben, nach dem Abendbrot waren sie aufgestanden und hatten sich bisher nicht sehen lassen. Vielleicht waren sie spazierengegangen, Albrecht hatte allerdings keine Tür klappen hören, er suchte in der Wohnung. Als er in die Küche kam, stand die Mutter am Herd und kochte für den nächsten Tag, sie hatte rotverweinte Augen und eine jämmerliche Haltung. Der Vater saß in der Ecke auf der niedrigen Küchenbank, er erschien noch kleiner, er stützte seine Ellbogen auf die Knie und bedeckte mit den Händen sein Gesicht. So hockte er, in Gedanken versunken – was mochten es für Gedanken sein? Ein unheimliches Schweigen stand in dem Raum.

»Was gibt es denn?« fragte Albrecht erstaunt. Abwechselnd sieht er auf die Eltern, der Vater hält den Kopf gesenkt, die Mutter beugt sich tiefer auf den Herd herab. Der Dampf, der aus dem Topf emporstieg, verhüllte ihr Gesicht und biß in die Augen, nun hatte sie einen Grund zum Weinen. »Was gibt es denn?« wiederholte Albrecht noch einmal.

Schweigen.

Er schließt die Türe und lehnt sich wartend an das Holz.

Da erzählt dann die Mutter ohne weitere Umschweife, daß sie es nicht mehr aushalte, der Vater setze ihr schon einige Tage zu, nun ginge es nicht mehr länger; er führt so eigenartige Reden, sie kann das nicht mehr mit anhören.

»Ja, was in aller Welt?« fragt Albrecht.

Der Vater hebt seinen Kopf, jetzt sieht man, wie verbissen sein Gesicht ist, die Augen dick und rot unterlaufen ...

»... und dann muß er hausieren gehen, das ist immer sein Wort«, sagt die Mutter. Sie weint. »Hausieren gehen, und er ist doch schon alt, kann er es noch aushalten, mit seinen fünfzig Jahren, weit über Land zu fahren, bei jedem Wetter? Aber er findet ein Vergnügen dabei, jawohl, ein teuflisches Vergnügen, alles gründlich schwarzzumalen.«

»Ja, aber warum denn?« fragt Albrecht. Warum fand der Vater ein Vergnügen und ging nicht davon ab, zumal er wußte, daß es die Mutter schmerzte. Wie kam er überhaupt auf diesen Gedanken?

Es war jetzt wieder lange eine stille Zeit gewesen, man hatte kaum so viel eingenommen, um die Unkosten zu dekken, das Geld war knapp, und jeder wartete vorsichtig, was der nächste Tag brachte. Es waren schlechte Tage, wie sie immer einmal kommen, aber sie kamen jetzt zu häufg, zu zahlreich, die guten ließen zu lange auf sich warten, man mußte sich erst an diesen neuen Zustand gewöhnen, besonders wenn man Erinnerungen und Vergleiche von vielen, vielen Jahren zur Hand hatte, wie Herr Seldersen. Nun hockte er auf der Bank in der Ecke, bedrückt, vergrämt, gefesselt von seinen Gedanken, und bekam kein vernünftiges Wort heraus ... dann mußte er hausieren gehen. Der Gedanke hatte ihn ergriffen und ließ ihn nicht mehr los ... dann mußte er hausieren gehen. Wann, dann? Nun eben, wenn es nicht mehr ging, wenn alles ein Ende hatte. In diese Worte schloß der Vater ein Geschehen ein, das sich noch nicht erfüllt hatte, es war außerordentlich, wer gab ihm das Recht dazu? Er selbst, niemand anders. Es würde sich erfüllen, er wußte es, unwiderruflich, daran gab es nichts zu deuten, der Gedanke ließ sich nicht mehr abschütteln, die Mutter brachte er damit zur Raserei. »Hör auf«, bat sie, »du übertreibst, so weit ist es längst noch nicht.« – »Ich übertreibe nicht«, sagte er nur. Schweigen. Blieb es weiterhin stumm zwischen ihnen, die Worte wanderten in dem Raum umher und verwundeten immer wieder von neuem, den Vater in seiner Ecke und die Mutter am Herd, über den Topf gebeugt. So traf sie Albrecht.

Den folgenden Tag und noch lange Zeit danach ging ihm dieses Bild nicht aus dem Sinn – er hatte seinen Vater weinen gesehen. Für Albrecht bedeutete dies mehr als ein paar Tränen, er hatte seine eigenen Vorstellungen über männliche Tat und männliche Haltung, wie stand es nun damit? Er sollte in dieser Richtung noch nicht das Letzte erlebt haben.

Fritz war ein verteufelter Kerl, er verstand sich auf allerlei Späße, die ihm kein zweiter so leicht nachmachte. Er brauchte nur seine Oberarme ein wenig anzuheben, da traten die Schulterblätter gewaltig hervor, durchstachen fast die Jacke und wölbten einen ansehnlichen Höcker. Während er in der Schule unbeweglich auf seinem Platz saß oder stand und Fragen beantwortete, ließ er zu den hinteren Bänken seine Künste spielen. Oder seine Oberlippe – mit dieser Kunst stand er in noch höherem Ansehen. Ein Stück Fleisch hing ihm links an der Oberlippe über, als nach einer Verletzung mit dem Fußball die Wunde wild heilte. Mit diesem überhängenden Lappen wußte er alle Welt in Lachen zu versetzen, er hob ihn in die Höhe, schob ihn zur Seite, als sei er eine dritte, in ihren Bewegungen selbständige Lippe – und das, während die übrige Partie des Mundes ihre gesunde Form, ebenmäßig übereinandergelagert, behielt. Er hatte viele Freunde, war gut angeschrieben bei Lehrern und Eltern, ein lustiger Bursche, bereit zu jedem Unternehmen, auch Anführer. Er verfügte über gute Kräfte, und da er voller Tricks und Kniffe steckte, erschienen sie doppelt stark. Schlecht bestellt war es nur mit seinen Augen, aber das kam erst in der letzten Zeit hinzu, als er in der Schule ein ganzes Jahr auf dem Platz neben dem Fenster saß, während die Tafel dunkel und überblendet in der Ecke hing. Als das Jahr fast herum war, erschien er eines Tages in der Früh' zum Unterricht mit einer Brille, einer richtigen, schwarz eingefaßten Hornbrille. Zuerst wollte keiner glauben, daß es aufrichtig gemeint sei, wer weiß, vielleicht trug er sie auch nur zum Scherz, um etwas Neues anzubringen.

Noch zwei Brillenträger gab es in der Klasse, der eine war

Kurt, der älteste, vierundzwanzig Jahre alt und vor drei Jahren aus einer unteren Klasse abgegangen, jetzt kam er wieder zurück auf die Schule, ein erwachsener Mann, der das Leben kannte, schwer gearbeitet hatte und wohl wußte, warum er diesen Schritt wagte und es zu einem ordentlichen Abschluß bringen wollte. Er trug die Brille als Zeichen seines Alters, seiner Erfahrung, Überlegenheit, sogar die Lehrer billigten ihm eine würdevolle Behandlung zu. Der andere hieß Alfred, die Brille trug er seit undenklichen Zeiten, solange man ihn kannte, er schien gleichsam mit ihr geboren zu sein. Er war ein wenig verwachsen, blaß und, obgleich noch jung, verhutzelt wie ein alter Mann, andauernd saß er hinter den Büchern. Und nun erschien Fritz in ihrem Bunde, unvorstellbar, keinem konnte der Gedanke gefallen.

Was er denn in aller Welt beim Ballspiel mit dem Glas anfangen will, fragte man ihn. Er besaß einen Ruf als ausgezeichneter Ballspieler, aber mit der Brille verlor er entschieden an Gefährlichkeit.

»Aufbehalten, natürlich, sonst kann ich ja nichts sehen«, erklärte Fritz.

So, so, man mußte eben abwarten, vielleicht nahm er sie später doch ab, wenn ihn der Scherz zu sehr behinderte. Im übrigen würde sich ja zeigen, ob er Fensterglas vor den Augen trug. Fritz nahm die Brille ab und ließ die Freunde hindurchsehen: die Gegenstände rutschten in einige Entfernung, wurden undeutlich, alles schwamm durcheinander, die Augen brannten und begannen zu tränen, nur schnell wieder absetzen, kein Zweifel, die Gläser waren geschliffen. Und damit konnte er sehen, den ganzen Vormittag behielt er sie auf, ohne daß ihn die Augen schmerzten, von nun an trug er ständig diese Brille.

Auch zu Haus gab es Aufsehen und Gerede, der Vater nannte ihn scherzhaft Herr Professor, ja, er schien nicht wenig stolz darauf zu sein. Für Fritz bedeutete diese Brille im Grunde mehr, als es nach außen jemals in Erscheinung trat, er hatte für die Zukunft schon seine Gedanken und Pläne, jetzt verloren sie erheblich an Gewicht, eine Erfüllung schien nunmehr völlig ausgeschlossen. Wenn er mit der Schule fertig war, wollte er Förster werden, das war noch ein Beruf. Er trägt dann eine grüne Uniform und ist vertraut mit allem, was atmet. Sein Haus steht tief im Walde, kein ausgetretener Weg führt zu ihm hin. Kommt dann einmal Besuch zu ihm heraus und sie sitzen am Abend lange zusammen, bis das Gespräch langsam verstummt, dann ist für Fritz die Zeit gekommen: er führt den Gast durch sein Revier. Es ist still, das Dunkel hängt wie eine tiefe Traurigkeit von den Zweigen herab, und wenn dann der andere – vielleicht kommt er von weit her aus der Stadt – inmitten dieser lautlosen Pracht vor Ermüdung und Jämmerlichkeit zusammenfällt, über jede Wurzel stolpert und vor dem Schlag der Fledermäuse zittert, wird er, Fritz, groß und mächtig, denn das ist sein Reich. Mit diesen Träumen war es nun zu Ende, die Zeit ging, Fritz trug eine Brille, er war älter geworden und zeigte sich auf eine seltsame Weise nachdenklich und gesetzt. Das Leben hatte für ihn begonnen, ernsthaft und gewaltig, und er vermeinte, den großen Schmerz und die Bitternis bis ins Letzte empfunden zu haben.

Er blieb allein, meist in seinem Zimmer, oben im ersten Stock, vom Hof aus gelangte man über eine Treppe hinauf, dort war er ungestört. Nebenan lag das Schlafzimmer seiner Eltern, die ganze Wohnung war auseinandergerissen, unten, hinter dem Laden, befand sich die Küche, eine Stube, eine große Kammer, hier aßen sie gemeinsam. Durch die ganze Wohnung verstreut lagen Gerätschaften, Drähte, Schrauben und Lampen, jeden Augenblick kam ein Lehrling oder Gehilfe herein und holte sich, was er gerade zu seiner Arbeit brauchte, es war kein angenehmer Aufenthalt, immerzu lief jemand hindurch, nie war es aufgeräumt und behaglich.

Mit seinem Vater traf Fritz am wenigsten zusammen. Sie sahen sich am Tage nur zu den Mahlzeiten, alles ging flüchtig und mit Hast, meist aßen die Eltern im voraus. Wenn Herr Fiedler nach Hause kam, fragte er stets seine Frau: »Wo ist Fritz?«

»Ich habe ihn nicht gesehen«, antwortete sie, »sicherlich ist er oben in seinem Zimmer und lernt.«

»Er lernt«, wiederholte Herr Fiedler mit Befriedigung, das ist recht so, denn ohne Lernen und Prüfung gab es kein Vorwärtskommen, keinen Aufstieg.

Seht ihn, er war nur ein einfacher Handwerker, durch Fleiß und Ausdauer hatte er es zu einem erträglichen Leben und guten Auskommen gebracht. Früher, in jungen Jahren, hatte er mit Leidenschaft für die Idee der Befreiung und für einen gerechten Ausgleich gekämpft, ein halbes Jahr büßte er seine Heftigkeit im Gefängnis ab, aber die Opfer schienen nicht vergebens gewesen zu sein. Er brauchte sich nicht zu schämen, was er besaß, hatte er ehrlich und rechtschaffen durch seine Arbeit erworben, wenn er am Abend zusammen mit seinen Bekannten im Wirtshaus am Tisch saß – alles ehrenwerte Bürger, die wohl einmal einen Sprung über die Grenze wagten, aber im übrigen ihren Sinn auf das Bewahrende stellten –, durfte er ruhig seine Stimme erheben und ein Wort wagen. Er hatte es schwer gehabt, sein Sohn sollte es leichter haben, darum schickte er ihn auf die hohe Schule.

Eines Tages begegnete ihm auf der Straße Fritzens Klassenlehrer, Dr. Selow, sie waren schon aneinander vorübergegangen, als Dr. Selow sich umwandte und Herrn Fiedler mit ein paar Schritten einholte. Der blieb stehen und sah ihn erstaunt an.

»Kommen Sie bitte am Freitag zu mir in die Schule, Herr Fiedler«, sagte Dr. Selow, »ich muß mit Ihnen sprechen.«

»Jawohl, Herr Doktor, es ist doch sicherlich wegen Fritz, was der Junge nur wieder angestellt hat.«

»Nichts weiter, Herr Fiedler, kommen Sie am Freitag. Guten Tag.« Er hatte es sehr eilig.

Zur verabredeten Zeit am Freitag fand sich Herr Fiedler in dem Zimmer des Hausmeisters ein, Dr. Selow holte ihn ab. Er war Anfang der vierziger Jahre, den Krieg hatte er als Offizier mitgemacht, man sah ihm den Soldaten noch an. Sie gingen zusammen in ein kleines Zimmer, das für derartige Unterredungen zur Verfügung stand.

»Ich habe Sie zu mir kommen lassen«, begann Dr. Selow, »um mit Ihnen über Fritz zu sprechen.« Er sagte einfach Fritz, obwohl er ihn in der Klasse und auch außerhalb mit Sie anredete, dem Vater gegenüber sagte er einfach Fritz, das schuf mehr Vertraulichkeit.

Herr Fiedler saß, den Hut auf die Oberschenkel gelegt, so daß er seine Beine nicht bewegen durfte, er kam sich vor wie ein Schüler im Verhör. So ein Gespräch ging nicht ohne Aufregung ab, es war nicht das erstemal, daß er hier saß, schon oft hatte er den Weg zur Schule angetreten, meist kam vorher ein Brief in blauem Umschlag mit amtlichem Siegel, so daß auch seine Frau, die ihn öffnete, stets unterrichtet war.

»Warum?« fragte er. »Sind Sie nicht mit ihm zufrieden, ist er faul, paßt er nicht auf?«

Dr. Selow schüttelte den Kopf. Nein, nein, es handelt sich nicht um die Schule, das will er gleich zu Anfang sagen, vielmehr um das allgemeine Ergehen, die persönliche Stellung überhaupt.

Seltsam, in der Tat, äußerst seltsam, keine reine Schulangelegenheit, vielmehr allgemein ... Herr Fiedler wunderte sich sehr, er hatte schon mehrere Besprechungen erlebt, diese hier schien ihm schon von Anfang an außergewöhnlich, unvergleichlich zu sein. Fritz hatte nichts angestellt, trotzdem bestellte ihn Dr. Selow, um sich mit ihm über seinen Sohn zu unterhalten.

Herr Fiedler überlegte lange, schließlich sagte er in etwas unsicherem Ton:

»Ja, Herr Doktor, ich glaube, daß ich Ihnen da nur schlecht eine Auskunft geben kann. Sehen Sie, unser Leben zu Hause spielt sich so ab, daß ich den Fritz nur selten zu Gesicht bekomme. Vormittags ist er in der Schule, am Nachmittag treibt er sich draußen auf dem Sportplatz herum, die übrige Zeit sitzt er oben in seinem Zimmer und lernt, das heißt, ich nehme an, daß er lernt, was sollte er auch schließlich anderes da oben anfangen. Ich kann mich nicht viel um ihn kümmern, denn ich habe meine Beschäftigung, ich bin oft unterwegs, aber meine Frau, die ist den ganzen Tag zu Hause.«

Hm, hm, Dr. Selow verstand, auf diese Weise kam er nicht einen Schritt weiter, er mußte es anders versuchen.

»Natürlich«, sagte er, »natürlich, ich weiß, Sie sind beschäftigt und tagsüber selten zu Hause, trotzdem ... Sie haben doch sicherlich einen Eindruck von ihm oder sprechen doch wohl auch mit Ihrer Frau darüber ... vielleicht hat Fritz in der letzten Zeit auch seine Gewohnheiten gewechselt?« Dr. Selow wartete.

»Ja, er raucht jetzt sehr viel«, antwortete Herr Fiedler zögernd, mehr fiel ihm im Augenblick nicht ein. Ein Verhör also, er wurde immer verlegener, er sah kein Ende und kein Ziel. Auf einmal sagte er, er kam sich ziemlich gedemütigt vor: »Sie fragen mich, Herr Doktor, und ich weiß keine Antwort, obwohl ich doch eigentlich sein Vater bin. Aber so stand es nie zwischen uns, daß der eine genau sagen konnte, was mit dem anderen vor sich ging. Als ich aus dem Kriege nach Hause kam, meine Uniform auszog und nun wieder als Zivilmensch anfing, schlich er tagelang schweigend mit großen Augen um mich herum, als wüßte er nicht, wer sich da auf einmal im Haus niederließ. Manchmal habe ich nun das Gefühl, es ist auch heute nicht anders.«

Pause.

Dann, nach einer kurzen Überlegung: »Sie haben mich zu sich kommen lassen, Herr Doktor, sicherlich ist Ihnen etwas aufgefallen, Sie müssen doch einen Grund haben, ich verstehe das nicht anders. Bitte sagen Sie mir, was hier im Gang ist.«

Dr. Selow schüttelte den Kopf:

»Nichts, Herr Fiedler, wirklich, nichts liegt im Augenblick vor. Wie das bei jungen Menschen ist, es kommt leicht zu Ausbrüchen und Übertreibungen, für den Erfahrenen genügt nur eine leise Andeutung, ein kleiner Wink ...«

Ein kluger Mann, dieser Dr. Selow, bis ins kleinste kannte er die Wege und Irrpfade, in denen sich ein junger Mensch verlaufen und auf lange Zeit die Sicht verlieren konnte, er wußte um Gefahren und Verlockungen, verwegen und heimlich begehrt, er wartete ab und half rechtzeitig, alles wohl abgemessen, ohne sich aufzudrängen und im richtigen Zeitpunkt.

»Und was hat das mit meinem Fritz zu tun«, unterbrach ihn Herr Fiedler, er war merklich gereizt und wollte nun endlich wissen, woran er war.

Dr. Selow ließ sich nicht aus der Ruhe bringen, mehr zu sich selbst als zu seinem Zuhörer fuhr er fort:

»... aber man kann sich auch irren, es ist sogar sehr leicht möglich, daß man sich irrt. Diese Jungen, die aufwuchsen, während ihre Väter im Felde standen, die dann älter wurden und mitansehen, wie alles daniederliegt – da kennt man sich manchmal nicht mehr aus, schon für einen Erwachsenen ist es schwer, Anschluß zu finden und aufrecht zu bleiben.«

Pause.

»Ihr Fritz ist groß und kräftig, beinahe ein erwachsener Mann, schon in der untersten Klasse war er mein Schüler, und auch die Jahre danach verlor ich ihn nie aus den Augen. Ich kenne ihn auch von Fahrten her, fern vom Schulbetrieb, ich habe ein genaues Bild von ihm, Sie dürfen es mir glauben. In den Stunden sitzt er jetzt oft so ruhig und gelassen da, daß ich mich scheue, ihn aufzurufen. Es hat den Anschein, als wüßte er nicht genau wohin mit sich, er ist unlustig und verdrießlich, oft denke ich, dahinter muß doch etwas Besonderes stecken. Deshalb ließ ich Sie zu mir kommen, Herr Fiedler.«

Herr Fiedler fand keine Worte, dieser Dr. Selow, was er nicht alles merken wollte. Und die Antwort, was wollte er als Antwort hören? Wenn Herr Fiedler ihn jetzt listig mit den Augen angeblinzelt und seinen Arm vertrauensselig angetippt hätte, wie es üblich unter Männern, wenn sie von gewissen Dingen miteinander sprechen: Eine Frau steckt dahinter, Dr. Selow, eine Frau natürlich, was sollte es anders sein, verstehen Sie, Sie sagten ja selbst, er ist schon ein erwachsener Mann – Dr. Selow hätte nichts lieber gehört als das. Eine Frau, natürlich, Fritz war verliebt, da kannte Dr. Selow sich aus, da hätte er abwarten und eingreifen können, es wäre nicht das erstemal. Aber den Gefallen konnte Herr Fiedler ihm nicht tun, und es blieb so, wie es war.

Dr. Selow kannte die Tragik seiner Aufgabe, Mittler zu sein in einer Zeit, die den Faden verloren hatte oder eigenwillig abriß, wie sie vermeinte, Mittler dessen, was durch Jahrhunderte ging, Bestand gehabt und jetzt, wie es schien, seine Gültigkeit verloren hatte. Er lehrte – ewige Wahrheiten nannte er sie – Illusionen, ohne Zusammenhang, mit dem verzweifelten Willen des unbedingt Überzeugten. Im Laufe des Gespräches brachte er noch mehr an, was ihm in der letzten Zeit an Fritz auffällig erschien, kleine Beobachtungen, Überlegungen, die er später dann anstellte, aber nichts Greifbares, Gott bewahre, alles nur unter dem Vorbehalt, daß ein Irrtum möglich sei.

Herr Fiedler atmete auf, er hatte sich schon auf Schlimmeres gefaßt gemacht: »Fassen Sie ihn ruhig scharf an, Herr Doktor«, sagte er, von seinen Worten überzeugt, »auch zu Hause erscheint er mir oft verträumt und abwesend. Nehmen Sie keine Rücksicht, er ist alt genug, er kann wissen, daß er alles nur seinen Eltern und ihrer Arbeit verdankt.«

Dr. Selow schwieg. Schwerlich erkannte er hierin einen Weg.

»Alles kann er von uns haben«, fuhr Herr Fiedler fort, »alles, kein Wunsch bleibt ihm versagt. Zuerst aber soll er einmal die Schule durchmachen und wenigstens ein Abschlußzeugnis in Händen haben, nachher kann er anfangen, was er will, studieren, alles. Wir sähen es um liebsten, wenn er die Beamtenlaufbahn einschlägt. Und was das jetzt ist«, sagte er treuherzig, »das liegt so in den Jahren, er ist auch ein wenig faul und bequem, zu Hause gibt es oft Auseinandersetzungen wegen der Schularbeiten, Sie wissen, ein Jahr mußte er schon wiederholen. Das darf nicht noch einmal vorkommen, ich nehme ihn sonst aus der Schule und stecke ihn in einen Beruf, das weiß er genau. Er muß sich eben ein wenig anstrengen und zusammennehmen, wir alle müssen uns auch anstrengen.«

Das waren ungefähr die Worte, die Herr Fiedler sprach, ehrlich, bieder und einsichtig. Die Unterredung war so gut wie beendet. Alles in allem ein ziemlich trauriges Ergebnis, Herr Fiedler saß zuerst da und wußte nicht recht, weshalb man ihn eigentlich hierher bestellt hatte, unruhig rückte er auf seinem Stuhl hin und her, zu Hause wartete längst wieder die Arbeit auf ihn. Dann nachher kam er in Schwung und feierte beinahe noch einen Triumph, während Dr. Selow einsah, daß er wohl übereilt gehandelt hatte, als er Herrn Fiedler damals auf der Straße kurz entschlossen ansprach und zu einer Unterredung bestellte. Da saß nun der Vater ihm gegenüber und machte, wenn man es sich recht überlegte, einen kläglichen Eindruck, offen gab er zu, daß er nicht genau wußte, was sein Sohn am Tag trieb, und noch viel schlimmer, wie es überhaupt um ihn stand. Nur Vermutungen konnte er aussprechen. Was er dann nachher noch sagte, gehörte gar nicht zur Sache, beleuchtete viel mehr ihn selbst als seinen Sohn.

»Aber es ist immer gut, wenn man einmal zusammenkommt und sich ausspricht«, sagte Dr. Selow, er erhob sich, die Unterredung war beendet. Er ging in seine Klasse, er hatte sich schon verspätet.

Herr Fiedler ging langsam nach Hause, der Weg führte den Berg hinab und die nächste Straße wieder hinauf, er keuchte etwas, mit der Zeit kam es ihn immer schwerer an. Seit seinem vierzehnten Lebensjahr stand er auf eigenen Füßen, für ihn hatte man sich nicht so viel Mühe gegeben, wie er sie jetzt für seinen Sohn anwandte, die Zeit war nicht leicht gewesen, ehe er es zu etwas gebracht hatte, und es drohten Anzeichen, die auf noch Schwereres vorbereiteten. Aber für seine Kinder war gesorgt, sein ältester Sohn arbeitete bei ihm im Geschäft, er übernahm später den ganzen Betrieb, schon jetzt leitete er in Wahrheit alles selbständig. Seine Tochter war verheiratet, nur Fritz blieb noch übrig. Mit ihm hatte er von Anfang an Höheres vorgehabt, er ließ ihm eine gute Schulbildung zuteil werden, auf einer höheren Basis sollte er sich sein Leben aufbauen.

Seiner Frau erzählte Herr Fiedler nur wenig von dem Gespräch, so sehr sie ihn auch nach allen Seiten hin ausfragte, ihn selbst bedrängten keine Bedenken mehr.

Im Herbst gab es Ferien und Zeugnisse, der Sommer war ins Land gegangen, warm und strahlend, keine Jahreszeit zum Arbeiten und Hinter-den-Büchern-Sitzen. Fritz und Albrecht durften mit dem Ergebnis zufrieden sein, in zwei Fächern stand Fritz etwas unsicher, aber bis Ostern verging noch eine lange Zeit, er hatte keinen Anlaß zu übertrieben ängstlichen Vorstellungen. Doch er zeigte sich verzagt und mutlos, plötzlich kam es zutage. Niemand hätte das von ihm erwartet, am wenigsten Albrecht, er kannte Fritz lange genug, jetzt überraschte ihn diese Entdeckung sehr. Sie standen gut miteinander, keine enge Vertrautheit mit persönlichen Geständnissen und Heimlichkeiten, dazu lag nie recht eine Veranlassung vor, wenn es auch später anders kommen sollte – vielmehr eine gesunde Kameradschaft in der Schule und außerhalb beim Sport. Sie waren verschieden in ihren Anlagen und ihrer Stellung zur Umgebung, die gleichen Ereignisse riefen in ihnen Gefühle und Überlegungen hervor, die ebenso verschieden waren wie die Familien, aus denen sie hervorkamen.

In der ersten Zeit ließ Fritz sich nicht sehen, er blieb unsichtbar. Sonst verging kaum ein Tag, an dem er nicht schnell einmal herüberkam – er saß dann in dem großen Schaukelstuhl und wippte langsam hin und her, nachher tranken sie beide mit den Eltern gemeinsam Kaffee, er fühlte sich hier behaglich und zufrieden, mehr als zu Hause.

An einem Nachmittag traf ihn Albrecht zufällig, Fritz kam auf seinem Rad die Hauptstraße in großer Geschwindigkeit heruntergefahren. Als er Albrecht sah, grüßte er flüchtig, ohne seine Fahrt zu verlangsamen, unten an der Ecke sah er zur Turmuhr und trat noch stärker an, obwohl es bergab ging, ohne Zweifel, er hatte es eilig, vielleicht sogar eine Verabredung.

Am nächsten Tag, gegen Abend, ging Albrecht zu Fritz, er überquerte den engen Hof, stieg die Treppen hinauf in sein Zimmer, die Türe war nicht verschlossen. Fritz lag der Länge nach auf dem Bett, voll angezogen, er rauchte und träumte vor sich hin, die ganze Stube stak voll Qualm. Anscheinend wußte er für einen Feriennachmittag keine bessere Beschäftigung, als auf dem Bett liegen und an die Decke starren.

»Was hier für eine Luft ist«, sagte Albrecht und öffnete das Fenster.

Die Dämmerung brach sacht herein. Er machte es sich auf dem Sofa bequem. Schweigen.

»Du hast dich ja so lange nicht blicken lassen«, begann er nach einiger Zeit, »ich dachte schon, du bist verreist, hast du irgend etwas Besonderes getan?«

»Nein, nichts«, erwiderte Fritz, faul und unlustig lag er auf seinem Bett, die Zeit zerrann ihm unter den Händen.

»Und gestern?«

»Ich bin zur Oder gefahren, ich wollte noch einmal schwimmen.«

Er sprach die Wahrheit, sein Leben verlief eintönig, ohne Abwechslung, bis Mittag lag er im Bett, da er am Abend erst spät die Müdigkeit und den Schlaf fand, mit Lesen, Schlafen, Rauchen vertrieb er sich den Vormittag. Nach dem Mittagessen begann erst recht eine tote Zeit. Wenn er Schule hatte, saß er dann oben in seiner Stube am Tisch und arbeitete oder machte wenigstens den Versuch, die Stunden vergingen, aber er starrte leer und ausdruckslos in die aufgeschlagenen Bücher. In den Ferien ging es noch viel schlimmer, der ganze Tag stand frei zu seiner Verfügung, er konnte ihn nach seinem Willen ausnutzen, doch jetzt wußte er erst recht nichts mit ihm anzufangen. Schlafen, Rauchen, Faulenzen, darin bestand seine ganze Tätigkeit, ein wahrer Jammer. Den Sport hatte er schon früher eingestellt, er lief zwar immer noch bei Veranstaltungen für die Schule und holte manchen Preis, aber ohne Ehrgeiz und Hingabe, wie in allen anderen Sachen hatte auch hier eine bisher bei ihm nie gesehene Laschheit und Sorglosigkeit die Macht über ihn ergriffen.

»Heute ist Dr. Selow abgereist«, begann Albrecht, »ich sah ihn zur Bahn gehen, er lief, er hatte es eilig.«

»Ja, gestern war er noch hier, um sich zu verabschieden, ich war gerade nicht zu Hause.«

Albrecht: »Ich glaube, er hatte in der letzten Zeit viel Ärger und Verdruß mit dem Direktor.«

»Ja, ja.«

Seit vor einem halben Jahr die Leitung der Schule wechselte, gab es oft Zwischenfälle, die eine kampfesfrohe Stimmung schufen, nicht zum Besten der gesamten Anstalt. Dr. Selow lehrte vornehmlich alte Sprachen, die Schule befand sich in einer Umwandlung, so war seine Stellung hier in kurzer Zeit doch überflüssig. Bisher hatte das altklassische und humanistische Bildungsideal der Anstalt das Gepräge gegeben, jetzt wurde es abgesetzt, wie ein Theaterstück, das nicht zieht und leere Kassen macht, eine dem praktischen Leben mehr gefällige Richtung trat an die Stelle, ein neuer Jahrgang, Jungen und Mädel in einer Klasse, trugen sie schon bis in die Mittelstufe hinauf. Da war kein Platz mehr für Dr. Selow, er bat um seine Versetzung.

»Die Stelle wird man einsparen«, sagte Albrecht, »oder wer weiß, wer hierherkommt.«

»Ja, das ist wohl sicher.«

»Schade, die anderthalb Jahre hätte ich noch gerne Unterricht bei ihm gehabt.«

»Anderthalb Jahre, wieso«, fragte Fritz erstaunt.

Albrecht lachte über diese dumme Frage.

»Da haben wir es doch geschafft«, sagte er, »wenn sich nichts ereignet ...«

»Hm ...«

Schweigen. Über den Hof, die Stiege herauf kamen Schritte, Frau Fiedler trat ein. »Immer im Dunkeln«, sagte sie und drehte das Licht an, »was man im Dunkeln denkt und spricht, das scheut sich vor des Tages Licht.«

Sie ging nebenan in das Schlafzimmer, als sie zurückkam, blieb sie noch einmal stehen.

»Ihr genießt«, sagte sie. Im gleichen Moment: »Du siehst schlecht aus, Fritz, was fehlt dir? Findest du nicht auch, Albrecht?«

Eine mütterliche Vertrautheit strömte von ihr aus.

»Schon gut, Mutter«, entgegnete Fritz, »laß uns wieder allein und dreh das Licht aus.«

Sie geht, einen Augenblick steht sie noch hilflos an der Türe, traurig sieht sie auf die beiden Jungen, dann steigt sie langsam die Treppe hinab. Die Dunkelheit liegt wieder über dem Zimmer, Fritz sitzt auf dem Bettrand, die Hände im Schoß, die Beine hängen in der Luft. Er ist erregt, das Dazwischenkommen der Mutter hat ihn aus seiner Gleichgültigkeit erweckt, doch nur für einen Augenblick, dann streckt er sich wieder aus.

»Schade«, sagte er, »den Dr. Selow hätte ich gerne noch einmal gesehen.«

»Du brauchtest doch nur zur Bahn zu gehen«, meint Albrecht.

Fritz macht ein erstauntes Gesicht:

»Daran habe ich nicht gedacht.« Und dann: »Ach, erst zur Bahn gehen, das wäre mir viel zu umständlich gewesen.«

»Natürlich, du bist ja zu faul und bequem«, erwiderte Albrecht gereizt.

Pause.

Fritz wird kleinlaut und niedergeschlagen, ging ihm der nicht gelungene Abschied doch etwas näher?

»Ja, du hast recht«, sagt er nach einer Weile, in seiner Stimmung vollzog sich deutlich ein Wechsel, »ich bin zu nichts mehr aufgelegt, ich muß bald einmal etwas unternehmen.«

Das klang recht verheißungsvoll, etwas unternehmen wollte er also, was er sich dabei eigentlich vorstellte?

Schweigen.

»Ich habe gehört, eine Reise soll immer sehr gut sein.«

»Eine Reise?«

»Ja.«

Albrecht wußte mit dieser Antwort nicht viel anzufangen. Eine Reise also, nicht übel, er würde auch gern einmal wieder verreisen, dieses Jahr ist er das erstemal die Ferien über zu Hause geblieben, im nächsten Jahr wird es wahrscheinlich auch nicht viel damit werden. »Wohin gedenkst du zu fahren?«

Ja, das wußte er noch nicht genau, da konnte er noch keine richtige Auskunft geben, überhaupt, alles lag bei ihm noch ziemlich im unklaren, aber eines konnte er jetzt schon mit Bestimmtheit voraussagen, lange wird er den Termin nicht mehr hinausschieben.

»In den nächsten Ferien also ...«

»Wer weiß auch.«

»In der Schulzeit kannst du doch auf keinen Fall weg ...«

Fritz schwieg.

»Warum nicht«, sagte er nach einer kurzen Pause, »vielleicht gerade dann erst recht.« Er verzog keine Miene, sicherlich meinte er es ernst.

»Du bist verrückt«, sagte Albrecht, »mitten in der Schulzeit, ich bin gespannt, wie du das zuwege bringst. Daran ist kein Wort wahr, das hast du dir wieder einmal so ausgemalt.«

Nein, nein, Fritz war nicht im mindesten verrückt, im Gegenteil, jetzt wollte er erst recht zeigen, wie sehr er seine Sinne vollzählig beisammen hatte, er wurde gesprächig, kam in Fahrt. Dabei zeigte sich deutlich, daß der Gedanke doch fester in ihm saß, als Albrecht im Anfang zu glauben bereit war.

»Aber die Schule«, sagte er, »du kannst doch nicht fort ...«

»Was du nur immer mit der Schule hast«, erklärte Fritz bissig, du kommst nicht davon los.«

Albrecht sah ihn erstaunt an, ihm war der Gedanke noch nie gekommen.

»Nein, natürlich nicht, denn die Schule ist doch vorläufig unsere einzige Beschäftigung.«

»Hm ... das verstehst du nicht«, sagte Fritz nach einer Weile, »bei mir ist das etwas anderes.«

Das verstand Albrecht nun durchaus nicht, daß Fritz gerade eine Ausnahme machen sollte, er hielt es für anmaßend und übertrieben, er sagte es ihm auf den Kopf zu.

»Mit der Schule habe ich es mir lange genug durch den Kopf gehen lassen, glaube mir«, erwiderte Fritz traurig und entschlossen, »aber ich weiß jetzt genau, ich werde es nicht schaffen.«

Albrecht, ganz verwirrt, das hat er nicht erwartet:

»Wie kommst du denn auf einmal auf den Gedanken, nicht mehr schaffen, was meinst du damit, hältst du dich für dumm, bisher hast du es doch immer geschafft.« Ein Jahr hatte er zugeben müssen, nicht der Rede wert, das kam überall vor. »Und dein Zeugnis jetzt ist doch ausreichend.«

Da nahm Fritz seinen ganzen Zorn zusammen, es ging nicht mehr, lange genug hatte er sich beherrscht:

»Ausreichend, natürlich«, höhnte er, »durch Mogeln, Abschreiben, Betrügen ist mein Zeugnis ausreichend, das mußt du doch selbst sagen, es ist nicht mehr erträglich.«

Die Worte trafen, Albrecht schwieg. Da gab es nun nichts zu beschönigen, ein jeder dachte ihm einen Gefallen zu tun, wenn er ihm half. Fritz ließ sich gerne helfen, man fand es ganz in Ordnung so, die Zeit hatte diesen Zustand gleichsam geheiligt. Alle unterstützten ihn, ließen ihn abschreiben, sagten vor, es war nicht mehr klar zu trennen, was Fritz, was der anderen Arbeit war. Schließlich traute er sich nicht mehr zu, alleine etwas zu vollbringen, er ließ sich ins Schlepptau nehmen. Diese Wirkung hatte niemand beabsichtigt, sie kam unerwartet, als sie jedoch eintrat, wäre es für Fritz immer noch Zeit gewesen, neuen Mut zu fassen und alles, was ihm anhing, Unentschlossenheit, Trägheit, abzuschütteln. Aber zu dieser Zeit beschäftigten ihn schon andere Gedanken, die weit in die Zukunft zielten.

Albrecht nimmt seinen ganzen Mut zusammen:

»Du übertreibst, bestimmt, du übertreibst ... wenn du dich jetzt hinsetzt und arbeitest ... dann ...«

Fritz fährt auf:

»Hör auf, das ist es ja gerade, dazu ist es zu spät und alles schon zu weit vorgeschritten.« Er schüttelt traurig den Kopf. »Verstehst du denn nicht«, flüsterte er, als fürchte er einen Lauscher, »sieh, das mit dem Hinsetzen und Arbeiten hast du gerade so gesagt wie ein Schulleiter, so wohlwollend und forsch, aber gerade das ist es ... ich kann nicht mehr arbeiten.«

»Was sagst du da«, fragt Albrecht erstaunt, »du kannst nicht mehr arbeiten?«

Er sieht den Freund an, was der für Gedanken hat. Nicht mehr arbeiten! Arbeiten ... er wiederholt das Wort leise für sich – seinen Sinn begreift er nicht. »Glaubst du denn, daß das, was wir für die Schule tun, eine Arbeit ist?«

»Nein, nein«, Fritz schüttelt den Kopf, seine Stimme klingt gedämpft, »davon erzähle ich dir später ... es ist eine

Arbeit ohne Sinn und Zusammenhang ... ohne Sinn und Zusammenhang.«

Albrecht überlegt lange Zeit.

»Wie kommst du darauf?« fragt er schließlich.

Fritz müht sich qualvoll, eine Erklärung zu geben: »Geht es dir denn nicht so, überlege einmal, da lernt man nun auf der Schule alte fremde Sprachen, eine Menge Vokabeln, die gesamte verzwickte Grammatik, man heizt sich den Kopf damit ein – mein Vater hat das auch nicht getan und hat es doch zu einem erträglichen Leben gebracht –, aber das ist wieder eine andere Frage. Ich frage mich immer, warum das alles? Nur um mein Gedächtnis zu belasten und ein angehäuftes totes Wissen bereit zu haben? Und wenn ich dann aus der Schule nach Hause komme und hier herumgehe, da stehe ich mit leeren Händen da, ich finde mich nicht zurecht. Da ist die Schule und mit ihr das, was wir lernen, das Gestrige, das Gewesene, das Tote. Und hier ist ein ganz anderes, verändertes Leben um mich herum, mit seinen eigenen Schwierigkeiten und Ängsten, begreifst du?«

Albrecht nickt nur, er überlegt, wie der Freund gerade auf diese Gedanken kam, er hätte es ihm nie zugetraut.

»Ich sehe keine Brücke, überhaupt keine Verbindung zwischen diesen beiden Welten, sie stehen sich gegenüber und ich mitten darin. Eigentlich ist es die Aufgabe von Dr. Selow gewesen«, fuhr er fort, »uns da eine Verbindung, eine Brücke zu zeigen – oder meinst du nicht? Aber da hat er versagt: in dem vergangenen Geschehen fand er sich zurecht, das Neue, das Heute hat er noch nicht begriffen, er tat es mit Anspielungen und bissigen Bemerkungen ab, da ist ihm vielleicht der Krieg dazwischengekommen, so daß er im Grunde ebenso hilflos ist wie wir, nur seine Routine hält ihn über Wasser ... ich glaube, das Gefühl, das ihn am meisten beherrscht, ist das Staunen, das Sich-Verwundern.«

Albrecht ließ sich die Worte durch den Kopf gehen, es lag viel Wahrheit in ihnen, aber auch ebensoviel Übertreibung. Insgeheim stellte er eine sonderbare Übereinstimmung fest mit den Gedanken, die ihn jetzt öfter als zuvor beim Anblick seines Vaters befielen – aber das zusammen reichte nun doch nicht aus, um das Geständnis des Freundes von vorhin einigermaßen zu begründen, man konnte schon mehr von ihm verlangen.

»Und das ist es also«, fragt er.

»Nein«, erwidert Fritz, »noch viel schlimmer. Du fragtest vorhin, ob die Schule für mich eine so gewaltige Anstrengung sei, eine Arbeit. Sieh einmal, das war überhaupt das erste, was ich an mir bemerkte, sie ist eben keine Arbeit und gar keine Anstrengung, ich werde nicht müde, ich sitze herum, langweile mich, vertrödele meine Zeit, und daher kommt meine Müdigkeit. Sieh mich doch an, glaubst du, daß es für mich eine ausreichende Beschäftigung ist, auf der Schulbank zu sitzen und nur meinen Kopf anzustrengen?«

Er war jetzt achtzehn Jahre alt, und seine Kraft machte ihm gewaltig zu schaffen, sie lag brach, unausgenutzt, verzettelte sich in Kleinigkeiten, es war kein Segen über sie gebreitet. Um den großen Platz draußen konnte er so schnell laufen, daß er schon unten am Ziel stand, während die anderen erst noch oben in die Gerade einbogen. Und wenn sie nachher wie tot ins Gras fallen, geht er aufrecht einher und pfeift sich ein Lied. Aber das ist nicht von Dauer, ist doch nur eine kurze Anstrengung, eine Spielerei schließlich.

»Was willst du denn eigentlich tun«, fragt Albrecht, er konnte sich nicht helfen, er fragte gerade heraus, vielleicht erhielt er eine Antwort. Die Worte des Freundes erschienen ihm so verschwommen, ungeordnet, schließlich muß er doch ein festes Ziel haben.

»Was ich tun will? Arbeiten will ich, nichts weiter als arbeiten, abends will ich die Müdigkeit in den Gliedern spüren, wissen, wo ich sie mir erworben habe, und ins Bett fallen. Ich will im Steinbruch arbeiten oder Land umgraben, nur nicht mehr stillsitzen und zusehen, nein, nein.«

Albrecht macht einen Vorschlag, er fällt ihm gerade ein, er ist froh, ein Wort sagen zu können: »Sprich mit deinen Eltern oder wenigstens mit deiner Mutter.«

Fritz schüttelt heftig den Kopf: Nein, auf diesem Weg kam er nicht weiter, er hatte es versucht, hatte seine Scham überwunden und seiner Mutter, so gut es bei seiner Zurückhaltung ging, Andeutungen gemacht. Sie sah ihn an, verstand sie recht?

»Bist du bei Sinnen, jetzt willst du aufhören, wo du nur noch zwei Jahre bis zum Schluß hast? Die Opfer, die wir die Jahre hindurch für dich gebracht haben, die Sorgen – alles das soll jetzt umsonst sein?«

Opfer nannte sie es – sie durften es sich leisten, Opfer zu bringen, sie fielen nicht ins Gewicht, schmeichelten vielmehr ihrer Eitelkeit.

»Wie bist du nur auf den Gedanken gekommen«, sie schien geneigt zu sein, seine Gründe anzuhören. Fritz versuchte ihr nun klarzulegen, was ihn zu diesem Entschluß trieb, er hatte den aufrichtigen Wunsch, alles klar und entschieden zu sagen. Er sprach davon, daß er sich nicht mehr wohl fühle, keine rechte Lust aufbringen könne, und noch vieles andere. Aber je tiefer er in die Rede stieg, sich erhitzte, um so mehr fehlte ihm das Wort, sich genau zu erklären. Er umschrieb, da merkte er, daß der Gedanke verwischt war, ja, schließlich ging ihm alles durcheinander, so verschlungen und ungeordnet lag noch alles in der Tiefe.

Die Mutter glaubte, es handle sich nur um die Schule, wie es außerdem mit seinen Ausdeutungen und Erklärungen stand, merkte sie recht gut. Man muß ihn hart angehen, dachte sie bei sich, er ist verschwommen wie ein kleines Mädchen. Des Vaters starke Hand hat da gefehlt, gerade in den Jahren, als der Krieg das Land von den Vätern entblößte und Frauen auch an Mannes Statt erzogen.

»Du faulenzest«, sagte sie streng, »du hast keine richtige Arbeit, ich sehe das schon lange mit an. Alle arbeiten hier, der Vater, der Bruder, ich – nur du vertrödelst die Zeit und hast Flausen im Kopf.«

Fritz faßte Hoffnung: »Ja, Mutter«, sagte er, »das ist wohl wahr.«

Die Mutter: »Wenn du es weißt, warum arbeitest du dann nicht für die Schule und siehst zu, möglichst bald fertig zu werden?«

Da ging im Laden die Klingel, Frau Fiedler stand schon wieder hinter dem Ladentisch.

Niedergeschlagen, völlig hilflos nun blieb Fritz zurück. Alles hätte seine Mutter sagen dürfen, zu Anfang das mit den Opfern und seiner Undankbarkeit, den Sorgen, die sie die ganzen Jahre seinetwegen hatten, und noch anderes mehr, aber nicht zum Schluß den Vergleich mit dem Vater und dem Bruder, und am wenigsten das mit dem Faulenzen. Hier beging sie bestimmt einen Fehler, den sie nie wieder gutmachen konnte, sie bestärkte Fritz geradezu in seinen Gedankengängen und machte ihm eine Entscheidung noch leichter.

Es ging um seine Zukunft, um nichts anderes, er hatte sich zu entscheiden, endgültig, es gab keinen Aufschub mehr. Er besaß genug Instinkt, um zu fühlen, daß etwas in der Luft lag, eine Art von Sich-neu-entschließen-Müssen, eine fruchtbare Unruhe – aber kein Ausruhen in gesicherter Stellung. Seine ersten Lebensjahre fielen in den großen Krieg, er hatte ihn erlebt als Kind, ohne Wissen um Sieg und Besiegtsein, Leben und Ausgelöschtwerden. Er wurde groß, sehend, wissend. Und was er sah, war Not und Verfall um sich herum, ihn betraf es noch nicht, für nichts hatte er zu sorgen, doch die Unruhe, die Bewegung lag ihm tief im Blut und verzehrte ihn langsam.

»Was bleibt mir am Ende übrig, Albrecht, wenn du ehrlich bist.«

Albrecht überlegte, in der Tat, was blieb ihm übrig? Im Anfang hatte Fritz von einer Reise gesprochen, die er demnächst, sogar schon recht bald, antreten wollte. Was es mit dieser Reise auf sich hatte, wurde ihm jetzt erst vollends klar. Er war erschüttert. Fahnenflucht also, einfach Ausreißen, bei Nacht und Nebel auf und davon, die anderen hatten das Nachsehen. Es geschah ihnen vielleicht recht, sie verdienten es wohl nicht anders, da sie sich nicht belehren ließen.

Aber ganz geheuer kam Albrecht die Sache doch nicht vor, zugegeben, Fritz fühlte sich hier nicht mehr wohl, die Verhältnisse nahmen immer mehr gegen ihn Stellung, das Leben um ihn herum nahm zu an Schärfe und Spannung, vielleicht auch hatte er Angst, daß er nicht mehr zur rechten Zeit kam, daß er den Anschluß verpaßte. Er hatte die Kraft eines erwachsenen Mannes und die Unruhe eines Knaben, er gedachte jetzt ernsthaft einzugreifen und etwas zu vollenden, aber zuerst einmal mußte er, wenn er überhaupt oben bleiben wollte, gegen den Willen der Eltern sein Vorhaben durchsetzen.

Doch sicherlich sprachen da auch noch andere Umstände mit, ja, hatte Fritz vorhin nicht selbst etwas von großen Taten gesagt, die endlich geschehen müßten, von der großen Welt und kühnen Unternehmungen, die den Einsatz eines ganzen Lebens erforderten, blitzte da nicht zwischen seinen Worten etwas auf von Abenteuerlust, Tatendrang, jugendlicher Unbeständigkeit, ... es war immerhin verdächtig.

»Bleib hier«, sagte Albrecht in einem Aufschwung von Angst und Besorgnis, »du hast es nicht nötig, dich für einen südamerikanischen Staat totschießen zu lassen, bleib hier und mach die Schule durch, du hast es besser und wenigstens ein Ziel. Denkst du, die anderen und ich auch haben die Schule nicht ebenso satt?«

»Ach du«, erwiderte Fritz geringschätzig und zugleich ein wenig voll Neid, »du brauchst dir den Kopf nicht zu zerbrechen, bei euch zu Hause ist alles glatt und in Ordnung ...«

Albrecht, erregt und hastig:

»Das weißt du nicht, da darfst du nicht mitreden, weil ich nach außen hin so ruhig erscheine und weiter kein Wort verliere, deshalb glaubst du ...«

Er konnte sich nicht näher erklären, seine Gedanken gingen nicht so verteufelt gerade und gerafft einher wie bei Fritz. Es stand ihm vorläufig noch nicht an, eine Entscheidung mit aller Macht herbeizuführen, kaum, daß es später anders darin würde, er mußte hier bleiben und ausharren, er fühlte es, er wurde gebraucht für später.

»Warum geht es bei euch nicht glatt«, fuhr er fort, »was willst du damit sagen?«

Auch dafür wußte Fritz eine Antwort, es war ihm nicht beizukommen:

»Mein Vater ist ein tüchtiger Mann«, sagte er, »das muß man ihm unbedingt zugestehen, er hat es in seinem Leben zu etwas gebracht, so, wie er heute dasteht, ist er beinahe ein Bürger, zufrieden, begütert, obwohl er früher eigentlich nichts anderes war als ein Arbeiter – aber das macht ja nichts, oder was meinst du?«

Albrecht überlegte, er sah nicht ganz klar, wo diese Frage enden sollte.

»Ja«, sagte er, »sicherlich, dein Vater ist heute ein Bürger, wenn du so willst, aber was willst du damit schon anfangen?«

»Hör zu«, erwiderte Fritz, »auch das habe ich mir genau überlegt. Weißt du eigentlich, wie das ist, wenn wir Kaffee trinken?«

»Nein, warum?«

»Das ist so«, fährt er fort, »in der Küche steht ein großer Emailletopf, der früher einmal weiß war, die Mutter trägt ihn in die kleine Stube auf den Tisch und stellt daneben Tassen von verschiedener Größe und verschiedenem Muster, das Brot liegt auf der Wachstuchdecke, daneben steht der Schmalztopf und die Butter. So trinken wir Kaffee, keine Decke auf dem Tisch, nichts mehr als das Nötigste, keine Bequemlichkeit, kein Teller. Im Zimmer liegt alles durcheinander, Drähte, Lampen, elektrische Birnen, jeden Augenblick kommt einer von den Lehrlingen oder Gehilfen herein, nie ist man ungestört. Wir wohnen sehr beengt, obwohl meinem Vater das ganze Haus gehört.«

Albrecht verwundert: »Und was willst du damit sagen?«

»Bei euch ist das ganz anders.«

»Bei uns?« wiederholt Albrecht ungläubig.

»Jawohl, dein Vater kommt täglich zur gleichen Zeit herauf, ihr sitzt an einem gedeckten Tisch, da stehen die Tassen auf Tellern, daneben noch einmal Teller für das Brot, in zwei Zimmern könnt ihr euch ungestört aufhalten, immer ist es behaglich und sauber aufgeräumt.«

Albrecht starrte ihn an, wie Fritz diese selbstverständlichen Dinge erzählte, als seien sie eine große Entdeckung und Errungenschaft.

»Ich will dir damit beweisen«, sagte Fritz schließlich, »daß es so wie bei uns bei keinem Bürger zugeht.«

Albrecht sah auf und lachte ein wenig:

»Das ist ja Unsinn, bei dir herrscht aber eine heillose Verwirrung. Was meinst du, mit dem gleichen Recht könnte ich einen Vergleich ziehen zwischen uns und dem Haus des Herrn Dalke von gegenüber, dem es doch bei weitem besser geht und der noch mehr hermacht, wenn er ißt. Aber ich denke gar nicht daran, ich bin zufrieden, meine Eltern auch, soll ich ihnen deshalb einen Vorwurf machen? Ein jeder tut eben das, was zu seiner Stellung gehört und wie er es gewohnt ist.«

»Das ist es ja gar nicht«, gab Fritz unmutig zur Antwort, er hatte jetzt offensichtlich genug davon, immer noch weiter zu erklären und nur zu zeigen.

»Und meinst du«, fragte Albrecht weiter, »daß es, wie es bei euch zugeht, auch bei einem Arbeiter zugeht?«

Fritz schüttelte den Kopf.

»Nein, nein«, erwiderte er hastig, »das mit der Sauberkeit und mit dem Aufgeräumtsein – diesen Vergleich will ich nicht ziehen, das ist dumm und liegt wohl bei dem einzelnen selbst. Ich will dir nur sagen, daß sich das Leben bei uns so abspielt wie bei einem, der noch keine feste Form gefunden hat – es ist noch nichts Bestimmtes. Wir könnten es uns leisten, anständiges Geschirr und eine behagliche Wohnung zu haben, wir hätten das Geld dazu, daran fehlt es bei uns nicht; aber meinen Eltern kommt es gar nicht in den Sinn, ihr Leben auf diese Art ihren äußeren Erfolgen anzupassen und nach außen hin ein geschlossenes Bild zu bieten. Früher, als mein Vater nichts besaß, war er radikal und machte kein Hehl daraus, heute, wo er es zu etwas gebracht hat, scheint er seine Vergangenheit vergessen zu haben, er ist bürgerlich, vermittelnd, politisch gemäßigt. Dabei hängt ihm noch eine Menge nach, er weiß es nur nicht oder gibt sich den Anschein, vielleicht kam ihm alles selbst ein wenig überraschend, sein Aufstieg und Erfolg, nun weiß er nicht, wohin. Mir wäre es lieber, er wüßte genau, wohin er gehört, dann wüßte ich es auch ... Aber nun geh hin und erzähle ihnen, daß ich die Absicht habe, zu verreisen.«

Albrecht, nach einer Weile: »So, das glaubst du also.« Er erhob sich: »Auf Wiedersehen.«

Schweigen.

»In sechs Wochen geht mein Schiff zehn Uhr früh von Genua nach Spanien«, sagte Fritz.

Pause. Langsam kam Albrecht wieder in das Zimmer zurück.

»Nach Spanien?« fragt er ungläubig, nun hatte Fritz doch schon einen festen Plan, mehr als er zu Anfang zugegeben hatte. Nach Spanien also – er konnte den Gedanken nicht fassen.

»Und weshalb mußt du bis nach Spanien?« fragt er voll Angst. Spanien, wie er nur auf diesen Gedanken kam, hoffte er vielleicht dort eine Möglichkeit zu finden?

Fritz stand ihm gegenüber, aufrecht; war er vorhin noch niedergeschlagen und hilflos, jetzt besaß er eine Zuversicht, sie spannte seinen ganzen kräftigen Körper, er hatte einen festen Plan, er wußte, was er wollte, keine Macht der Erde würde ihn davon abhalten können. Albrecht spürte diese Zuversicht heraus, und die Kraft, die dem Freund durch den Körper strömte, sie bedrückte ihn. Das war sein Freund, dagegen konnte er nicht an. Er bebte vor Erregung, was sollte er sagen? Er schwieg. Er merkte die Entschlossenheit, wußte, daß er dagegen nichts ausrichten konnte, zu tief hatte der Plan schon in ihm Wurzel gefaßt, es war aussichtslos, auch nur einen Schritt dagegen anzurennen, Albrecht fühlte sich klein und verlassen.

»Aber warum?« flüsterte er noch einmal.

»Ich will meinen Eltern möglichst weit aus dem Blick kommen«, sagte Fritz mit ruhiger Stimme, »sie holen mich sonst sofort zurück, ich weiß das und will es verhüten.«

»So, so.« Albrecht überlegte angestrengt, war es das allein? Wußte Fritz denn nicht, was er damit tat, wollte er in Wahrheit alle Brücken brechen, die wieder zu seinen Eltern führten, hatte er daran gedacht, daß er dann auf einmal ganz für sich allein stand, in einem fremden Land, dessen Sprache er nicht kannte, unbekannt, ein Fremder. Das war das Abenteuer, ohne Zweifel, Albrecht wußte dies mit Bestimmtheit. Sollte er versuchen, dem Freund diesen Gedanken auszureden? Vergeblich, er wäre dann nur auf ein anderes Land verfallen, er mußte über die Grenze, das stand für ihn fest, in ein anderes Land. Nun, dann nach Spanien, wenn er es nicht anders wollte. Aber Albrecht konnte sich damit nie zufrieden geben.

Natürlich gab es jetzt noch viel zu besprechen, zum Beispiel, wo er das Geld hernimmt, denn Geld gehört vor allem zu seinem Unternehmen.

»Das habe ich mir schon seit langer Zeit zusammengespart«, sagte Fritz.

»Gespart?«

»Ja, ja.«

Nun wußte Albrecht aber ganz genau, wieviel man in einem halben Jahr eifrigen Sparens zusammenbringen konnte.

»Dann hast du gerade genug für die Fahrt«, sagte er, »und nicht mehr, wirst du denn damit auskommen?«

Um die Erde könnte er fahren, so weit reichte sein Geld.

Albrecht sieht ihn ungläubig an, Fritz lacht spitzbübisch, so ganz scheint es in diesem Punkt nicht zu stimmen. Schließlich erklärt er sich näher.

»Das Geld, das ich von meinen Eltern bekomme, reicht natürlich nicht aus, das wußte ich schon am Anfang. Ich mußte mich also bald umsehen, wie ich den Betrag zusammenbrachte. Sieh, das ist doch leicht bei unserer Schlamperei zu Hause, kein Mensch merkt, wenn jemand an die Kasse geht und sich Geld herausnimmt. Mein Vater weiß überhaupt keinen Bescheid, nur meine Mutter verfügt über das gesamte Geld. Was am Tag eingeht, bewahrt sie in einer Schublade am Ladentisch auf, im Laufe des Tages nimmt sie sich heraus, was sie braucht. Einmal fand ich unter ihrem Laken ein Kuvert mit viel Geld, ich machte es ihr schließlich nach, weiter nichts.«

Albrecht war starr. Fritz hatte immer über viel Geld verfügt, er war oft großzügig und spendierte, Albrecht hatte sich weiter nie Gedanken darüber gemacht, wie er zu diesem Gelde kam. Er selbst besaß nicht viel, er hatte ja auch keine Ausgaben, sein Vater bezahlte ihm alles, darüber hinaus fielen immer noch ein paar Mark für die Sparbüchse ab, besonders am Schluß eines jeden Monats, wenn der Abschluß gemacht wurde. Albrecht wäre nie auf den Gedanken gekommen, sich eigenmächtig Geld aus der Kasse herauszunehmen. Der Vater wußte stets genau den augenblicklichen Bestand, über jede Mark, die ausgegeben wurde, forderte er genauesten Bericht, jede kleine Unterschlagung wäre bald herausgekommen. Das Geld stand im Mittelpunkt, führte man auch keinen Tanz darum auf, der geregelte Ablauf verbürgte ein sicheres und würdiges Dasein. Auf diesen beiden Begriffen stand das Leben aufgebaut: Arbeiten und Geld verdienen, gab es denn überhaupt daneben noch eine andere Möglichkeit?

Freitag. Die Fabriken haben die Löhne schon am Donnerstag ausgezahlt, doch erst am Freitag darauf kommen die Frauen in die Geschäfte, bezahlen alte Schulden, machen neue, es ist wie ein Sack, der nie zu Ende geflickt wird. Seldersens stehen im Laden und warten.

Die Köppen ist schon drei Wochen nicht hier gewesen, vom vorigen Jahr stehen noch Schulden an. Dabei kam sie neulich mit ihrem Jungen von Wiesel mit großen Paketen. Sicherlich Anzüge für die Jungens, der eine wird kommende Ostern eingesegnet.

»Wenn ich sie auf der Straße sehe, spreche ich sie an«, sagt die Mutter, »das habe ich mir schon lange vorgenommen. Und die alte Lorenz und ihre Schwiegertochter – wenn sie etwas brauchen, kommen sie, aber das Geld tragen sie zu anderen.«

Der Vater wehrte ab: »Von der ist doch der Mann krank und das Kind im Krankenhaus. Es ist zu schwer.«

Jeder Kaufmann ist über die Familienverhältnisse seiner Kunden genau im Bild. Gegen fünf Uhr erscheinen die ersten, mit dröhnenden Schritten gehen sie zur Kasse, an der die Mutter jetzt sitzt.

»Ich bringe Geld, zehn Mark.«

»Das ist ja sehr schön. Alleine heute in der Stadt? Was macht Mutter, ist sie auch hier?«

Eine Antwort wird meistens nicht erwartet, und wenn sie erfolgt, in der Regel nicht beachtet. Das Geld wird von dem Zettel, auf dem der Gesamtbetrag steht, abgezogen, die Zahlung im Buch vermerkt, jeder Kunde hat sein Konto, das er jederzeit einsehen kann. Drei große lange Striche bedeuten: ausgeglichen. Eine neue Seite wird dann angefangen.

»Ich brauche einen Anzug für Sonntags.«

»Ja, wir haben sehr schöne Anzüge. Kommen Sie nächsten Donnerstag wieder.«

Der Käufer steht an der Tür, grob, er rührt sich nicht vom Fleck. Er braucht ihn eigentlich heute schon, aber er sagt es nicht.

»Ist er auch nicht zu teuer?« fragt er.

»Nein, nein, wir werden schon einig werden, kommen Sie nur.«

Die Anzüge hängen an großen Regalen in der Ecke, er sieht sie dort in langen Reihen an der Stange, gierig ruht sein Blick auf ihnen. Nächsten Donnerstag also, viel lieber heute schon, aber verdammt, man muß ihm ansehen, daß er heute kein Geld in der Tasche hat.

Es kommen die, die sich abrackern von früh bis spät, keinen Sonntag kennen und es doch nie zu etwas bringen. Sie kommen, entschuldigen sich, wenn sie nur mit wenigem ankommen, aber das nächstemal wird es bestimmt mehr sein, die Möbel beim Tischler mußten bezahlt werden, die Kartoffeln – alles kommt auf einmal. Es klingt wie einstudiert, nur wenige Worte stehen zur Verfügung, als gäbe es nur Nacktheit. Die Mutter, an der Kasse, versucht zu beruhigen, sie lobt die Ordnung, gewährt Vertrauen, begleitet die Frau bis zur Türe. Immer wieder bringt das Weib neue Entschuldigungen vor. Die Mutter ereifert sich in Großmütigkeit, die Frau verläßt mit einem »Danke schön« den Laden.

Noch an der Türe wendet sich Frau Seldersen um, ihr Gesicht ist verzogen, als wollte sie fragen: nun? Der Vater steht im Hintergrund, den Kopf zur Seite geneigt, als wolle er ihn auf die Schulter legen, so müde ist er. Seine Finger spielen mit den Stecknadeln, die seinen Rockkragen durchstechen.

»Die Frau wird bezahlen«, sagt er, »natürlich, aber uns fehlt das Geld heute. Ja, es ist so schwer für die Leute, die haben auch zu knacken.«

Stille.

Die dunklen Stoffe machen den Laden düster, das weiße Licht flammt an der Decke auf, eine Frau kommt herein, sie erzählt viel. Alle erzählen sie viel, nicht immer ist es gelogen, doch viel Leid macht stumpf und hart. Sie bringt etwas Geld – bleibt noch ein Rest im Buch. Als ihre Angelegenheit erledigt ist, zögert sie einen Augenblick, dann sagt sie so ungeschickt wie möglich – für sie ist es sicherlich ein Diplomatenkunststück: sie brauche noch viel, sie will neu kaufen.

Ja, man gibt ihr bis zu einer gewissen Grenze. Sie ist eine von den Faulsten, hat viel Ware gekauft, wenig Geld bisher dafür bezahlt, eine große Familie. Sie zählt auf, was sie braucht: Wäsche, Strümpfe, Stoff für Kleider und noch vieles mehr.

Frau Seldersen wirft die Strümpfe in den Kasten zurück und sagt:

»Nein, nur gegen bar Kasse.« Ihr Konto ist zu groß, es muß erst mindestens bis zur Hälfte abgezahlt sein. Dann kann sie neu kaufen.

Die Frau beginnt zu stöhnen, sie fängt mit ihrer Erzählung noch einmal von neuem an. Man glaubt ihr alles, aber es geht nicht, beim besten Willen nicht, einmal muß ein Ende gesetzt werden. Die Frau verläßt traurig den Laden, sie dreht sich noch einmal um und verspricht, bald mit Geld zu kommen.

Albrecht, der das ganze Gespräch verfolgt hat, tritt heran und fragt:

»Warum habt ihr denn der Frau keine Ware gegeben, sie ist doch nur noch zwanzig Mark schuldig, andere stehen viel größer hier im Buch.«

Der Vater schweigt. Die Mutter:

»Wir können doch nicht verkaufen, wenn wir das Geld erst in anderthalb Jahren sehen. Wollten wir das, dann könnten wir morgen zumachen, Vater kann hausieren gehen, und wir« – sie verbessert sich, »... und ihr, was soll aus euch werden?«

»Ach so«, sagt der Junge, »wegen uns, richtig, ja, ich verstehe jetzt, wegen uns also.«

Er verläßt den Laden.

Für den Kaufmann Seldersen begann sich jetzt vieles entschiedener zu gestalten, mit dem Brief damals begann es, vorläufig war er immer noch ein Einzelfall, doch bald wurde eine lange Kette daraus. Der Briefträger hatte ihn eines Tages gebracht, noch nie vorher hatte der Vater ein Schreiben dieser Art erhalten, die Erregung traf ihn stark, er wußte sich nicht zu fassen. Umgehend schrieb er zurück, es bedurfte großer Anstrengung, bis er ein Schreiben zustande gebracht hatte, wohlabgewogen, nicht zuviel an Untertänigkeit und Herausforderung: man solle ihm das Vertrauen, das man ihm die Jahre hindurch stets reichlich entgegengebracht hat, nicht entziehen, eine kleine Stockung sei eingetreten, in kurzer Zeit hoffe er sie zu beheben. Der Brief hatte Erfolg, er war ein alter Kaufmann, in den Jahren bisher hatte man sich von ihm nichts zu versehen gehabt, ein wenig Nachsicht, Milde durfte er schon verlangen. Man gewährte sie ihm und drängte ihn nicht mehr. Er beeilte sich, der Firma einen Teil des ihr zustehenden Betrages einzusenden, die Angelegenheit schien erledigt. Dafür liefen in kurzen Abständen Briefe gleichen Inhalts von anderen Firmen ein, auf der ganzen Linie war diese Stockung eingetreten. Sie waren zum Teil wesentlich schärfer im Ton, mahnten eindeutig, obgleich die Frist oft erst um zehn Tage überschritten war, drohten ziemlich unverblümt – kurz, sie forderten schnellstens ihr Geld. Nicht, daß der Absender hier in diesem besonderen Fall Angst gehabt hätte, sein Geld zu verlieren, die Briefe waren so allgemein gehalten, daß sie an andere Schuldner auch abgesandt wurden, man war eben in Verlegenheit und brauchte sein Geld selbst dringend. Mit jeder Post kamen solche Schreiben, zuerst einmal am Tag, dann jedesmal, wenn der Briefträger überhaupt erschien. Dem Vater bangte stets vor dem Augenblick, wo der Postbote in den Laden trat.

»Na, was bringen Sie mir heute?« fragte er leichthin und nahm die Briefe in Empfang. Er brauchte gar nicht auf den Absender zu sehen, schon vorher wußte er meist, von wem der Brief kam. Er war mit seinen Zahlungen arg in Verzug geraten, überall hing er bei den Firmen. Dann las er den Inhalt, und die Angst beschlich ihn jedesmal wieder, obgleich er durch die häufige Wiederkehr hätte daran gewöhnt sein müssen. Es blieb ihm nichts anderes übrig, als sich hinzusetzen und unaufhörlich Briefe zu schreiben wie diesen ersten, daß man ihm weiterhin das Vertrauen schenke, daß er um Nachsicht bäte – er brachte es zu einer gewissen Meisterschaft im Abfassen dieser Briefe. Er gab sich demütig, beugte sich tief und litt ehrlich großen Schmerz. Nach außen hin versuchte er, so gut es ging, seinen Zustand zu verbergen.

An einem Sonntagmorgen erwachte Albrecht in der Früh' plötzlich, noch schlaftrunken hörte er von nebenan aus der Küche Stimmen, die gedämpft, aber scharf und gut verständlich miteinander stritten. Er unterschied deutlich die Stimme seines Vaters, als er zur Mutter sagte:

»Du mußt dich eben mehr zusammennehmen und darfst dich in deiner verzweifelten Stimmung nicht so gehen lassen. Der Junge braucht nichts davon zu erfahren, wie es eigentlich steht, er hat mit der Schule seinen Kopf vorläufig voll genug – ich nehme mich auch zusammen. Wenn ich vor dir alles zeigen wollte, was sich am Tag so ereignet!« Er verschwieg so manches. »Aber der Junge bleibt mir aus dem Spiel.«

Noch viel später erinnerte sich Albrecht recht gut der einzelnen Worte, er behielt sie im Gedächtnis, obwohl er mit ihnen nichts anderes anzufangen wußte, als was ihm schon vorher bekannt war. Sein Vater hatte Sorgen und wollte nicht, daß er etwas davon erfuhr. Nun gut, er wollte abwarten und zusehen, was es mit diesen Sorgen auf sich hatte. Vielleicht waren sie übertrieben, aufgebauscht und fielen in kurzer Zeit von selbst in sich zusammen, vielleicht hing doch ein gut Teil Wahrheit an ihnen.

Die Schule hatte lange schon wieder begonnen, es vergingen jetzt kaum drei Tage, an denen es nicht zu einem Zusammenstoß zwischen Fritz und einem der Lehrer kam. Dr. Selow war versetzt, eine jüngere Vertretung rückte an seine Stelle, ein Referendar, der es auch erst noch lernen mußte. In dem Stundenplan gab es jetzt jeden Augenblick Änderungen und Umlegungen.

Fritz saß dabei und bekundete offen, daß er sich nicht mehr als hier zugehörig betrachtete, er langweilte sich, schlief, trieb andere Sachen. Mitunter vergaß er vollkommen, daß er sich immer noch in der Schule befand; wenn ihm eine Sache lächerlich vorkam, so lachte er selig vor sich hin, während die übrigen Mitschüler gute Miene zum bösen Spiel machten. Als in einer Stunde der Direktor wieder einmal von den großen Männern sprach – er sprach gerne über diese Angelegenheit, seine Stimme erzitterte dann jedesmal, und aus den Augen lief ihm das Wasser – und sagte: wenn dann die Sturmtrupps der großen Männer kommen, brach er mitten im Satz kurz ab und schrie:

»Fiedler, warum lachen Sie?«

Er zitterte vor Erregung und lief zu Fritzens Platz.

»Warum lachen Sie?« schrie er wieder. Fritz erhob sich schwerfällig und stand groß neben seinem Direktor, unbeweglich sah er auf die Wandtafel und schwieg.

»Sie sind ein unverschämter Bursche«, sagte der Direktor, mit Mühe nur hielt er an sich. Wer weiß, was er im Augenblick über Fritz noch alles bei sich dachte, welch schlechter Gedanken er ihn für fähig hielt. Fritz setzte sich ruhig wieder hin, die Stunde nahm ihren Fortgang.

Solche Zwischenfälle wiederholten sich nun oft, Fritz wurde mit der Zeit müde, er blieb zu Hause, stellte sich krank, vielleicht war er es auch in der Tat, sein Kopf war heiß und die Lippen andauernd trocken, er trank wie ein ausgedienter Säufer. Nach ein paar Tagen erschien er wieder in der Schule, aber jetzt zeigte er nicht mehr dieselbe Gleichgültigkeit wie vorher, er hatte es sich anscheinend überlegt und gab sich Mühe, nicht mehr aufzufallen.

Mit Genua übrigens klappte es nicht, er hatte sich verrechnet, um vier Stunden ging das Schiff früher ab. Das folgende konnte er nicht benutzen, er verlor sonst seinen Vorsprung von drei Tagen, und darauf kam es ihm sehr an. Drei Tage mußte er gewinnen, sollte sein Vorhaben unentdeckt bleiben. Er mußte sich also nach einem neuen Plan umsehen, vorläufig hatte er noch nichts bereit. Albrecht hatte fast den Eindruck, als ob es Fritz nicht mehr so eilig hätte wie zuvor, auf einmal sprach er von abwarten und genau vorbereiten, während er vordem am liebsten sofort ausgerissen wäre.

So verging der Herbst, die ersten Stürme kamen, der Waldboden wurde feucht und aufgeweicht vom Regen, man konnte sich nicht mehr in das Gras legen. Die beiden Freunde gingen fast jeden Abend wieder über die vertrauten Wege, nur hier fühlte sich Fritz frei und sicher. Er verlor seine äußere Scheu und Schweigsamkeit, er sprach von seiner Flucht, von seinen Plänen und wie er sich seine nächste Zukunft dachte.

»Es wird mir nicht rosig gehen«, sagte er, »das weiß ich genau.«

Albrecht nickte.

»Aber wenn ich nur hier herauskomme, dann will ich das übrige schon ruhig auf mich nehmen.«

Es war ihm also wirklich ganz ernst, er hatte seinen Plan bis zu Ende überlegt, und keine Furcht konnte ihn mehr abhalten. Daß er Albrecht nach außen hin zuerst so abwartend und beinahe anderen Sinnes erschien, war nur ein Zeichen dafür, wie sehr er mit sich ins reine gekommen war. Albrecht sah voller Verwunderung in das ruhige Gesicht seines Freundes, das keinerlei Aufregung und Anspannung verriet.

»Wann willst du nun losfahren?« fragte er.

Fritz: »Das weiß ich noch nicht genau.«

So, das wußte er noch nicht genau, er wollte es nicht sagen, er befürchtete anscheinend doch eine Ungeschicklichkeit.

»Ich sage meinen Eltern, ich fahre zu Kern, dem Förster, nach F., ich bleibe dort einige Tage zur Jagd.«

»Aber jetzt ist doch gar keine Jagd mehr«, sagte Albrecht.

»Richtig, das hätte ich beinahe vergessen.« Eine unglaublich leichtsinnige Angabe, sie konnte ihn ins Unglück stürzen. »Nun, dann lasse ich das eben mit der Jagd und fahre nur zu Besuch. Ich bin schon lange dort eingeladen, meine Eltern wissen es.«

Sie gingen weiter und gelangten schließlich wieder zur Stadt.

»Da wärst du nun zu Hause«, sagt Fritz plötzlich und bleibt an der Ecke stehen, mitten im Gespräch hält er an, als habe er die letzten Worte gar nicht mehr gehört. »Gute Nacht.«

Sie verabschieden sich, die paar Schritte geht Fritz alleine nach Hause. Als Albrecht die Haustüre schon aufgeschlossen hat, läuft er noch einmal zur Ecke und sieht die Straße hinauf. Der Freund geht ruhig mit vorgeneigtem Oberkörper in seinem schaukelnden Gang die Bordschwelle entlang. Es ist still auf der Straße, man hört jeden Schritt. Ob er wohl nach Hause geht, es sieht fast aus, als biege er nach links in eine kleine Straße ein. Albrecht wartet. Kurz vor seiner Wohnung biegt Fritz scharf nach rechts ab, schließt die Türe auf, das Geräusch schallt bis zur Ecke hinunter, die Türe wird zugeschlagen. Albrecht verläßt seinen Platz und geht ins Haus. An der Ecke steht der Nachtwächter, neben ihm liegt sein Hund auf der Erde.

Einzig Frau Seldersen hatte gegen die abendlichen Spaziergänge etwas einzuwenden, sie warf Albrecht vor, daß er sich nicht um seinen Vater kümmere, ihn jeden Abend allein gehen ließe. Sie selbst ist zu müde, um nach dem Essen noch ein Stück mit ihm zu laufen. Der Vater versucht zwar langsam zu gehen, doch schon nach wenigen Minuten ist er wieder in seinem alten Trab, sie keucht nebenher, es kommt nie zu einer Übereinstimmung. So läßt sie ihn – nur ungern – alleine gehen.

Albrecht verspricht, sich danach zu richten. Als der Vater am nächsten Abend sagt, daß er sich noch ein bißchen auslaufen wolle, erklärt Albrecht, er gehe mit. Der Vater ist erstaunt und wehrt ab, er kann ebensogut alleine gehen, da kann er sich wenigstens seinen Schritt machen.

»Wenn du meinst«, sagt Albrecht und ist schon bereit, nachzugeben.

Herr Seldersen geht aus dem Zimmer, um sich anzuziehen.

»Du gehst mit«, befiehlt die Mutter.

»Aber er will doch alleine gehen.«

»Gleichviel, er will es nicht zugeben, aber er freut sich doch.«

Die Türe schlägt draußen zu.

»Er geht schon, nun beeile dich aber.«

Widerwillig steht der Junge auf, er hatte sich ausgedacht, heute zu Hause zu bleiben und sich den Abend mit Lesen und Musizieren angenehm zu vertreiben. Umständlich zieht er sich an, dann holt er mit ein paar Laufschritten den Vater ein:

»Ich komme doch noch ein bißchen mit«, als ob ihm das gerade eingefallen sei.

»Ist doch unnütz, ich gehe ebenso gerne allein«; aber er freut sich doch, wenn er auch weiß, daß die Mutter dahintersteckt. Schweigend gehen sie durch die Straßen. Herr Seldersen hält den Hut in der Hand, um ihn nicht dauernd abnehmen zu müssen, wenn man ihn grüßt. Jeder kennt ihn hier und grüßt, auch in der Dunkelheit. Sie verlassen die Stadt und biegen auf die Promenade ein. Der Vater hat die Hände auf dem Rücken, den Blick zu Boden gesenkt, bei jedem Schritt stöhnt er leise auf, als trüge er eine Last, die ihm den Atem verschlägt. Der Ton kommt innen aus dem Körper, von weit her, steigt höher, verflüchtigt sich und wird zum leisen Weinen.

»Was stöhnst du?« fragt Albrecht schließlich, »ich bitte dich, ich kann das nicht mehr hören.«

Es klingt ein wenig schroff und befehlend, jedoch er meint es nicht so. Sacht legt er seinen Arm um die Schulter des Vaters, er braucht sich dabei gar nicht so gewaltig anzustrengen, so viel größer ist er schon. Sie gehen ruhig weiter, der Vater räuspert sich. Nach einer Weile verlangsamt er seinen Schritt, bleibt plötzlich stehen, nickt mit dem Kopf.

»Hm, hm ...«, doch kein Wort weiter. Er setzt seinen Weg fort. Nach ein paar Schritten wieder: »Hm, hm ...«, und so lange Zeit, als gäbe er damit eine Antwort auf die vielen Fragen, die ihn den ganzen Weg über beschäftigen und auf eine Antwort drängen. »Hm, hm ...«

Albrecht wartet.

»Es ist doch zu schwer«, sagt der Vater auf einmal, »wenn ich es nur noch so lange halten kann, bis du aus der Schule bist.«

Pause.

»Hm, hm ...«

Das also ist seine große Sorge, die er die ganze Zeit mit

sich herumträgt, das erstemal, daß er so offen darüber spricht.

»Meinst du wirklich, daß es nicht mehr geht?« fragt Albrecht zaghaft, aber bis zu Ende hat er den Gedanken noch nicht begriffen.

»Nein, nein, lange kann es nicht mehr dauern«, entgegnet der Vater.

Schweigen.

»Hm, hm ...«

Soll es wirklich so sein, daß etwas, was durch jahrelange Arbeit mühsam aufgebaut wurde und lange Zeit hindurch Bestand hatte, plötzlich über Nacht zusammenfällt, als genügte schon ein Windstoß, um es umzuwerfen?

»Und daß du alles so mit ansehen mußt, du, die Mutter und die Anneliese, daß ich nicht von euch die Sorgen fernhalten kann – aber es geht nicht, ich habe es versucht, es geht nicht.«

Albrecht ist etwas verwirrt durch die letzten Worte des Vaters, er will ihn trösten, er stottert ein paar Redensarten zusammen, wie sie ihm gerade einfallen, daß es anderen doch ebenso ergehe, sicherlich, ist das nicht ein Trost, daß es nicht des Vaters Schuld sei, habe man denn das Geld verpraßt. »Auf mich brauchst du keine Rücksicht zu nehmen, es ist nur gut, wenn ich früh genug erfahre, wie es in Wirklichkeit bei uns und überhaupt im allgemeinen zugeht.«

Schweigend gehen sie weiter.

Soweit es seine Person betraf, hatte sich Herr Seldersen schon lange mit den augenblicklichen Verhältnissen und den trüben Aussichten für die Zukunft abgefunden. Sich bescheiden können, einfach und anspruchslos dahinleben, wenn die Zeit es erfordert, das war ebenso wichtig und brachte Ehre, wie unter gesunden, geraden Verhältnissen sein Schiffchen sicher in den Hafen zu steuern. Aber so einfach ging das alles nicht, eine Menge anderer Sachen kamen noch hinzu. Er stand ja nicht allein in der Welt, er hatte Verpflichtungen, da waren seine Frau und die Kinder. Und er war ein Mann, war der Vater, seine Arbeit war die Grundlage der Familie und gab ihm die Sicherheit für seine eigene Stellung. Alles war eng miteinander verbunden, und wenn sich auf einer Seite nur ein Steinchen lockerte, fiel das ganze Gebäude zusammen.

Der Weg führte hinaus in den Wald, am Rande stand ein Gartenrestaurant. Sie gehen hinein und setzen sich unter die Lauben, weit hinten sitzen noch zwei Gäste, der Vater bestellt etwas zu trinken. In den Blumenampeln an der Decke leuchten versteckt die Glühbirnen, ein mattes Licht liegt über den Tischen. Sie lehnen sich zurück in die harten Gartenstühle, ah, es ist eine Wohltat, hier zu sitzen und ganz ruhig zu sein.

Der Vater sitzt verloren in seinem Stuhl, wie ein kleines Kind, das zum erstenmal auf einem Stuhl sitzt, die Beine hängen in der Luft, die Arme liegen schwer und breit auf dem Tisch, als zittere noch eine große Anstrengung in ihnen nach.

Das ist also mein Vater, denkt Albrecht, er sitzt ihm gegenüber und kann nicht aufhören, ihn immer wieder verstohlen anzusehen, das Gesicht, die Hände, den ganzen müden Körper. Da hat er nun sein ganzes Leben gearbeitet, und das ist also das Ergebnis. Gut. Vorhin hat er sich bei mir entschuldigt, daß er uns das Leben nicht besser gestalten kann, was habe ich ihm darauf erwidert? Irgend etwas, aber dafür gibt es keine Worte. Er ist unrasiert, da sieht er noch schlechter aus und viel älter. Ich glaube, jetzt weint er sogar im stillen, man hört es nur nicht. Ich habe ihn schon weinen hören, es klang wie das Weinen eines Tieres, kein starker Ausbruch, man meint, alle Bitterkeit senke sich nur noch tiefer in ihn.

Und auf einmal überfällt Albrecht ein großes Mitleid mit seinem Vater, wie er ihm da gegenübersitzt, alt, verloren und ohne Hoffnung. War er bisher auch der Meinung, es stecke viel Übertreibung und Anmaßung hinter seinem Gebaren, und dachte sich manchmal im stillen sein Teil, jetzt war er bekehrt, er glaubte. Er wußte nicht viel mehr von seinem Vater, als daß er seine Arbeit verrichtete, getreu und mit Liebe, wußte nicht viel von seinem früheren Leben und Ergehen. Von selbst sprach der Vater nie über das Vergangene, obwohl er gewiß nichts zu verbergen hatte. Er war im Krieg gewesen, vier Jahre lang, als Anerkennung erhielt er das Kreuz, er trug es nie, es lag in einer Schublade im Schrank, eingehüllt in Seidenpapier, wenn die Mutter in den Fächern aufräumte, fiel es ihr jedesmal in die Hände. Sie betrachtete es lange und legte es sorgfältig wieder an seinen

Platz. Und so war es mit allem, einmal, in einer Sekunde, gab es das Geschehen, dann war es versunken, abgetan, wohl nicht vergessen, aber verschwiegen; es lag in einer Ecke, und nur wenn man kramte, stieß man darauf. Jetzt erschien vor Albrecht auf einmal das Leben seines Vaters ausgebreitet, er wußte keine Einzelheiten, keine Daten und äußeren Ereignisse, er sah nur die Linie, den Bogen, der sich von Beginn an spannte bis jetzt, wo allerdings noch nicht das Ende stand. Noch später erinnerte er sich genau an die Stunde, da sein Vater und er zusammensaßen und er einsichtig wurde. Er glaubte, daß er damals unbändig an Erfahrung gewann, mit einem gewaltigen Schritt über sein Alter hinaussprang.

»Und wann bist du aus der Schule gekommen?«

Der Vater machte eine Pause, er mußte überlegen: »Mit vierzehn Jahren«, sagte er dann.

Albrecht erstaunt: »Da warst du ja noch kleiner als jetzt ich.«

Er lachte. Der Vater nickte und verzog das Gesicht.

»Als ich so alt war wie du, war ich schon in der Lehre und hatte bald ausgelernt.«

Pause. Albrecht überlegte kurz, daß er jetzt siebzehn Jahre alt war, und schämte sich ein wenig.

»Warum bist du schon so frühe aus der Schule gekommen?« fragte er weiter.

»Wir waren zu Hause viele Kinder, und ich kam auch nicht recht mit, schon in der untersten Klasse klappte es nicht so ganz, ich hatte nie Zeit, für die Schule zu arbeiten, ich mußte auf meine kleinen Schwestern aufpassen, da nahm mich mein Vater dann aus der Schule.«

»Aber dein Vater hatte lange in England gelebt, und er wußte in allem genau Bescheid.«

»Er war ein gebildeter Mann.«

»Und die große Familie?«

»Er ernährte sie, die Mutter hat es ihm nicht leicht gemacht, später sprach er oft zu mir darüber. Aber nie hat er geklagt. Er blieb stets bescheiden.«

Das Gespräch geht weiter, Albrecht fragt, der Vater antwortet, schließlich bedarf es nicht mehr der Frage, und der Vater erzählt von selbst. Ein einfaches Schicksal mit Arbeit, ein wenig Erfolg, noch größere Arbeit. In der Lehre putzte er für die jungen Leute die Stiefel, um zum Essen Geld zu haben, da das Essen in der billigen Pension ungenießbar ist. Er wird Reisender, fährt durch das Land, überall gerne gesehen, freundlich, zuvorkommend, geschickt, es geht ihm gut, er spart dreihundert Taler. »Bedenke, dreihundert Taler, was das für ein Geld war.« Er gründet das Geschäft.

Pause.

Und dann ist der Vater auf einmal wieder so niedergeschlagen, er beugt sich unter seinem Schmerz, seine Hände fliegen ihm davon, wenn er sie nicht schnell ineinanderpreßt. Es nützt ihm nichts, daß er der Vater und der Ältere ist, hier ist er der Unterlegene, und mit seiner Männlichkeit ist es weiß Gott nicht weit her.

Albrecht fühlt seinen ganzen großen Schmerz und die bisher schweigend getragene Last, er umschließt die Fäuste seines Vaters mit seinen Händen und flüstert ihm zu, was er erst vorhin ihm gesagt hat, daß es nicht seine Schuld sei, daß es doch vielen anderen sicherlich ebenso ergehe.

»Nein, es ist schon etwas Schuld dabei«, langsam und schwer kommen die Worte, als trügen sie ein unwägbares Geständnis.

»Wo liegt sie?« fragt Albrecht zurück. Er bebt vor Erwartung, ist er jetzt auf der Spur?

Der Vater, ernst: »Damals in den Jahren, als das Geld ins unendliche stieg, und auch die Zeit nachher, da hätte ich es besser verstehen sollen ... aber wer konnte das auch wissen.«

Da drückt Albrecht ganz fest die Hände seines Vaters und sagt ruhig:

»Nicht du, überlaß das anderen, aber du nicht.«

Der Vater nickt zufrieden: »Nein, es hätte auch keinen Segen gebracht.«

Stille.

»Wie das alles nur so plötzlich kommen mag?« fragte Albrecht auf einmal.

Der Vater zog die Schultern hoch und machte ein nachdenkliches Gesicht:

»Plötzlich? Nein, das geht schon länger, du hast es nur nicht recht bemerkt.«

»Doch, ich habe es schon bemerkt«, sagte Albrecht; wie alt er sich in diesem Augenblick vorkam.

Nach einer Weile der Vater: »Es hängt eben alles zusammen, das geht immer weiter zurück und bis ganz oben hinauf.« Eine bessere Erklärung fand er im Augenblick nicht.

Albrecht schüttelte nachdenklich den Kopf.

»Kein Mensch hat Geld, nur sehr wenige noch Arbeit, und so geht es immer noch weiter, es langt eben zu nichts … Sieh einmal«, fährt er fort, »wenn der Arbeiter hier kein Geld hat, muß er eben borgen, denn die Ware muß er haben, er muß etwas auf dem Leibe tragen. Aber mir fehlt das Geld, und ich bleibe meinen Lieferanten die Zahlung schuldig, die die Ware vielleicht auch erst irgendwoher beziehen. So gibt es bis oben hinauf eine Stockung, bis zu den Fabriken, die die Ware herstellen, und den Banken, die die Kredite bewilligen. Sieger bleibt der, der die stärkste Lunge hat, es am längsten aushalten kann, gewöhnlich eben der, der Kapital hinter sich hat. Nur wer heute Kapital hinter sich hat, hält durch, die anderen werden alle zugrunde gehen.«

»Ist das deine Meinung?« fragte der Sohn.

Herr Seldersen nickte zustimmend: »Das ist meine Meinung,« sagte er.

»Meinst du eigentlich, daß dir der Herr Dalke hier großen Abbruch tut?« erkundigte sich Albrecht. Er wußte selbst nicht, wie er gerade auf den Vergleich mit Herrn Dalke kam, der das große Geschäft oben an der Ecke besaß. Der Vater schwieg. Er kannte Herrn Dalke persönlich, sie kamen sogar außerhalb des Geschäftes zusammen, wenn sie auch Konkurrenten waren.

»Der kann ja ganz anders rechnen und disponieren als wir«, erklärte er schließlich, »er hat ja alles beisammen, überhaupt, seit er neu gebaut und ein Stockwerk aufgesetzt hat … mit ihm können wir uns nicht vergleichen.«

Aber einer genauen Antwort, ob er ihm schade, wich Herr Seldersen aus. Er erteilte sie sich nur im stillen, oder vielleicht auch hatte er bei sich früher nie die Frage überdacht, es war ihm nicht angenehm, Betrachtungen darüber anzustellen, schließlich hatte er auch seinen Ehrgeiz. Daß er augenblicklich so in der Klemme saß, war nur zum geringsten Teil seine persönliche Schuld, sein ganzes Leben hindurch hatte er sich nie überheblich gezeigt. Aber mit dem Herrn Dalke, das war wirklich eine ganz andere Sache, er lebte, vielmehr er führte seine Geschäfte gleichsam auf einer ganz anderen Ebene, man konnte sie beide nicht vergleichen. Herr Dalke hatte Geld hinter sich, Kapital, und das ergab ein völlig anderes Bild.

Es ist spät geworden, und sie gehen nach Hause, auf dem ganzen Rückweg sprechen sie nur wenig zusammen. Als der Vater später im Bett liegt, kommt der Junge behutsam zu ihm, drückt ihm einen Kuß auf die Stirn. Er erhält dafür, wie gewohnt, zwei, einen auf die Wange und einen auf die Stirn. Schon will er sich aufrichten, da zieht ihn der Arm, der um seinen Hals geschlungen ist, mit leichtem Druck nach unten, ein Kuß liegt leicht auf seinem Mund. »Schlaf gut, mein Junge.«

Albrecht geht in sein Zimmer, macht sich zum Schlafen bereit, zuvor reibt er sich kalt ab.

»Morgen kommt Nelken«, sagte Herr Seldersen eines Tages zu seiner Frau, nachdem er einen Brief geöffnet hatte, »er teilt mir heute seine Ankunft mit. Wir laden ihn für morgen abend ein.«

Die Mutter wollte etwas erwidern, doch der Vater ließ sie gar nicht erst zu Worte kommen, er wußte schon, was sie sagen wollte.

»Es geht nicht anders«, erklärte er, »jedesmal, wenn er kommt, ist er als Gast bei uns, dieses Mal wäre es das erstemal anders, das geht nicht.«

Frau Seldersen wies auf die Kosten hin, die durch den Besuch entstehen, sie gedachte ihn durch den Hinweis umzustimmen. Der Vater hatte dieselben Gedanken wie sie. »Es nützt nichts«, erwiderte er endgültig, um die Angelegenheit zu beenden, »wir dürfen den Mann nicht mißtrauisch machen, solange es eben geht, müssen wir durchhalten.« Die Mutter fügte sich.

Tags darauf kam Nelken, ein großer stattlicher Mann, Mitinhaber einer bedeutenden Firma, mit der Herr Seldersen seit Beginn seines Bestehens in Geschäftsverbindung stand. Herr Nelken brachte gewöhnlich drei schwere große Koffer mit, die der Hausdiener des Hotels, in dem er jeweils abstieg, in seinem Karren am Morgen mühsam in das Geschäft des Kunden rollte. Mit Herrn Seldersen verband ihn eine Art Freundschaft. Herr Nelken besuchte nicht jeden, bewahre, er reiste umher und bediente nur die Elite seiner Kundschaft sozusagen, auch Herr Seldersen befand sich darunter. Eine große Ehre, er wußte sie zu schätzen und gedachte sie nicht so bald zu verlieren. Abends war Herr Nelken sein Gast, er brachte Blumen und Schokolade mit, nach dem Abendessen ein Gespräch, ein kleines Spiel, dann verabschiedete er sich und reiste weiter.

Dieses Mal kam er und brachte nur einen schweren und zwei leichte kleine Koffer mit. Ein Zeichen der Zeit, erklärte er Herrn Seldersen. Sie verweilten einen Augenblick gemeinsam in der Vergangenheit, dann begannen sie zu arbeiten. Herr Seldersen hatte sich vorher eine Aufstellung gemacht, was er benötigte, Herr Nelken holte aus der Tiefe seines Koffers die zahllosen Muster und reichte sie ihm zur Ansicht. Dann schrieb er die Bestellung auf einen Block.

»Nein«, unterbrach ihn Herr Seldersen, »das hat Zeit. Schreiben Sie das nicht auf, ich kann es immer noch nachbestellen, wenn ich es brauche, Sie haben es doch jederzeit am Lager.«

»Natürlich«, versicherte Herr Nelken, im übrigen sah er durchaus ein, wenn Herr Seldersen seine Bestellung mit Vorsicht aufgab. Überall traf er diese ängstliche Besorgtheit an, er verhehlte es nicht.

Ein jeder wartet ab und sieht zu, möglichst billig wegzukommen. Er kam viel herum und konnte eine Menge davon berichten.

Der Vorrat in seinen Koffern war noch lange nicht erschöpft, immer neue Sachen holte er hervor, doch Herr Seldersen blieb standhaft.

»Nein, das geht nicht mehr, das ist viel zu teuer, was glauben Sie, die Leute haben alle kein Geld mehr.« Er erzählte von dem Feuer, das zweihundert Menschen brotlos gemacht hatte. So oder so, zu Einschränkungen wäre es doch in kurzer Zeit gekommen, andere Fabriken hier entlassen auch wöchentlich, das Baugeschäft liegt danieder, die Ziegel türmen sich, und keine Bestellung läuft ein.

In den ersten Stunden des Nachmittags schon waren sie fertig. Früher hatten sie oft zwei Tage dazu gebraucht, um die Bestellung aufzunehmen.

»Heute abend sind Sie bei uns, Herr Nelken, wir erwarten

Sie zum Abendbrot«, sagte der Vater, »das ist eine geheiligte Überlieferung.« Er lachte.

Herr Nelken sah auf die Uhr.

»Ich schaffe eigentlich noch den Zug nach E.«, überlegte er, »er geht in einer Stunde.« Fragend sah er Herrn Seldersen an.

»Wie Sie wollen, wenn Ihnen viel daran liegt, Ihre Route zu beenden.«

»Ich gewinne einen halben Tag, ich brauche da vielleicht gar nicht erst auszupacken, dann spare ich einen ganzen Tag.« Er überlegte, Herr Seldersen stand dabei und schwieg.

Nach einer Weile: »Ich rede Ihnen nicht zu, hier zu bleiben, Herr Nelken, wenn Sie einen ganzen Tag Kosten dadurch sparen ... Sie sind schließlich selbst die Firma, es geht aus Ihrer eigenen Tasche. Wir hätten Sie heute abend gerne zu einem Butterbrot bei uns gesehen, Sie wissen, wir machen weiter keine Umstände – essen müssen wir auch jeden Tag.«

Herr Nelken entschied sich schließlich, doch den Abendzug zu benutzen, er verabschiedete sich von Herrn Seldersen, ermahnte ihn, vorbeizukommen, wenn er in Berlin ist und etwas braucht. Herr Seldersen fragte ihn noch, wie es mit dem Ziel für seine Zahlungen stehe, wieviel Tage man ihm Kredit gewähre.

»So wie immer, Herr Seldersen, natürlich«, entgegnete Nelken erstaunt.

»Vierzig Tage also, ein bißchen wenig, überall gewährt man mir jetzt sechzig.«

Herr Nelken überlegte: »So, so, ich weiß nicht, ob wir das können, bei unserem Betrieb.«

»Gerade Sie können es doch«, meinte Herr Seldersen, wer weiß, was er für Vorstellungen im Augenblick hatte.

Herr Nelken lachte: »Was glauben Sie, wir haben doch auch Zahlungen zu erfüllen, wir müssen uns dann erst wieder mit unseren Fabriken verständigen, so einfach geht das nicht. Und dann der Verband ...«

»Schon recht«, der Vater nickte, »schon recht.«

»Aber darüber machen Sie sich keine Sorgen, schließlich kennen wir uns schon lange genug, da kann man sich etwas entgegenkommen.«

»Und wie ist das mit den Briefen?« fragte Herr Seldersen auf einmal.

»Mit den Briefen, mit welchen Briefen?« wiederholte Herr Nelken.

»Nun«, sagte Herr Seldersen in scherzhaftem Ton, er wollte die Angelegenheit so leicht wie möglich hinstellen, »Sie schicken mir da seit einiger Zeit ein paar Briefe, Auszüge ...«

Der andere verstand: »Hm, hm ... Damit habe ich nichts zu schaffen«, sagte er dann.

Herr Seldersen sah ihn mißtrauisch an, damit hatte er nichts zu schaffen, wer denn sonst? Er war doch der Chef?

»Das geht aus unserem Kontor heraus, ohne daß wir es zu Gesicht bekommen, die Angelegenheiten werden dort selbständig erledigt. Sie sind nicht der einzige, seien Sie versichert. Warum eigentlich, dies ist doch heute allgemein üblich.«

»Ja, ja«, wiederholte Herr Seldersen einige Male, »um sich in Erinnerung zu bringen.« Aber war es nicht mehr als das? Sollte er Herrn Nelken erzählen von den Ängsten und den anderen Gefühlen, die ihn beschlichen, jedesmal, wenn der Briefträger in seinen Laden kam?

Herr Nelken gab ihm die Hand: »Machen Sie sich keine Kopfschmerzen, ein so alter Kunde wie Sie ...«

Der Vater dankte für die wohlwollenden Worte, ja, er zeigte sich sichtlich befriedigt, man glaubte ihm, man hielt ihn noch für kreditwürdig, was konnte er mehr verlangen. Aber daß Herr Nelken durchaus von den Briefen, die man ihm sandte, nichts wissen wollte, ging ihm nicht ein, er glaubte es einfach nicht. Gab es denn in seinem eigenen Geschäft irgendein Geschehen, irgendeinen Vorgang, der nicht von ihm selbst eingeleitet, überwacht und zu einem bestimmten Ende gebracht wurde? Und da behauptete nun Herr Nelken, daß bei ihm, in seinem Betrieb ... nein, er glaubte es einfach nicht. Über die wenigen Kunden, die Herr Nelken mit seinem Besuch beehrte, wußte er Bescheid. Darüber gab es keine Täuschung. Er wollte Herrn Seldersen schonen, nichts weiter, er wollte ihn nicht in Verlegenheit bringen, das war es, ohne Zweifel, weshalb er die Kenntnis dieser Briefe abstritt. Ein alter Kunde wie Sie, hatte er zum Schluß gesagt, dann war er abgefahren.

Die Eltern aßen alleine zu Abend, sie aßen die Sachen, die die Mutter eigens für den Besuch eingekauft hatte, aber sie aßen sie ohne besonderen Genuß, ja beinahe mußten sie sich dazu überwinden, um sie herunterzuwürgen, andauernd schwebte ihnen vor, daß das Geld nun unnütz ausgegeben war, das ließ ihnen keine Ruhe, es war, als hätten sie eine Sünde begangen.

In diesem Winter gingen viele Menschen in der Stadt mit stark herabgesetzten Hoffnungen, die Fabriken arbeiteten nur mit einer kleinen Belegschaft, zum Frühjahr versprachen sie wieder Neueinstellungen, auf den Bauplätzen lag wegen der Jahreszeit die Arbeit danieder – überall herrschte eine gedrückte und niedergeschlagene Stimmung. Die jungen Burschen, die zu Ostern aus der Schule gekommen waren, lungerten ohne Arbeit in den Straßen herum, von den Vätern verdiente ein kleiner Teil nur den Lebensunterhalt. Und alle wollten leben, sie brauchten Geld, um sich Essen und warme Sachen zu kaufen, es wurde ja immer kälter.

So kam das Weihnachtsfest heran, es war schließlich ein Fest, man feierte es, ohne rechten Sinn für Feiern und Sich-Freuen. In den Kriegsjahren selbst herrschte keine so traurige Stimmung. Aber dann rückte Neujahr heran, und die Nacht davor verbrachte man mit Lärmen und Späßen, überall lag der Überschwang und die Zuversicht in der Luft, Kanonenschüsse wurden abgefeuert, einander zugejubelt und gesungen, nur wenige behielten den Blick unverschleiert und sahen weiter ernst in das anbrechende neue Jahr. Aber es war doch schön, eine Hoffnung zu haben.

Mitten in diesem Trubel erschien auf einmal Fritz Fiedler unten auf der Straße vor Seldersens Wohnung, er rief, winkte hinauf, die Eltern luden ihn ein, und ehe sie es sich versahen, kletterte Fritz außen an der Mauer hoch, schwang sich über die Brüstung und stand schon im Zimmer. Großes Hallo, Begrüßung und Glückwünsche, Fritz bekam ein volles Glas, er trank, Herr Seldersen rief ihm zu: »Auf einen glücklichen Abschluß!« Es war lange noch nicht so weit mit dem Abschluß, erst das nächste Mal wäre dieser Glückwunsch recht am Platze gewesen, aber was soll man einem Schüler, der es bald mit der Schule geschafft hat, anderes wünschen?

»Warum«, rief Fritz zurück, seine Augen glühten, er verstand nicht recht, warum jetzt schon. Das hat doch noch Zeit, gottlob, aber Dank im voraus!

Er hatte schon zu Hause getrunken und befand sich in seliger Stimmung. Er kniff Albrecht in den Arm und zog ihn zur Seite. »Einen Augenblick«, flüsterte er, »ich muß dir etwas sagen.« Dann erzählte er Albrecht mit geheimnisvoll leiser Stimme, daß er die letzten drei Ferientage dazu benutzen wolle, um seinen Plan zu verwirklichen.

»Deinen Plan«, fragte Albrecht. Er hatte an dem Abend nichts getrunken, aber sicher hatte er in dem Augenblick seine fünf Sinne ebenfalls nicht ganz beisammen.

»Du weißt doch«, wurde Fritz ungeduldig und trat auf der Stelle hin und her.

Natürlich, erinnerte sich Albrecht, er fand sich wieder vollkommen zurecht.

»Pst, pst, nicht so laut«, entgegnete Fritz, »nichts anmerken lasssen, wie du siehst, spiele ich reines Theater, ich glaube sogar, man hält mich für betrunken.« Er wurde todernst: »In einer Woche«, sagte er, »wo ich da sein werde, ich möchte es gerne wissen.«

»Wo denn?« fragte Albrecht, auf der Stelle wollte er es wissen.

»Ich weiß nicht«, erwiderte Fritz, »ich komme vorher noch einmal her, aber jetzt gehen wir wieder zu den anderen zurück.«

Albrecht nickte stumm, und sie gingen zu den anderen.

Den ganzen Abend war Albrecht nicht recht in Stimmung gewesen, er trank nicht, er vollführte keinen Freudenlärm, einzig, daß er seinen Eltern und einigen Bekannten, die zu Gast waren, Glück wünschte, als die Glocken schlugen. Er sah, wie die Eltern sich küßten, während ihnen die Tränen in den Augen standen, wie die Mutter dem Vater ermunternd auf die Schulter klopfte und der Vater sich still zur Seite wandte, wie es seine Art war. Erst allmählich taute er auf und zeigte, daß er mehr konnte, als immer nur den Kopf hängen lassen. Wie er nur früher gewesen war, bevor er in den Krieg zog, und vor der jetzigen schweren Zeit? Vielleicht lustig und zuversichtlich in seiner Kraft, vielleicht ... Ja, ja, ob er sich selbst noch daran erinnerte? Dann nachher, als Fritz kam und von seiner bevorstehenden Reise sprach, rückte Albrecht noch merkbarer in die Gegenwart zurück, er erinnerte sich der Gespräche, der Spaziergänge, an so manches, was sie zusammen erlebt hatten – und nun fuhr Fritz in die Welt, in einer Woche konnte er schon wer weiß wo sein. In einer Woche! Albrecht schüttelte den Kopf. Ja, hatte er denn bis zum Schluß immer noch geglaubt, daß diese Reise in Wirklichkeit nie zustande kommen würde, glaubte er allen Ernstes, daß alles nur ein Hirngespinst, ein Spiel in Gedanken blieb – jetzt fuhr Fritz doch ab.

In den folgenden Tagen kam er noch oft zu Seldersens, die beiden Freunde waren bis spät in der Nacht zusammen, aber das gehörte nun einmal zu ihren Gewohnheiten, wäre es anders, es hätte bestimmt Aufsehen erregt. Am letzten Abend trennten sie sich voneinander, als wenn sie sich am nächsten Tag wiedersähen, kein besonders langes Verweilen, keine Abschiedsworte, ein einfacher Händedruck. »Auf Wiedersehen, laß es dir gut gehen«, Fritz fuhr in die Welt.

Am Morgen. Fritz ist in der letzten Minute aufgestanden, er muß sich beeilen, sonst versäumt er den Zug. Im Laden stehen seine Mutter und sein Bruder, er läuft hindurch, zieht sich dabei hastig den Mantel an.

»Ich muß mich beeilen«, sagt er, »Donnerstag komme ich wieder, die Bücher habe ich schon zurechtgelegt, sie liegen in der Mappe. Auf Wiedersehen.«

»Sieh dich vor«, ruft die Mutter ihm nach.

Der Koffer steht schon am Bahnhof, den Abend vorher hat er ihn hingebracht, verstohlen und voller Erwartung. Dann fährt der Zug ein, Fritz sucht sich ein Abteil, in dem er allein sitzt, er hat seine Schülermütze auf dem Kopf, oben im Netz liegt sein schwerer Koffer. Auf der nächsten Station müßte er aussteigen, wenn er zum Förster Kern will. Der Zug hält. Fritz sieht hinaus auf den Bahnsteig. Einige Jungen und Mädels steigen zu ihm in den Wagen. Der Zug fährt wieder an, Fritz lehnt sich weit hinaus. Felder, Wiesen, Wald, ein Fluß, in der Ferne weit hinten ragt aus einem hellen roten Haufen eine Kirchturmspitze hervor, er sieht sie noch lange, immer kleiner erscheint sie. Aber jetzt gehört das nicht mehr zu ihm, das alles hat nichts mehr mit ihm gemein. In Berlin wirft er seine Schülermütze in eine dunkle Bahnhofsecke.

Am Nachmittag kommt Albrecht auf den Hof, er pfeift und ruft, bis endlich Frau Fiedler am Fenster erscheint und sagt:

»Fritz ist bei Kern, dem Förster, hat er es dir nicht erzählt?«

»Ach, richtig«, antwortet Albrecht, »er hat einmal davon gesprochen, wann kommt er denn wieder?«

»Am Donnerstag.«

Albrecht hat es plötzlich sehr eilig, er verabschiedet sich kurz.

Am Donnerstag begann der Unterricht, Fritz Fiedlers Platz blieb leer. Jeder Lehrer fragte zu Beginn der Stunde, wo er sei. Zu Hause wartete die Mutter, als die Schule aus war, sprach sie Förster Kerns Sohn an.

»Ja, er war auch nicht in der Schule«, antwortete der.

»Ist er denn bei euch drüben geblieben?« fragte die Mutter.

»Bei uns?« Der Junge war ehrlich erstaunt. »Bei uns ist er doch gar nicht gewesen.«

Da wußte die Mutter genug, sie lief, ohne ein Wort weiter zu fragen, voller Eile nach Hause, ging hinauf in das Zimmer des Sohnes. An der Wand das Bett, unberührt, wie am Tag zuvor, auf dem Tisch liegt die Mappe mit den Büchern, wohlgeordnet, alles ist peinlich sauber und an seinem Platz, man merkt, daß hier schon ein paar Tage niemand wohnt. Sie öffnet die Schränke – sie sind leer. Sie sieht unter das Bett – der Koffer ist verschwunden. Unaufhörlich weint sie, ihr kleiner dicker Körper wird von kurzen Atemstößen erschüttert, sie schreit laut vor Schmerz, durchwühlt das Bett, durchstöbert alle Schränke, Schubladen, sie findet Bücher, Hefte, Schuhe, aber nicht das, was sie sucht. Das Bild an der Wand, ein Klassenbild vom vorigen Jahr, ist verschwunden. Sie sucht weiter, kein Lebenszeichen fällt ihr in die Hände, alles hat er vorher verbrannt. Mitten im Suchen hält sie an, jetzt versteht sie auch, warum er vor nicht langer Zeit sich die Lippe hat in Ordnung bringen lassen, sein Mund besaß jetzt wieder eine ganz unauffällige Form. Bis ins kleinste hatte er seine Flucht vorbereitet.

Am Nachmittag geht sie zu Seldersens, sie sitzen gerade

am Kaffeetisch, als Frau Fiedler mit verweinten, aufgedunsenem Gesicht dazukommt. Seldersens wissen zuerst gar nicht, was sie mit alledem anfangen sollen, auch Albrecht stellt sich ahnungslos. Dann sind sie aufgeregt, bestürzt. Der Vater läuft unruhig, mit seinem Schlüsselbund spielend, hin und her, die Mutter sitzt am Tisch und hilft Fritzens Mutter weinen.

»Wir haben ihn auch so gern gehabt«, sie spricht, als ob er schon tot sei. Albrecht sitzt dabei und muß sich all das anhören.

Ob er denn nichts weiß?

»Nein«, er ist ebenso erstaunt wie alle anderen.

Aber gerade in letzter Zeit sind sie doch so viel zusammengekommen.

Eben deshalb ist es erstaunlich, daß Fritz nichts gesagt hat, sicherlich gehörte es mit zu seinem Plan. Aber woher sie denn das weiß, stellte er die dumme Frage, am Montag ist Fritz doch zu Förster Kern gefahren, sie hat es ihm selbst gesagt, ist er von dort ausgerissen? Als Fritz heute nicht in der Schule war, hat er sich nichts Arges gedacht.

Endlich erzählt Fritzens Mutter, während sie ihr Taschentuch zerknüllt, den Zusammenhang, den Albrecht schon kennt. ... und nicht ein Bild, nicht ein Andenken, alles hat er vorher verbrannt. In der letzten Zeit ist er ihr überhaupt schon so seltsam vorgekommen, wiederholt hat sie ihn gefragt, was ihm fehle, aber nie gab er eine vernünftige Antwort. Nicht einmal seinem Freund hat er sich anvertraut.

Als Frau Fiedler geht, nimmt sie Albrecht in die Arme und küßt ihn.

»Meine einzige Beruhigung, ist, daß er etwas Geld mit sich hat, aber ob es genügt?«

»Ja, da können Sie beruhigt sein«, sagte Albrecht plötzlich, »er hat Geld, er hat mir einmal Andeutungen gemacht, er versicherte, er könne mit seinem ersparten Geld um die ganze Erde reisen.«

Schnell denkt er sich diese kleine Geschichte aus, um Frau Fiedler zu beruhigen. Gerührt dankt sie ihm und geht.

Die Eltern und Albrecht bleiben zurück, sie sitzen am abgeräumten Tisch, und jeder hat seine Gedanken. Endlich steht Herr Seldersen auf, er muß wieder hinunter in das Geschäft. In der Tür dreht er sich noch einmal um, überlegt kurz, dann sagt er:

»Er hatte immmer zu viel Geld in den Fingern, wenn er wüßte, wie schwer Geldverdienen ist, hätte er sich doch anders besonnen.«

Albrecht springt auf, er kann diesen Vorwurf nicht ruhig hinnehmen, was soll er zur Antwort geben, es eilt, doch er sagt nichts. Er steht da, jung und erregt, was versteht sein Vater von inneren Kämpfen?

Die Zeit verging, man gewöhnte sich daran, daß Fritz nicht mehr da war, zuerst wurde viel über den Fall gesprochen, doch allmählich versickerte das Gerede, Neues kam auf den Plan, das wichtiger war und regere Anteilnahme erforderte. In der Nachbarstadt hatte sich ein Kaufmann erschossen, aus Not, Verzweiflung, Scham, Gott weiß, was ihn in den Tod trieb. Seine Not hatte nun ein Ende, dabei war es noch gar nicht so schlecht um ihn bestellt, einige Zeit hätte er noch durchhalten können, aber er wartete nicht, er erschoß sich.

»Eine verdammte Zeit ist das jetzt«, sagte der Kaufmann Seldersen, spuckte in das Feuer und rieb sich die Hände über dem eisernen Ofen, der in der Mitte des Ladens stand, »hier ist es wenigstens schön warm.«

Heute hatte er noch nicht viel Geld in der Kasse, aber das machte nichts. In letzter Zeit wechselte seine Stimmung häufig. Da kam er zufrieden und guter Laune nach Ladenschluß hinauf in die Wohnung, auch wenn er tagsüber ohne gute Einnahmen unten gesessen hatte, er sagte: »Jetzt bin ich oben, jetzt geht mich alles nichts mehr an, hier will ich wenigstens meine Ruhe haben.« Aber er kam doch nicht daran vorbei.

»Haben wir es nicht gut«, fing er wieder an, »eine warme Stube, immer noch reichlich zu essen, wer hat das heute noch?«

Es bereitete ihm sichtlich Vergnügen und steigerte sein Wohlbefinden, sich in diesen Gedankengängen zu bewegen. Die Mutter sagte weiter nichts dazu als: »Ja, du hast natürlich recht.« Aber bei sich glaubte sie doch, daß sie beide zu höheren Forderungen berechtigt seien, als eine warme

Stube und genügend Essen zu haben. Doch sie ließ sich nichts anmerken, sollte sie wieder eine verzweifelte Stimmung heraufbeschwören? Sie war froh, wenn der Vater von selbst vorschlug, am Abend noch ein wenig auszugehen. Dann saßen sie im Lokal, zusammen mit vielen Bürgern der Stadt, aber alleine an einem Tisch, oder sie gingen ins Kino. Vorher beleuchteten sie diesen Schritt von allen Seiten, man müßte sich doch einmal auf andere Gedanken bringen und ein wenig Abwechslung suchen; das brachte sie wieder auf das Alltägliche zurück. Es gab Tage, an denen sie beide grundlos vergnügt waren. Der Vater nannte sie »meine liebe Frau«, umarmte und küßte sie, wie lange nicht zuvor. Die Mutter wehrte sich, sicherlich schämte sie sich ein wenig. In ihrer Verwirrtheit entschlüpften ihr die Worte: »Wir haben ja keinen Grund dazu.« – »Aber Trudel«, entgegnete der Vater und verzog sein Gesicht zu einer Grimasse, »du bist doch nicht böse, was, ich kann nichts dafür, mein Trudel.«

Sein Gesicht wird ganz ernst, und er lehnt sich an die Tür, in den Augen stehen ihm Tränen. In der Tat, er konnte nichts dafür, es war nicht seine Schuld.

Jeden Tag kann es hereinbrechen, jede Minute kann die Entscheidung bringen, man ist darauf gefaßt, wie der Sterbende auf das Begräbnis. Und eines Tages wird sie kommen. Zuerst war es Scham, Herr Seldersen schämte sich vor sich selbst, vor seiner Frau und den Kindern, vor allen übrigen Menschen, daß es so mit ihm stand. Was sollte er denn tun, er hatte alles getan, was in seiner Macht lag. Dennoch schämte er sich. Dabei hatte niemand einen Vorwurf gemacht, daß es ihn nun auch ergriffen hatte, das Schicksal, das vielen gemeinsam wurde, was sollte da die Scham? Wenn es bei ihm gelegen hätte, was würde er nicht alles wagen, daran setzen, um sich zu helfen und wieder voran zu bringen. Aber mit der Zeit ergriff sie die Erkenntnis immer tiefer, daß bei ihm nichts mehr lag, daß er getrieben wurde, unaufhaltsam, ein grausamer Gedanke, dem Ende zu. Und dann kam die Verzweiflung, die beim geringsten Anlaß ausbrach und schlimmer war als das Ende selbst. Ja, was war denn eigentlich das Ende, um das sich so viel Schmerz rankte? Es war der Bankrott, die Aufgabe des Geschäftes, der Abschluß einer Existenz, die sich ein Menschenalter hindurch gehalten hatte. Was war das für ein Abschluß? Nicht der Schlußstrich unter eine Rechnung, die aufging und nach allen Seiten hin stimmte, wie es sich für sein Alter gebührte, es war der Weg ins Uferlose, ins Ruhelose, ohne Sicht auf Erlösung. Es wurde nicht fein säuberlich beendet und auf einer höheren Stufe etwas Neues angefangen, es war der Weg eines zum Leben verdammten oder begnadeten Menschen, der alt in seiner Zeit ist, während sie sich in jeder Minute neu erfüllt. Wenn sie beide, Mann und Frau, unbewegt am Tisch saßen und ins Endlose starrten, so war das beredter als der laute verzweifelte Aufschrei. Es war noch nicht einmal eine Anklage, denn wer sollte als Angeklagter vor den Richtertisch gezerrt werden? Nur eine Feststellung dessen, was ist, und im Unterton eine leise Verwunderung über das, was sich umgestaltend da vollzog. Sie hatten es sich beide anders gedacht, im Alter wenigstens wollten sie ruhig leben. Es ist anders gekommen, so, wie man es nicht erwartet hat.

Auch ein alter Gaul lebt weiter, er zieht seinen Karren langsam über den Weg, auch wenn er lahmt, er kommt vorwärts. Dem Kaufmann Seldersen ging es nicht viel anders, er hinkte mit seinen Zahlungen nun eine gute Weile nach, wurde gemahnt, schrieb zurück, sandte ab und zu eine kleine Geldsumme, für eine kurze Spanne hatte er dann wieder Ruhe, nicht lange, aber doch genug, um Luft zu schöpfen. War dieser Zustand noch erträglich und würdig eines Mannes, der sein Lebtag seine Geschäfte redlich besorgt und zu einem glatten Ende gebracht hatte? Die Luft um ihn herum war modrig und dumpf, wie von stickiger, verbrauchter Wäsche, wohin er sich auch wandte, alles klebte und hing an ihm, riß an seinem Körper, an seinen Händen, besudelte ihn. Er hatte ein Gefühl, als müsse er sich dauernd waschen – nein, so ging es nicht weiter, er nahm seinen Mut zusammen und gedachte endgültig ein wenig Ordnung in seine Angelegenheiten zu bringen. Ordnung, wie wollte er sie schaffen, aus eigener Kraft, oder von welcher Seite sah er eine Hilfe?

Eines Tages ging er hinüber auf das Rathaus und ließ sich bei dem Vorsteher der Stadtsparkasse melden. Er wurde vorgelassen, zuvorkommend begrüßt, wie man eben einen Kunden empfängt, den man sich geneigt halten will. Solange er hier ansässig war, arbeitete Herr Seldersen schon mit der Bank. Den jetzigen Vorsteher kannte er, als er noch ein einfacher Angestellter war und später zum Rendanten aufrückte. Sein Bankkonto, die Sparkassenbücher seiner Frau und seiner Kinder lagen hier aufbewahrt, keine großen Summen mehr, man war mit dem Sparen vorsichtig geworden nach den Erfahrungen der Inflation. Das Mit-der-Bank-Arbeiten war im Grunde nichts anderes als ein einfaches Verrechnen. Herr Seldersen brachte die Gelder, die er im Laufe der Woche einnahm, auf die Bank, nachher hob er den Betrag wieder ab und bezahlte seine Schulden damit. Schließlich, als die Einnahmen nicht mehr ausreichten, um die Schulden abzutragen, mußte er borgen. Er tat es mit Vorsicht, da er es nicht gewöhnt war, früher hatte er nie dazu seine Zuflucht nehmen müssen, ja, ja ... später schon mit mehr Verwegenheit, aber ganz wohl fühlte er sich nie dabei. Der Betrag, den man ihm zugestand, hielt sich in maßvollen Grenzen, er entsprach dem Rufe und dem Ansehen des Kaufmanns Seldersen, die eine ideelle Sicherheit boten.

Als Herr Seldersen sich diesmal zu einer Unterredung bei dem Vorsteher melden ließ, kam er mit der Absicht, diese feststehende Summe zu überschreiten. Er dachte es sich im geheimen beileibe nicht so leicht mit diesem Anfang, aber er wagte den Versuch, weiß der Himmel, woher er auf einmal den Mut nahm.

Der Vorsteher zeigte sich im Augenblick nicht unterrichtet, einen wie hohen Betrag man dem Herrn Seldersen einräumte, entschuldbar, natürlich, zuviel mußte er zu gleicher Zeit im Kopfe haben, wie sollte er gerade hier die Summe auswendig wissen. Schnell holte er die Akten, blätterte nach; als er den Betrag verglich, den der Vater jetzt verlangte, stutzte er ein wenig und sagte vorerst nur: »Das ist ein bißchen sehr hoch gegriffen, Herr Seldersen.« Er sah ihn an. Herr Seldersen erklärte, wozu er diesen Betrag benötigte, er beabsichtige ein Geschäft abzuschließen, und es sei das Beste, wenn er die ganze Summe sofort zur Verfügung habe. Im Augenblick bedeute es eine große Belastung, gewiß, das gestehe er zu, aber dann sei es auch ein gewaltiger Vorteil, das könne ebensowenig geleugnet werden.

Der Vorsteher überlegte eine Weile hin und her.

Für diese hohen Kredite, erklärte er in vornehmer Zurückhaltung, hafte er persönlich, er müsse also doppelt vorsichtig jeden Schritt genau überprüfen. Die Sicherheit, wie steht es mit einer Sicherheit? Es sei nicht kaufmännisch gedacht, einen größeren Kredit zu gewähren, wenn nicht für das ausgeliehene Geld eine Sicherheit auf den ersten Blick verbürgt scheint; anders zu handeln, sei leichtsinnig, unverantwortlich, zumal noch an seiner Stelle, da er ja sozusagen die Ersparnisse, das Vermögen der Stadt und ihrer Bürger verwaltet.

»Was nun Sie betrifft, Herr Seldersen, so kenne ich Sie schon lange genug, daß ich alle Bedenken zurückstellen kann. Aber da ich der Stadt verantwortlich bin, muß ich wenigstens um der äußeren Form zu genügen, mir auch bei Ihnen eine ausreichende Sicherheit verschaffen, zumal es sich ja um einen größeren Betrag handelt, den Sie von uns bewilligt haben wollen.«

»Eine Sicherheit?«

»Ja, ja.«

Herr Seldersen hatte schon recht zugehört und genau verstanden, was der andere mit der Sicherheit meinte, natürlich, er mußte sich sichern, das sah er ein. Aber in welcher Form sollte dies nun vor sich gehen?

Herr Seldersen fragte ziemlich schwerfällig und unvermittelt, was man von ihm als Sicherheit verlange.

Darüber ließe sich schon reden, irgend etwas, was einen geeigneten Gegenwert darstellt, ohne ihn, Herrn Seldersen, gleichzeitig zu sehr zu behindern, die Ladeneinrichtung vielleicht, die Stühle, Regale, Tische, alles zusammen, er soll sich zu Hause in Ruhe eine Aufstellung davon machen.

»Hm, hm, das muß man sich genau überlegen«, wandte Herr Seldersen ein, sein Eifer war stark gebremst, er hatte es nicht mehr so eilig mit dem Geld. Der Vorsteher betonte noch einmal seine Bereitwilligkeit, dann ging Herr Seldersen.

Einen ganzen Tag brauchte er dazu, sich mit dem Gedanken vertraut zu machen: seine Ladeneinrichtung sollte er als Sicherheit verpfänden! Die Ladeneinrichtung – wer weiß, ob es dabei blieb. Er sah sich um, vielleicht kamen noch andere Gegenstände hinzu, aus der Wohnung, das hatte gerade noch gefehlt, schon jetzt überkam ihn dabei die Vorstellung, er wohne nur noch möbliert bei sich in seiner eigenen Wohnung.

Am Abend endlich teilte er seiner Frau das Gespräch mit. Zu seinem größten Erstaunen behielt Frau Seldersen vollkommen ihre Fassung, nicht im mindesten zeigte sie sich überrascht und niedergeschlagen.

»Wenn du das Geld bekommst«, sagte sie, »dann ist es doch gut.«

Der Vater sah sie groß an, woher nahm sie nur diese Kraft und Sorglosigkeit? Aber bedenke doch, wollte er einwenden, verschiedene Gründe konnte er anführen. Schließlich überlegte er sich, sie hatte recht, natürlich, die Hauptsache, er bekam das Geld und konnte seine Schulden auf einmal um einen bedeutenden Satz erniedrigen, dann hörten endlich auch die ewigen Mahnbriefe auf. Ob er je wieder in die Lage käme, die Gegenstände einzulösen – was sollte er sich jetzt schon darüber Gedanken machen, wenn sie erst einmal verpfändet waren, dann war der Anfang gemacht, sie gehörten ihm nicht mehr und waren verloren. Er machte eine Aufstellung und begab sich am nächsten Tag wieder auf das Rathaus. Bei der Durchsicht ergab sich, daß noch einiges dazugeschlagen werden mußte, ehe der volle Betrag erreicht war, aus der Wohnung das Klavier und zwei Sparkassenbücher mit kleineren Beträgen.

Herrn Seldersen war es nunmehr gleich, er schrieb auch das hinzu, ohne lange Überlegung, einen Federhalter her.

Frau Seldersen hingegen war auf einmal anderer Meinung. »Das hätte ich nicht getan«, sagte sie, »das Klavier nicht, an die Wohnung wäre ich nicht herangegangen.«

»Warum nicht?« fragte er.

»Das ist etwas anderes«, gab sie zurück, »an die Wohnung – nein!«

Sie machte eben hierin feinere Unterschiede.

Diesmal bewies sich Herr Seldersen als der Kräftigere und Sorglose, nur wußte man bei ihm nicht genau, ob es wirklich ernst und echt gemeint war mit dieser Kraft, oder ob er sie nur vortäuschte.

Das Geld stand ihm zur Verfügung, in wenigen Tagen hatte er es ausgegeben, seine Hauptschulden bezahlt, er war ein gutes Stück vorangekommen, nun durfte er auch damit rechnen, daß man ihm die Frühjahrsware lieferte, er schrieb umgehend und verlangte ihre Zusendung. Nach wenigen Tagen trafen zwei Kisten und mehrere kleine Pakete ein, der Postwagen hatte eigens für ihn geladen. Die Regale füllten sich, für einige Zeit war wieder Ruhe und Erholung eingetreten.

Seit Fritz aus der Stadt verschwunden war, ließ sich Frau Fiedler nur selten auf der Straße oder bei Seldersens sehen, kam sie doch einmal, dann saß sie lange und erzählte, die Erinnerungen kamen, sie weinte und klagte. Keine Nachricht, kein Brief, kein einziges Lebenszeichen. Ob er überhaupt noch am Leben ist, nein, nein, sie glaubt es bald nicht mehr. Die Eltern blieben stumm, sie stellten keine Fragen.

»Wenn wir ihm seinen Wunsch erfüllt hätten und ihn von der Schule hätten gehen lassen«, fing sie wieder an, »oft genug bat er mich darum, vielleicht wäre dann vieles anders gekommen.« Mittlerweile war sie zu mancher Einsicht gelangt, es war nur zu spät, aber Fragen und Zweifel bedrängten sie sehr, ihr Schmerz war groß und ehrlich, doch sie konnte das Geschehen nicht mehr rückgängig machen. »Warum nur das mit der Schule, wollte er denn nichts mehr lernen, er hätte später anfangen können, was er wollte, wir hätten ihm nichts in den Weg gelegt.« Sie verstand es nicht, leise weinte sie vor sich hin, als hätte sie jegliche Hoffnung aufgegeben.

»Mit diesen Jungen ist das heute so eine Sache«, sagte Herr Seldersen, er saß über seine Bücher gebeugt und rechnete, während er das Gespräch gleichzeitig verfolgte, auch jetzt sprach er weiter, ohne aufzublicken, »diese Ablenkung überall, was sollen sie anfangen. Schließlich sind sie aufgewachsen und mußten alles mit ansehen, man liest genug davon. Was haben sie später für Aussichten, bedenken Sie. Als wir so alt waren, da konnte man Mut haben.« Er schwieg.

Seine Gedanken gingen wieder mit ihm durch – alles schön und gut, was er da sagte, aber Frau Fiedler fand daraus immer noch keine Erklärung, warum gerade ihr Fritz dabei sein mußte. Sie schüttelte schweigend den Kopf und nahm Abschied.

Wenn er nur genügend Geld bei sich hat, das ist ihre große Sorge, er versteht nicht mit Geld umzugehen ... wenn er überhaupt noch lebt, nein, nein, sie glaubt es fast selbst nicht mehr, ihn im Leben je wieder zu sehen.

Eines Tages erhielt Albrecht einen Brief aus Österreich, Mariazell stand auf dem Poststempel, er erkannte sofort die Schrift.

»Da bin ich nun in einem kleinen Ort bei Mariazell in Österreich«, schrieb Fritz, »nach einer fünftägigen Irrfahrt durch Deutschland bin ich hier gelandet. Zuerst fuhr ich nach Hamburg, um von dort mit einem Schiff über See zu fahren, ich hatte Pech, in den Tagen ging gerade kein Dampfer, außerdem besaß ich keine ordentlichen Papiere, ich suchte herum, am vierten Tag abends hörte ich am Radio meinen Steckbrief. Noch in der gleichen Nacht fuhr ich mit der Bahn nach Süden, von einer Stadt in die andere, ständig auf der Flucht, bis ich hierher kam. Ich arbeite hier bei einem Bauern auf dem Gehöft, obgleich es Winter ist, gibt es viel zu schaffen, ich habe das, was ich wollte: Arbeit, Müdigkeit. Später werde ich mir einmal einen Hof kaufen. Wie geht es meinen Eltern, haben sie sich mit meiner Flucht schon abgefunden? Sie tun mir leid, wenn ich ihnen nur helfen könnte. – Hier liegt hoher Schnee, ich habe mir Schneeschuhe gekauft und laufe, wenn ich Zeit habe. Es ist herrlich. Schreibe bald.«

Eine große Freude befiel Albrecht: Fritz bei einem Bauern, er arbeitete und war glücklich, er dachte auch an seine Eltern.

Als Albrecht am Nachmittag die Straße hinaufging, stand Frau Fiedler hinter dem Fenster. Sie war sehr ernst geworden und grüßte, als sie ihn sah, wehmütig herüber. Albrecht ging zu ihr in den Laden und sagte:

»Guten Tag, Frau Fiedler, Sie sehen so ernst aus.«

Er stockte und ärgerte sich über seine Ungeschicklichkeit, Frau Fiedler schwieg. Dann fragte sie ihn nach allerlei, nach der Schule, er gab bereitwilligst Auskunft.

»Du bist nicht mehr so offen wie früher«, sagte sie plötzlich und schüttelte traurig den Kopf.

Albrecht ist verwirrt: »Warum?« flüstert er, »ich will doch nur sehen, wie es Ihnen geht, und fragen, ob Sie etwas von Fritz gehört haben.«

»Nein, wir haben noch keine Nachricht von ihm. Alles haben wir in Bewegung gesetzt, um zu ermitteln, wo er steckt, aber kein Lebenszeichen. Wenn ich nur wüßte, wo er ist, ob er noch lebt ...«

Sie legt den Kopf auf den Tisch und weint leise. Herr Fiedler kommt mit einem Rohr in der Hand und seiner Handwerksmappe in den Laden.

»Von unserem Fritz haben wir noch immer keine Nachricht«, sagt er und ist schon wieder draußen. Er war sehr alt geworden und empfand nicht mehr viel Vergnügen an seinen abendlichen Zusammenkünften, vielleicht begriff er gar nicht mehr, was sich um ihn herum ereignet hatte und täglich noch geschah. Oft sitzt er tagelang hinten in der Stube und ist unfähig, auch nur das Brot zu schneiden.

»Frau Fiedler«, sagt Albrecht nach einer Weile, »ich habe heute einen Brief bekommen, von Fritz.«

Sie schreckt empor.

»Er ist in Mariazell in Österreich, es geht ihm gut, ich soll sie grüßen.«

»Danke«, sagte sie unbewegt, und ihr Gesicht blieb starr. Dann lief sie aus dem Laden hinaus, hinten in das Zimmer. Albrecht folgt ihr, er findet sie über den Tisch gebeugt, sie weint. So gewaltig sah er noch nie jemand weinen. Es ist, als ob sie jetzt erst den ganzen Jammer und all die Sorgen sich von der Seele weint. Aufgelöst liegt sie da, und ihr Körper bebt. Aus dem Schluchzen hört er heraus:

»Das habe ich nicht um ihn verdient, nein, das nicht.«

Er steht neben ihr und sieht hilflos auf sie hinunter. Ganz stark brennt der Wunsch in ihm, ihren Arm leise zu streicheln, als könne er sie damit zur Ruhe bringen, oder sie in seine Jungenarme zu nehmen. Wenn er doch den Mut hätte! Er ist ratlos, und auf einmal überfällt ihn die Angst. Er kann nicht länger mehr an sich halten, seine Hände sind naß, und den Herzschlag verspürt er im Nacken, er rennt aus der Stube und ergreift die Flucht. Draußen auf der Straße läuft er, läuft, ohne sich umzusehen, doch die Angst kann er nicht heraustreiben, er hat das Gefühl, daß sie sich immer tiefer in ihn senkt und immer mehr Besitz von ihm ergreift. Es ist nicht Angst, sagt er halblaut vor sich hin, aber was ist es denn? Er weiß es nicht. Spät erst kommt er heim.

Ende des Monats, über die Ferien, kam Albrechts Schwester nach Hause, sie war jetzt bald ein Jahr fort, sie hatte sich verändert, die Zeit formte unermüdlich. Als sie vor einem Jahr von Hause wegging, war sie ein kleines Mädchen mit Träumen und Näschereien, jetzt stand sie im Leben, es wehte ein anderer Wind, sie arbeitete wie ein Mann und war darüber eine ganze Frau geworden. Wenige Tage nur genügten, und sie war sofort im klaren, wie es zu Hause stand, doch sie verlangte noch mehr Gewißheit.

»Was ist mit den Eltern?« fragte sie Albrecht mit einer Unschuldsmiene, als bäte sie ihn um Auskunft, »fällt es dir nicht auf, wie schlecht sie beide aussehen?«

»Wenn man die ganze Zeit mit ihnen zusammen ist, wird einem das weniger klar«, erwiderte er. In der Tat, von alleine war es ihm noch nicht aufgefallen, er beschloß, von jetzt an mehr darauf zu achten. »Ich glaube«, fuhr er fort, »der Vater hat Sorgen, aber man bekommt ja nichts aus ihm heraus.«

»Du glaubst?« fragte sie boshaft zurück, »die ganze Zeit lebst du doch mit ihnen zusammen, und da sagst du, du glaubst ... Du weißt also nichts Genaueres?«

»Doch«, ereiferte sich Albrecht, die Blöße durfte er sich nicht geben, »natürlich, ich weiß, daß er Sorgen hat – aber die hat heute doch wohl jeder.«

Anneliese konnte sich nicht so leicht damit zufrieden geben. »Aber du siehst doch sicherlich, was um dich herum vorgeht, oder träumst du die ganze Zeit?«

Nein, nein, er träumte nicht, machte er den Eindruck? Er war nicht immer überaus wach und oft nicht bei der Sache, das gab er schon zu. Aber so war das nun einmal, für die Eltern waren die Sorgen alles, sie griffen in ihr Leben ein, eine Wandlung, die sich allmählich vollzog und die Grundlage für ihre zukünftige Stellung im Alter schuf. Kein Wunder, daß es sie sehr anging und sie stündlich daran dachten. Aber Albrecht war wesentlich weniger beteiligt, er dachte nur ab und zu einmal daran, in der übrigen Zeit beschäftigten ihn andere Gedanken weit mehr, konnte man von ihm verlangen, daß er sein junges Leben mit Grübeleien verbrachte? Wollte der Vater nicht selbst alles von ihm fernhalten? Ja, er wußte schon viel, aber war es denn nötig, stündlich daran zu denken?

»Aber besprecht ihr denn die Angelegenheit nicht bei Tisch oder sonst einmal?«

Albrecht verneinte: »Nein, nie, nur Andeutungen, ich glaube sogar, sie schämen sich.«

»Schämen sich? Ach ja, vielleicht, da magst du recht haben«, sagte die Schwester, im Augenblick wunderte sie sich über den Bruder, woher er das mit der Scham wußte.

Herr Seldersen wurde grob, einfach ausfallend, als sie ihn bald darauf stellte, um von ihm nun einmal zu erfahren, woran man eigentlich hielt. Wie immer gab er zur Antwort, das sei seine Sache, er verbäte sich jegliche Einmischung, sie habe wohl Angst, ihretwegen, bei einer Heirat, und noch vieles, was er sich schnell vom Herzen herunterredete. Dummes Zeug!

Anneliese lachte nur als Antwort, ihretwegen und eine Heirat, das war zuviel auf einmal. »Darüber kannst du unbesorgt sein«, sagte sie, »im übrigen fahre ich morgen ab. Wenn das hier immer so bei euch ist, dann kann mir der Junge nur leid tun, ich hielte das nicht aus.«

»Bitte fahre«, gab der Vater zurück, er blieb starrköpfig, sein Gesicht war verbissen und verkrampft, er wußte einmal wieder nicht ein noch aus, er konnte einem leid tun.

Anneliese faßte ihn ganz zart um die Schultern und sagte mit ruhiger Stimme: »Ich wüßte aber doch gerne ... vielleicht kann ich dir etwas behilflich sein, wenn man so lange in der Großstadt lebt, sieht und lernt man eine ganze Menge, oder glaubst du nicht?«

Herr Seldersen nickte: »Aber was willst du denn wissen, es ist noch keine Veränderung eingetreten, ich muß nur zusehen, daß ich meine Zinsen pünktlich bezahlen kann und außerdem die laufenden Rechnungen.«

»Zinsen, was sind denn das für Zinsen?«

»Ich habe mir vor einigen Wochen etwas Geld von der Bank geliehen, damit ich die Ware hereinbekomme.«

»Hat man es dir ohne weiteres gegeben?«

»Nein, natürlich nicht, ich mußte die Ladeneinrichtung als Sicherheit verpfänden.«

Pause.

Das Klavier und die Sparkassenbücher hatte er vergessen, er erwähnte sie nicht.

»Das war richtig«, meinte die Tochter nach kurzem Überlegen, »wenn du dir etwas Luft damit geschaffen hast.«

»Luft, Luft, natürlich«, antwortete der Vater schnell,

»im Augenblick schon, aber die Schuld blieb doch, oder etwa nicht, und es kommen sogar jetzt noch die Zinsen hinzu!«

Natürlich, die Schuld blieb, sie war gleichsam an einer Stelle jetzt verankert, und die Erleichterung, die man in der ersten Zeit verspüren wollte, stellte sich zum Schluß vielleicht noch als Täuschung heraus.

»Und jetzt«, fragte Anneliese.

»Nichts«, erwiderte der Vater, »abwarten, man kann nichts voraussagen.«

Das klang nun wieder recht trüb, sie überlegte weiter.

»Vielleicht war es doch nicht richtig, so schnell das Geld zu nehmen, man hätte sich alles genau überlegen sollen, vielleicht stand noch ein anderer Weg offen. Aber wenn du immer alles allein tust, anderen nie etwas sagst, du hast keine vollkommene Übersicht!«

»Hm, hm, das kann schon sein«, antwortete der Vater kleinlaut, schließlich ist er ja auch nicht mehr der Jüngste, aber was blieb denn anderes übrig. Ach, sie hat gut reden, was versteht sie schon davon.

Keine Antwort. Nach einer Weile:

»Man hätte versuchen sollen, sich mit den Gläubigern in irgendeiner Form zu einigen und alle Schulden auf einmal zu tilgen.«

Herr Seldersen verstand nicht. »Das Geschäft aufgeben, Konkurs anmelden, das geht doch nicht«, fragte er ungläubig, »was soll da werden?«

»Nein, nein, so ist das nicht gemeint, das Geschäft kann dabei fortgeführt werden, noch nicht einmal die Zeitung erfährt es, alles geschieht verschlossen im geheimen, man einigt sich mit den Gläubigern auf eine bestimmte Quote, die sofort ausgezahlt wird, und die gesamte Schuld ist damit getilgt.«

Pause.

»Ja, ja«, sagte der Vater, er wollte nicht gerade zugeben, daß er an die Möglichkeit nicht recht gedacht hatte, offen gestanden wußte er nur ungenau, daß es so eine Einigung außerhalb eines gerichtlichen Verfahrens überhaupt gab.

»Angenehm ist es auch wieder nicht«, begann er, »wenn ich an die Leute, von denen ich schon über zwanzig Jahre meine Ware beziehe, auf einmal mit diesem Ansinnen herantrete ... Und dann noch eines: Um diese Quote überhaupt bieten zu können, muß man doch Geld bereit haben, es muß doch vorhanden sein, woher sollte ich das nehmen, sag es mir bitte, noch nicht einmal dazu bin ich in der Lage. Du darfst doch nicht vergessen, daß wir kein Kapital hinter uns haben, keine Reserven, das ist doch eben unser ganzes Unglück.«

»Unglück, wie du immer gleich übertreibst«, erwiderte sie mißmutig, sie konnte es auf den Tod nicht leiden, wenn der Vater sich solcher Ausdrücke bediente. Er tat es mit einem sichtbaren Wohlgefallen an allem, mit dem er sich und seine Lage herunterwürdigen konnte. Seine Augen liefen dabei rot an, und es verging ihm der Atem. In Wahrheit mußte man schon Mitleid mit ihm haben, wie er so klein dastand und nicht mehr scheinen wollte, als er in Wirklichkeit war.

»Du hast in der Tat nichts gespart oder zurückgelegt, worauf du jetzt zurückgreifen könntest, das ist doch gar nicht möglich.«

»Doch.« Der Vater nickte mit dem Kopfe. Nichts gespart, nichts zurückgelegt, er mußte es zugeben, es war außerordentlich. Anneliese schwieg, die Lage war trostlos, wenn man es sich recht überlegte, bestand nicht im mindesten noch irgendeine Hoffnung. Ob er das wohl wußte, stets diese Gewißheit mit sich herumtrug? Sie wußte nichts mehr zu sagen, sie war ebenfalls jetzt niedergeschmettert, je länger sie zu Hause blieb, um so mehr ersehnte sie den Tag herbei, an dem sie wieder abfuhr. Nein, andauernd hätte sie nicht in dieser trüben Stimmung und Umgebung leben können, ohne ebenfalls von der allgemeinen Mutlosigkeit angesteckt zu werden. Im stillen wunderte sie sich, wie Albrecht das aushielt, er war doch noch jung und durfte Ansprüche stellen, entweder er begriff nicht und träumte, schlief in den Tag hinein, oder es ging langsam mit ihm und dauerte eine gewisse Zeit, bis er sich darin zurechtfand.

Die Tage vergingen schnell, und die Schwester fuhr wieder ab.

Wegen Lohnforderungen traten die Arbeiter der umliegenden Ziegeleien Anfang des Frühjahrs in den Streik, ungefähr vierhundert Mann weigerten sich, zu den bisherigen

Bedingungen die Arbeit fortzusetzen. Mit dem Streik war es eine heikle Angelegenheit, zu Beginn der Jahreszeit waren viele Neueinstellungen erfolgt, die Arbeiter, die jetzt wieder an ihrer Arbeitsstelle standen, hätten eigentlich zufrieden und froh sein können, daß sie wieder in den Betrieb aufgenommen waren. Doch die Preise waren gestiegen, das Leben hatte sich allgemein verteuert, die Löhne jedoch hatten keine Erhöhung erfahren, sie blieben die gleichen wie zuvor.

Es war seit langer Zeit das erstemal, daß etwas Festes und Ernstes sich vorbereitete. Die Ereignisse der Jahre hatten vor den Toren der Stadt nicht haltgemacht, auch sie blieb verstrickt in das Schicksal des ganzen Landes und mußte ihr Teil tragen. Aber die Dinge traten nicht so schroff zutage, wie sie sich anderwärts anließen, sogar das aufrührerische Ereignis verlor hier an Kraft und Schärfe des Gegensatzes, eine behagliche Umständlichkeit begleitete auch das größte Unternehmen. Die Menschen, die hier wohnten, sahen weniger prüfend um sich, sie dachten gewiß etwas langsamer und schwerblütiger, aber einfach und gerade. Er dauerte seine Zeit, bis sich eine neue Erkenntnis in ihnen festgesetzt hatte, und dann – vielleicht war es ihnen bisher immer noch gut gegangen, so daß sie keinen Grund hatten, sich zu beklagen. Sie taten ihre Arbeit, verdienten ihr Essen, suchten sich ihr Vergnügen, sie hatten den Wald und das Wasser, den unendlichen Blick über die Felder und die Winde im Frühjahr. Gab es da noch einen Wunsch offen? Doch als es mit den Jahren auch hier immer schlechter wurde, trat auch nach außen diese Veränderung in stärkerem Maße zutage. Wo blieb die Ruhe und die lachende Zufriedenheit? Was jetzt umging, hatte nichts gemein mit dem Sinn und dem Geist dieser Landschaft, jetzt drang hier etwas ein, was nicht aus diesem Boden wuchs und Unruhe zu stiften drohte.

Drei Wochen hielten sie den Streik durch, dann ging ihnen das Geld aus, sie mußten klein beigeben, ihre Vertreter knüpften Verhandlungen an, die zum Ziel führten. Nur dreihundert Mann wurden wieder eingestellt, die übrigen erhielten ihre Papiere. Die andern, die wieder arbeiten durften, taten es zu schlechteren Bedingungen als früher, bevor sie in den Streik getreten waren. So endete jeder Versuch der Arbeiter, ihre Lage zu verbessern.

In der Zwischenzeit lag der ganze Geschäftsverkehr brach, mit Ausnahme der Lebensmittelgeschäfte, die aber stark in die Kreide greifen mußten. Der Handel ruhte, der Umsatz ging zurück, die fälligen Zahlungen stockten. So zog eins das andere mit sich, es war eine lange Kette von aufeinanderfolgenden Unglücksfällen.

Dann begannen die Fabriken wieder zu arbeiten, aber die Erbitterung blieb. Ständig waren vier Polizeibeamte und vier Landjäger am Platz stationiert, in unruhigen Zeiten mußte die Gendarmerie der angrenzenden Ortschaften herangezogen werden. Zwischen der Stadtbevölkerung und dieser Landpolizei bestand eine besonders starke Spannung.

Immer wieder gärte es heimlich unter den Arbeitern, doch nirgendwo kam die Stimmung ernsthaft zum Ausbruch. Als eines Tages in einem Werk mehrere Zettel angeschlagen waren mit der Aufforderung, erneut in den Streik zu treten und nicht eher zu ruhen, bis die hundert Entlassenen wieder eingestellt waren, entließ die Werkleitung kurzerhand fünfzig Mann, die besonders unruhig und gefährlich erschienen. Am Nachmittag kam es am Markte zu Ansammlungen. In kleinen Gruppen zu fünf und zehn Mann bevölkerten die Arbeiter die Fahrstraßen und Bürgersteige und hemmten jeden Verkehr. Aber sie standen nur herum, ohne etwas Rechtes anzufangen. Es fehlte ihnen noch die einheitliche Führung und der geschlossene Wille. Sie blinzelten hinüber, dorthin, wo die Polizei stand, offenbar fanden sie sich in der neuen Lage nicht zurecht, was sollten sie beginnen? Eine unheimliche Spannung lag in der Luft, aber keine Partei wußte etwas Entscheidendes anzufangen. Die Polizisten wagten nicht einzuschreiten, da sie offensichtlich in der Minderheit waren und erst Verstärkung abwarten wollten. Außerdem bot sich ihnen noch kein Anlaß. Sie beschränkten sich darauf, durch die Straßen zu patroullieren und Kinder, die neugierig herumstanden und zuhörten, nach Hause zu schicken. Wo man ihnen nicht sogleich Folge leistete, unterstützten sie ihre Mahnung oft handgreiflich und führten die kleinen Übeltäter in die Wohnungen ab. Aber es geschah nichts, außer daß viel geredet und geschrien wurde. So blieb es auch die folgenden Tage, die Verstärkung aus den Nachbarorten wurde wieder abgerufen, man hatte sie nicht mehr nötig. Es schien, als ob die Erregung sich allmählich lege und die Ruhe des Frühjahres wieder in die Stadt einziehen sollte.

Da kam eine Nachricht, die die Gemüter von neuem zum Aufflammen brachte. Eine halbstündige Bahnfahrt entfernt lag die Kreistadt mit über dreißigtausend Einwohnern und großen Eisenwerken. Als hier, in viel stärkerem Maße als zuvor in der Nachbarstadt, Unruhen ausbrachen, mit Straßenkämpfen, Toten, Verwundeten, griff die Erregung auch auf das umliegende Land über. Eines Tages ging das Gerücht, daß Aufständische auf mehreren Lastwagen anrückten – aber es war nur ein Gerücht.

Wieder waren alle Straßen um den Markt angefüllt von erregt blickenden Menschen, die Geschäfte schlossen ihre Läden, ließen die Rollgitter herunter, dieses Mal war es sicherlich ernst gemeint. Man fühlte eine ungeheure Entschlossenheit, doch vorerst noch hielt alle ein Zögern in Bann. Die Polizei saß in der Wachstube und wartete. Von Zeit zu Zeit trat ein Polizist heraus, sah die Straße hinab und verschwand wieder. Endlich erschien ganz unten am Ende der Straße ein Glitzern und Blinken in der Sonne, das größer wurde und die Augen blendete. Zwanzig bewaffnete Landjäger rückten auf ihren Rädern an, der Säbel war an der Lenkstange befestigt, über dem Rücken hing das Gewehr, den Tschako hielt der Kinnriemen fest. Sie kamen langsam die Straße heraufgefahren, ein ansehnlicher Trupp, ohne sich um die drohenden Blicke und Zurufe zu kümmern, verschwanden mit ihren Rädern im Rathaus. Die Menge davor, alte Männer, Verheiratete, wenig Frauen, vereinzelt junge Burschen, kam in Bewegung, langsam schoben sie sich, aus allen Straßen kommend, gegen das Rathaus vor. Die Tür der Wachstube öffnete sich langsam, würdig und voller Ruhe kommen die Polizisten heraus, fünfundzwanzig an der Zahl, geführt von ihrem Major. Mit lauter Stimme fordert er die Demonstranten auf, auseinander zu gehen, die Straßen und den Platz zu räumen. Die ersten Reihen der herandrängenden Massen ändern nicht ihre Richtung, blieben in der Mitte auch einige weniger Mutige stehen, die Menge stieß sie vorwärts und zwang ihnen ihren Schritt auf. Die Polizisten bildeten eine Kette, doch sie wurde durchbrochen, einzeln eingekeilt standen sie zwischen den Demonstranten.

Durch Zurufe forderten sie die Menge auf, sich zu besinnen, sollte es zu Blutvergießen kommen? Die Männer sahen verbissen und schweigend zu Boden, einige Frauen und junge Burschen riefen laute Schimpfworte. Sie drängten weiter, was hatten sie im Sinn? Sie griffen nach dem Säbel, den der Major gezogen hatte.

Da riß er seinen Revolver aus der Tasche und schlug um sich einen Kreis, ein jeder Polizist tat es ihm gleich. Schon wichen die vordersten Reihen zurück, begannen die Frauen zu schreien, zu laufen, wurden die jungen Burschen bleich, als sie die schwarze Mündung des Revolvers vor sich sahen. Die Männer in den vordersten Reihen waren keine Abenteurer, keine Raufbolde, sie waren durch Trommelfeuer gegangen, aus brennenden Dörfern, unterminierten Schützengräben, vergasten Wäldern gerettet worden, hatten ihr Leben bewahrt, nun standen sie in der Heimat einem kleinen Rohr gegenüber, das auf sie gerichtet war.

Die Polizisten drangen in die sich lockernden Reihen und trieben die Demonstranten mit dem blanken Säbel auseinander. Kein Schuß fiel. Am Abend blieb es ruhig. Am nächsten Morgen wurden, beim ersten Versuch, die Vorgänge des vergangenen Tages zu wiederholen, mehrere Männer verhaftet, gefesselt und, flankiert von drei Polizisten, mit aufgepflanztem Seitengewehr durch die Straßen geführt und ins Amtsgefängnis eingeliefert.

Fritz Fiedler kehrte nach Hause zurück, aus freiem Entschluß, er war mit seinen Eltern übereingekommen, sie übten keinen Zwang mehr auf ihn aus. Als Herr Fiedler erfuhr, wo Fritz sich aufhielt, hätte er sich am liebsten sogleich auf die Reise begeben, aber seine Frau hielt ihn zurück. So wartete er geduldig, ließ noch drei Wochen verstreichen, schrieb nur einen Brief hinunter, eines Tages endlich reiste er ab. So ein Junge, murmelte er mehrere Male still vor sich hin ... Und was tut er da unten? Er arbeitet bei einem Bauern. Herrn Fiedler erschien dies wie ein Rätsel. Aber er fuhr hinunter mit dem festen Vorsatz, Fritz ohne Zwang und in gütlicher Übereinkunft zur Rückkehr zu bewegen. Er wollte ihn gleich mitnehmen. Fritz war nicht sonderlich bewegt, als sein Vater eines Tages in dem Orte auftauchte. »Eine schöne

Gegend hast du dir aber ausgesucht«, sagte Herr Fiedler voller Anerkennung. Eine schöne Gegend, er gedachte, es sich hier mehrere Tage wohl sein zu lassen. Fritz arbeitete indessen weiter bei dem Bauern, es gab viel zu tun, des Abends fiel er müde und glückselig ins Bett. Sein Vater fragte ihn gelegentlich, wie lange er eigentlich noch durchzuhalten gedenke? »Solange man mich hier behält«, gab Fritz ohne Bedenken zur Antwort – »oder ich etwas Besseres gefunden habe«, setzte er nach einiger Zeit hinzu.

Da hielt Herr Fiedler den Zeitpunkt für gekommen, an dem er Fritz alles sagen konnte, wozu er und seine Frau in Wochen qualvollen Grübelns gelangt waren. Sie hatten eingesehen, daß es Fritz ernst war mit seinem Entschluß, von der Schule zu gehen. Sie hatten sich abgefunden, er sollte nun zurückkommen und sich in Ruhe nach einer neuen Beschäftigung umsehen, die ihm zusagte und auch für die Zukunft Aussichten bot. Sie zwangen ihn zu keiner Entscheidung, alles blieb ihm überlassen, Herr Fiedler versprach es, nur solle Fritz zurückkommen.

Nach einer Woche fuhren sie gemeinsam ab, blieben noch einige Tage in München, zwischen ihnen herrschte das beste Einvernehmen, dann fuhren sie nach Hause. Fritz war braun gebrannt und in bester Verfassung, er ließ erst gar keine wehmütig-trübe Stimmung aufkommen, trieb seine Späße und machte alles vergessen, was man seinetwegen erduldet und auf sich genommen hatte. Die Mutter schloß ihn in ihre Arme, er ließ es dieses Mal ruhig mit sich geschehen. Früher wäre ihm diese Zärtlichkeit nur lästig gewesen, und er hätte sich schleunigst aus dem Staube gemacht.

Am dritten Tage traf er mit Albrecht zusammen. Sie saßen einander gegenüber, beide befangen, Albrecht in etwas stärkerem Maße, und brachten kein ordentliches Gespräch zustande.

»Da bist du also nun zurückgekommen«, sagte Albrecht, ihm erschien dies so außergewöhnlich, daß er es sich immer wieder ins Gedächtnis zurückrief.

»Ja«, wiederholte Fritz, »nun bin ich wieder da. Du wunderst dich wohl ein wenig?«

Albrecht zögernd: »Ja, ich bin überrascht.«

»Meine Eltern habe ich zur Einsicht gezwungen.«

»Und das genügt dir?«

»Ja, oder dachtest du ... ich habe ihnen bewiesen, daß es mir ernst ist, ich brauche nicht mehr zur Schule zu gehen.« Diesen lästigen Zwang war er nun los, Gott sei Dank.

Albrecht schwieg, er schämte sich ein wenig, Fritz hatte einen Teil seiner Gedanken erraten. Vielleicht der Gang ins Abenteuer, vielleicht der Wunsch nach Klarheit und Leben, vielleicht auch beides glaubte Albrecht damals aus den Worten seines Freundes herauszulesen. Es ist mir ernst, hatte er eben gesagt, seine Stimme klang kraftvoll und bewußt, untrüglich, er sprach die Wahrheit.

»Und was willst du jetzt beginnen«, fragte Albrecht.

Fritz blieb stumm, er konnte keine genaue Auskunft geben. Er hatte verschiedene Pläne, seine Eltern und sein Schwager bemühten sich für ihn, im Augenblick vermochte er nichts zu sagen.

Nach ein paar Tagen hatte er seinen Entschluß gefaßt. Er ging nach Hamburg und trat als Lehrling in eine Exportfirma ein. Er war beglückt.

»In einem Kontor«, fragte Albrecht voll Verwunderung.

»Ja«, erwiderte Fritz ein wenig traurig, »es geht eben nicht anders, das muß man mit in Kauf nehmen. Aber dann ist da noch Hamburg, das Wasser« – diese Aussicht ließ ihn vieles ertragen. »Die Firma hat große Niederlassungen in Übersee«, sagte er, und schon gewann seine Phantasie die Oberhand. Übersee – das Wort lockte, da gab es noch etwas zu entdecken, die weite Welt, andere Völker, fremdartige Sprachen, verborgene Schönheiten, ein wunderbarer Dunst von Fremde und Gefahr umschwebte all das. »Zuerst bleibe ich natürlich hier im Lande«, fuhr er fort, »um den Betrieb kennenzulernen, das ist nicht so einfach, man kann auch da seinen Mann stehen. Aber nachher gehe ich hinüber.«

»Wohin?« fragte Albrecht.

Fritz lachte. »Nach Übersee natürlich.«

Er verabschiedete sich, zu Beginn des kommenden Monats trat er seine Stelle an.

Albrecht ging weiter zur Schule, er kam in eine neue Klasse, das letzte Schuljahr begann. Er tat seine Pflicht, blieb unauffällig, allmählich schloß er sich völlig von anderen ab. Freunde hatte er außer Fritz nie gehabt, nun war auch der weg, Albrecht blieb allein mit seinen Büchern und seiner Geige. Ja, Bücher, sie gewannen eine immer größere

Bedeutung in seinem Leben. Damit hatte es folgende Bewandtnis: Albrecht lernte einen Mann kennen, der großen Einfluß auf ihn gewann und einen gewaltigen Turm in seinem jungen Leben erbaute. Er wurde sein Führer, sein Freund auf lange Zeit. Albrecht sah ihn das erstemal an einem Vortragsabend der Literarischen Vereinigung, zu dem er sich in alter Gewohnheit eingefunden hatte.

Die Literarische Vereinigung bestand am Orte schon so manches Jahr. Abseits von den zahlreichen Vereinen und Vereinigungen sportlicher und politischer Natur, die in dem Städtchen gediehen, führte sie ihr eigenes beschauliches Dasein und unterschied sich von den übrigen in der Hauptsache dadurch, daß sie an Ehren- und Feiertagen nie auf dem Marktplatz Aufstellung nahm und im langen Festzug mit hinausmarschierte. Denn sie besaß keine Fahne. Was in aller Welt sollte sie auch im Wappen führen? Etwa das geschlechtslose Zeichen der Literatur?

Albrecht Seldersen kam oft als Gast zu ihren Veranstaltungen, die des Sommers an Nachmittagen in einem Garten außerhalb der Stadt, winters in unwirtlichen Vereinszimmern zur Abendzeit stattfanden. Er erschien, wenn er sich besonderen Gewinn davon versprach. Selbst das Gespött der Mitschüler konnte ihn nicht fernhalten – sonderbar genug. Was mochte er dort wohl suchen? Mit der Zeit nämlich hatte er herausgefunden, daß ein Gedanke, den er vorerst nur in sich wie einen Hauch, einen leise klingenden Ton verspürte, bei irgend jemand anderem, einem Dichter, zu einer festen, klaren Harmonie geworden war, die frei klang und auf eine seltsame Weise die Seele reinigte und stärkte. Er empfand dies als wohltuend und erfrischend, ähnlich dem Bad, mit dem er sich nach dem Spiel auf dem Sportplatz die Ermüdung aus den Gliedern trieb und den Körper säuberte.

Da saß er nun zuunterst an einer langen Kaffeetafel, denn es wurde dabei Kaffee getrunken, oder er schob seinen Stuhl in die Ecke, baute einen zweiten vor sich als Schutzgitter auf, legte die Arme auf die Lehne und hielt Umschau. Die Kaffeetassen klirrten. Alte Frauen, Alt-Jüngferlein, vor dem Kriege den obersten Schichten zugehörig, unter den neuen Verhältnissen wirtschaftlich abgedrängt und ohne Einfluß, hier friedlich beieinander, ließen sich vorerzählen, nickten beifällig mit dem Kopf und hoben die Tasse. Das männliche Element war an Zahl spärlich vertreten, aber was waren das für Männer! Ein Major a. D. hatte die Leitung, ein aufrechter Mann, stets auf der Suche nach neuen Attraktionen für seine Vereinigung. Er selbst bestritt, wenn Not am Mann war, den größten Teil der Veranstaltungen, es ging über seine Kräfte, obgleich er für sein Alter noch überaus beweglich war. Er wusch sich im Winter mit Schnee, der auf seinem Balkon lag, turnte des Sommers nackt mit Gleichgesinnten auf einem eigens hierzu abgesteckten Gelände. Ihn unterstützte der Buchhändler des Ortes, ein ehemals wilder, temperamentvoller Mann, der jetzt in der Kraft seiner zweiten Jugend mit dem Genius rang und ihm kleine Novellen und Geschichten abzwang, die den Weg bis in mittlere Familienzeitschriften fanden.

Der engagementslose Schauspieler, der vom Sommertheater hier übriggeblieben war und den kunstbesessenen Bürgern mit Pathos Gedichte und Dramen eintrompetete, war an einen anderen Ort gezogen, der Major hielt abermals Ausschau – da tauchte Anfang des Jahres in der Stadt ein junger Richter auf, Assessor noch, kurz nach dem Examen von seiner Behörde hierher geschickt und mit einem Kommissorium betraut. Er kam aus dem Rheinland, besaß lokkere Bewegungen und ein freies Benehmen, an dem die starren Formen, in denen sich hier das Leben bewegte, oft Anstoß nahmen. Da saß er nun in diesem Ort, und wenn er nicht mit sich selbst in seiner Stube oder draußen im Wald ein Gespräch beginnen wollte, so mußte er sich schon an die Menschen hier halten, die das geistige Leben zügelten. Dem Major kam er nur zu willkommen. Man lud ihn ein, Vorträge zu halten, nur widerstrebend ließ er sich überreden.

Tags zuvor wurden diese Veranstaltungen durch Aushang im Schaufenster einer Konditorei und der Buchhandlung bekanntgegeben. Da fand sich allmählich alles ein, was vorher versteckt in seinen vier Wänden Zwiesprache mit dem Geist der großen Welt und dem geheimnisvollen Leben gepflogen hatte.

Die Vorträge fanden in diesem Jahr in dem ausgeräumten Fremdenzimmer eines Hotels statt, über den Hof gelangte man, eine dunkle Stiege aufwärts, durch einen kleinen Flur, die zweite Tür links, in das Zimmer. Das Hotel war vielseitig. Im Vereinszimmer unten tanzte eine Wandervogeltruppe Volkstänze, das Gehämmer auf dem verstimmten ächzenden Klavier drang bis nach oben, nebenan kicherten die Hausmädchen mit dem Kellner, darunter lag die Gastwirtschaft, in den hinteren Räumen übte ein Gesangverein.

Das Zimmer ist schon fast voll. Die Stühle stehen dicht, nur ein kleiner Gang dazwischen bleibt frei. Der Major empfängt mit strahlendem Gesicht jeden Neuankommenden, schüttelt ihm persönlich die Hand, dankt ihm für sein Erscheinen. So viele Gäste!

Der Eintritt ist frei, eine Umlage, zu Beginn erhoben, verbürgt eine kleine Dampferfahrt im Sommer.

Zehn Minuten nach der festgesetzten Anfangszeit erscheint der Vortragende mit den Töchtern des Amtsrichters und der Frau seines Wirtes. Er überragt alle Anwesenden um einen Kopf, nur noch der Major kann sich mit ihm messen. Mit schnellem Blick sieht er sich im Kreis um: fast nur alte Leute, Frauen, wenig Männer, zwei Lehrer und ein Schüler mit kurzen Hosen und braunem Manchesteranzug, blond mit verwunderten Augen, Albrecht Seldersen. Der junge Vortragende nickt mit dem Kopf hinüber, obgleich er ihn nicht kennt. Das ist ein Verbündeter, denkt er, und als er vorne am Tisch steht, sieht er ihn noch einmal freundlich an. Dann beginnt er mit seinem Vortrag.

Er spricht erregt, mit weiten Gesten, voll Temperament, und allmählich vollbringt er das Wunder, sich in diesem kalten Raum, angesichts so vieler Menschen, die nichts mit ihm gemein haben, zu entzünden. Alle Gesichter um ihn herum verlieren an Form, verschwimmen ihm zu dem Gesicht des kleinen Schülers dort unten, der ihn unverwandt ansieht. Da beugt er sich etwas vor, um dem Gesicht näher zu sein, und spricht zu ihm, als wären sie beide allein in dem Zimmer: »Tonio Kröger aber hielt sich abseits. Was er konnte, war dies: ein wenig Geige spielen, Verse machen, eine Stimmung bis zu Ende auskosten, sehnsüchtig und schmerzvoll. Verstehst du, warum ich zu dir spreche? Du sitzest da, mit kurzen Hosen, offenem Kragen, inmitten alter Leute, und glaubst damit Sturm laufen zu können, bis dir der Atem einmal ausgeht. Aber wogegen? Gegen das Rohe, Laute, Unedle. Du spielst im dunklen Zimmer Geige und läufst dabei um den Tisch. Am nächsten Tag holst du dir einen Preis beim Dreikampf. Du prügelst dich, wenn dich einer beschimpft, und sitzt abends hier und hörst verwundert zu, was ich dir sage. Es ist in Ordnung so. Denn der Geist ist es, die Liebe zu ihm, was allein uns tätig macht. Was anders konnte mich bewegen, in eurem kalten, weltverlorenen Nest, in diesem ungastlichen Fremdenzimmer zu reden, vor Menschen, die noch den Geschmack ihres Abendbrotes auf der Zunge haben.«

Nach dem Vortrag wartete Albrecht vor der Türe. Da kam er schon in Begleitung von zwei Frauen, sie unterhielten sich lebhaft. Albrecht dreht sich um und will nach Hause gehen, als der andere ihm die Hand hinstreckt:

»Guten Abend, hat es Ihnen gefallen?«

Albrecht verbeugte sich tief, keiner soll sehen, wie ihm das Blut in die Wangen schießt.

Am nächsten Tag, als sie sich auf der Straße begegnen, grüßen sie sich, als wären sie seit langem schon gute Freunde.

»Ich heiße Albrecht Seldersen«, sagte Albrecht.

»Schon gut.« Der andere wußte seinen Namen längst. »Sie müssen mich bald einmal besuchen. Wann haben Sie Zeit?«

»Ich bin Schüler«, antwortete Albrecht.

»Ja. Wollen Sie morgen abend zu mir kommen? Nicht zu spät bitte.« Er gab ihm seine Adresse. Albrecht nahm die Einladung an.

Als er anderen Tages die Gartentür öffnete, stand Dr. Köster oben am Fenster und grüßte herunter. Oben gab er ihm einen herzlichen Empfang. Albrecht fühlte sich sofort heimisch. Er blickte sich im Zimmer um, an der Wand stand ein großes Regal vollgepackt mit Büchern, auf dem Flügel lagen Noten und Bücher bunt durcheinander.

»Haben Sie schon zu Abend gegessen«, erkundigte sich Dr. Köster. Albrecht bejahte.

»Ich dachte mir«, fuhr der andere fort, »wir bleiben zuerst hier auf meinem Zimmer, später gehen wir dann vielleicht noch ein wenig auf die Straße hinunter oder in den Park. Mögen Sie nicht?«

»Doch«, sagte Albrecht schnell, »sehr gern, man kann überhaupt hier sehr schöne Spaziergänge unternehmen, manchmal stundenweit, ohne einen Menschen zu treffen.

Das ist ja das einzige beinahe, was wir hier haben. Aber Sie sind ja wohl noch nicht lange hier am Platz?«

Dr. Köster lachte. »Ich hoffe, daß ich alles bald gut kennen werde. Wollen Sie nicht mein Führer sein?«

Albrecht sah ihn schweigend an. Dann nickte er nur.

Sie unterhielten sich eine gute Weile. Albrecht achtete angespannt auf die Fragen, die der andere an ihn richtete, und bemühte sich, sie zu seiner Zufriedenheit zu beantworten. Als einmal eine kleine Pause entstand, sprang Dr. Köster auf, setzte sich an den Flügel und sang und spielte ein kleines Lied, wie man es gerade überall hörte.

Albrecht blieb auf seinem Platz sitzen, die kurzen Hosen waren an den kräftigen Beinen etwas hinaufgerutscht und ließen die Knie frei. Die Strümpfe waren gerollt.

Dr. Köster stand vom Klavier auf.

»Gefiel es Ihnen, Albrecht? Ich habe es neulich irgendwo gehört und wieder vergessen, zufällig kam es mir gerade jetzt wieder in den Sinn.«

Sie unterhielten sich weiter. Albrecht ließ den anderen reden, es hörte sich angenehm zu, wenn er erzählte. Er kam auch aus einer kleinen Stadt. Sein Vater war Arzt, wie schon sein Großvater und dessen Vater wieder. Nur er war aus der Reihe getreten. Seine Studien hatten ihn in viele Städte geführt, nun arbeitete er hier auf dem Gericht, er war eine Amtsperson und genoß Ansehen. Doch jetzt war er privat. Nebenbei beschäftigte ihn eine große Arbeit, die sich sicherlich über mehrere Jahre hinzog. Er deutete dies nur kurz an, und Albrecht stellte in dieser Richtung weiter keine Fragen. Früher als Schuljunge und noch in den ersten Semestern war er viel gewandert. Noch heute trug er die Nadel seines Bundes auf dem breiten Westenrevers.

Die Zeit ging voran. Und immer mehr schien es Albrecht, als würde vor ihm sein eigenes Leben von einem Fremden ausgebreitet, der es kannte und vielleicht um noch mehr wußte. Es war geradezu unheimlich oft und unsagbar spannend. Es kam Albrecht vor, als säße er in den Startlöchern und wartete auf die Kommandos. Ja, wie war es doch nur? ... Aber er machte sich weiter keine Gedanken. Er liebte die Gepflegtheit, die ganze wohlgestaltete Ordnung, die von jenem ausging. Wenn er ihm vorlas oder vorsang und Albrecht lag auf dem Sofa lang ausgestreckt und hörte zu, so erfüllte ihn eine tiefe Zufriedenheit. Es war ein wundervoller Ausblick, der sich ihm darbot. Albrecht war ihm zugetan aus einer jungenhaften Bewunderung und einem zärtlichen Vertrauen heraus. Angestrengt überdachte er, was er für ihn tun könne, um zu beweisen, daß er würdig sei und nicht mit leeren Händen komme. Aber der andere verlangte nichts. Albrecht bat zum Abschied, Dr. Köster solle ihn in der Wohnung seiner Eltern besuchen. Auch sie würden sich gewiß freuen. Dr. Köster sagte zu.

Es verging einige Zeit, bis er sein Versprechen einlöste. Albrecht hatte ihn unterdessen einige Male auf der Straße in Begleitung von Frauen gesehen, ehrerbietigst grüßte er hinüber und wagte nicht, das Wort an ihn zu richten. Aber eines Tages war er da, lachend, fröhlich, aufgeräumt. Er setzte sich sofort an das Klavier, sang, spielte und half Albrecht über die ersten Minuten der Befangenheit hinweg. Frau Seldersen erschien, und Albrecht stellte vor. Sie bat Dr. Köster, zum Abendessen dazubleiben. Er nahm ohne Umschweife an. Die Mutter deckte für beide den runden Tisch vorn in der Stube, in der der Bücherschrank und der Schreibtisch standen. Als sie das Tablett brachte, zitterten ihre Hände. Albrecht merkte dies. Auch Herr Seldersen ließ sich sehen, gab Dr. Köster die Hand und sagte ein paar Worte: er freue sich und hoffe, daß Albrecht nicht zu dumm sei. Dr. Köster lachte und sah auf Albrecht, der verlegen und ungehalten über die Worte des Vaters an dem Tisch lehnte und mit vollem Mund das Kauen vergaß. Herr Seldersen verschwand, und sie waren wieder allein.

»Was wollte mein Vater?« fragte Albrecht.

»Seien Sie nicht dumm in der Tat«, verwies ihn der andere, »oder wollen Sie ein Kompliment erobern.«

Albrecht schüttelte den Kopf. Sie aßen weiter.

Da fiel Albrecht ein, daß er Dr. Köster noch nichts von seinem Freund Fritz erzählt habe. Was wohl seine Meinung darüber sei?

Dr. Köster ließ sich berichten, sein Gesicht wurde ernst und abweisend, schließlich sagte er:

»Und wie alt ist Ihr Freund?«

»Neunzehn Jahre.«

»Nun, da müßte er wissen, was er tut.« Es klang wie ein Vorwurf.

Schweigen.

»Mir liegt so etwas nicht«, gestand Dr. Köster weiter, »ich sehe weder eine Notwendigkeit noch ein innere Berechtigung, weittragende Entschlüsse zu fassen und große Taten einzuleiten, wie es nach Ihren Worten bei Ihrem Freund der Fall ist. Ich verstehe es schon, aber ich glaube nicht daran. Ich sage Ihnen, Albrecht, mir ist nichts mehr verhaßt, und hüten auch Sie sich – ein Wort für später – vor dem Tätigwerden in diesen Dingen, ein Kämpfer, aktiv oder weiß der Himmel was zu sein. Ich habe mich stets vorgesehen, ich glaube, auch auf Sie paßt dieser Rat. Sie haben doch neulich meinen Vortrag gehört?«

Albrecht schwieg. Er konnte nicht widersprechen, wenn er auch verspürte, daß noch einiges einer Klärung bedarf. Er hatte nur eine Ahnung von dem, was durch die Worte hindurchsah. Aber er wollte nicht länger dabei verweilen.

Dr. Köster erhob sich und ging zum Bücherschrank, er öffnete ihn.

»Lesen Sie, lieber Albrecht, das ist gescheiter, und es kommt mehr für einen dabei heraus. Sie besitzen Bücher, ganz nett, haben Sie sie alle schon gelesen?«

Albrecht trat neben ihn. »Ja.«

»Ich borge Ihnen gern Bücher, wenn Sie wollen. Sie werden sie gut halten. Bücher sind Freunde.«

Albrecht versprach es. Er sagte, daß er sich sehr freue, Bücher zu lesen, die der andere für ihn aussuche.

Und Dr. Köster hielt sein Versprechen, er borgte Albrecht Bücher, und diese Bücher traten in Albrechts Leben, gewannen eine feste Bedeutung und waren nicht mehr fortzudenken.

Unter denen, die er Albrecht lieh, befand sich eins von einer bestrickenden Schwermütigkeit und Süße, wie es Albrecht bisher noch nie gelesen hatte. Er las es unzählige Male, fast konnte er es auswendig, und immer wieder erschloß sich ihm eine neue Erkenntnis. Da war die Welt bunt, erschreckend und voller undeutbarer Geschehnisse, und abseits von ihr, in einem weiten Abstand, hielt Tonio Kröger, kein Held und Eroberer, Abenteurer und Glücksbringer, sondern einer, der noch in der größten Bewegung die Zügel bei sich straff hielt, einer, der zuviel wußte, Tausendfältiges in der kleinsten Offenbarung erlebte, ein sorgfältiger Beobachter bis zur Selbstaufgabe, einer, der sich selbst den Spaß verdarb – ein Überzähliger des Lebens. Schon als junger Bursche schien er dazu bestimmt, alle Erscheinungen, in denen das Leben sich ihm kundgab, auf eine sehnsüchtige und schmerzvolle Art zu erkennen und zum zweiten Male bei sich zu erleben. Er litt, wenn er liebte, und stand abseits, wenn um ihn herum andere dem Leben ihren Tribut zollten – doch bei ihm lag die Erkenntnis und der Schmerz, er war das Wissen und der Verzicht. Unbedenklich verlor sich Albrecht an die bezaubernde Stimmung, die aus dem Buch entstand, er begab sich seines Verstandes und fühlte traumhaft die schwebende Grenze, an der sich Leben und Tod, Gesundsein und Krankheit leise berührten. Es kamen ihm wunderbare und große Gedanken, über deren Bestehen er sich selbst keine Rechenschaft geben konnte, doch vorerst überwog das Erstaunen und die Unsicherheit. Dieses Buch wurde für Albrecht bestimmend, hier glaubte er sich erkannt, seine Möglichkeiten im voraus gezeichnet, er hielt fest an dem einmal gesteckten Wege, ja, er glaubte sogar dort, wo er abzuweichen drohte, gewaltsam wieder auf den richtigen Pfad zurückfinden zu müssen.

Das Herbstgeschäft war ein großer Versager gewesen, man hatte sich schon anfangs keine Vorstellung und Hoffnungen gemacht, nun übertraf es sogar sie schlimmsten Befürchtungen. Das vorige Jahr – ja, da hatte man den besten Vergleich zu dem mageren Ergebnis jetzt, es war ein Jammer, die Ware lag in den Fächern, und nur selten ließ sich ein Käufer blicken. Die wenigen, die wirklich noch viel brauchten, weil sie eine große Familie waren oder sich schon im Vorjahre hinübergeholfen hatten, konnten bei weitem nicht alles bezahlen, und Herrn Seldersen blieb nichts anderes übrig, als zu borgen und den Betrag in das Buch zu schreiben. Was konnte er schließlich sonst tun, borgte er nicht, dann machte ein anderer das Geschäft. Gewiß gab es auch noch einige, die regelmäßig ihr Geld brachten, aber sie konnten den Ausfall nicht wettmachen.

Nun ist auch durchaus nicht einzusehen, warum Menschen, die an sich schon über wenig verfügen, sich gerade für den Herbst neu einkleiden sollen und nicht das weitertragen, was sie den ganzen Sommer hindurch angezogen haben, zugegeben, die Luft ist nicht mehr ganz so warm, so kalt wie im Winter ist sie aber erst recht nicht, vielmehr eine angenehme, ausgeglichene Mischung von beidem. Ging man im Sommer, wenn die Sonne brannte, in Hemd und Hose, so zieht man sich jetzt, da es kälter wird, eine Jacke darüber oder noch ein paar Unterkleider darunter, aber sich eigens dafür neue Sachen kaufen, das hat Zeit bis zum Winter selbst.

Herr Seldersen vertröstete sich also auf den Winter und hoffte dort auf eine Belebung. Nun, um es kurzweg zu sagen, auch mit dem Winter war nicht viel Staat zu machen. Herr Seldersen hatte Zeit genug, am Nachmittag, wenn also die eigentliche Geschäftszeit war, die Straßen entlangzugehen und Ausschau zu halten, ob bei der Konkurrenz etwas zu tun war. Er tat dies auf eine verstohlene und umständliche Art, er nahm einen Brief zur Hand und gab sich den Anschein, als ob er zur Post ginge. Sein Weg führte an verschiedenen Geschäften vorbei, er hatte genügend Gelegenheit nachzuspähen, sich zu überzeugen und zu beruhigen – der Konkurrenz erging es nicht besser. Oft ging er auch hinein in den Laden, dann stand er lange Zeit mit Herrn Wiesel im Gespräch, sie erzählten sich gegenseitig, wie schlecht das Geschäft jetzt ging. Immer fanden sie einen neuen Standpunkt, von dem aus sie sich an ihr eigentliches Thema heranpirschten. Dann kam meistens gerade ein Kunde oder auch mehrere auf einmal, Herr Seldersen verabschiedete sich schnell und ging nach Hause. In seinem Laden empfing ihn seine Frau, angelehnt an die Tür hielt sie Ausschau und gab offen zu, daß sie im Augenblick keine Beschäftigung hatte.

»Komm herein«, bat sie der Vater, er hatte es nicht gerne, wenn sie an der Türe stand, wie um aller Welt auszubreiten, seht, ich habe nichts zu tun. »Komm herein«, bat er nochmals.

Die Mutter wehrte ab, sie verstand nicht, was der Vater wollte: »Laß mich«, sagte sie, »ich stehe doch nur hier und passe auf, denkst du, es geht mich nichts an?«

Diese Frau, Herr Seldersen schüttelte den Kopf, er ging hinein und versteckte sich in einer dunklen Ecke. Ab und zu kam die Mutter und verkündete, eben sei Frau Zorn mit einem großen Paket von Herrn Wiesel gekommen, während sie doch bei ihnen hier hoch im Buch steht. Dann nahm sie wieder ihren Platz ein, bis sie die nächste Meldung brachte. Herr Seldersen verlor mittlerweile die Geduld, er schickte sie nach oben. Es kam in dieser Zeit häufig zu Unstimmigkeiten zwischen ihnen.

Die beiden letzten Tage vor dem Fest setzte auf einmal ein Kommen und Gehen ein, daß Seldersens kaum Zeit zum Essen fanden, zu dritt arbeiteten sie im Laden mit einem Lehrmädchen, und Albrecht stand an der Kasse, man hatte seine Hilfe nötig, es ging nicht anders. Am Abend fielen die Eltern ins Bett, aber die Freude und das Bewußtsein, noch auf dem Platz zu stehen, überwogen bei weitem die Müdigkeit.

»Glaub mir«, sagte die Mutter dann zu Vater und Sohn, »glaub mir, wenn einer hier etwas zu tun hat, dann haben eben alle zu tun, und wenn der eine unten steht und wartet, dann warten sie alle, glaub mir, Brot wird für alle gebakken.«

Herr Seldersen nickte nur mit dem Kopfe, diese beiden Tage zum Schluß gingen über seine Kräfte, er wußte sich nicht zu fassen vor Glück, schließlich sagte er:

»Ja, ja, aber was nützt es, es kommt darauf an, wer es länger aushält.«

Da war wieder sein altes Mißtrauen, seine ganze Hoffnungslosigkeit lag in den Worten. Schwieg er doch lieber, so raubte er anderen nicht die Hoffnung.

Die Wochen danach wurden still und trostlos, der Winter ließ alles viel schwerer ertragen, die Stadt war wie ausgestorben, bei der Kälte wagte sich niemand hervor.

Über Neujahr stellte sich auch Fritz wieder zu Hause ein, er hatte sich ein paar Tage Urlaub geben lassen und verbrachte ihn bei seinen Eltern. Er sah wohl aus, anscheinend bekam ihm der Hamburger Aufenthalt gut, stolz ging er durch die Straßen, seine Eltern verhehlten nicht ihre Zufriedenheit. Ja, nun war er in Hamburg, er hatte seine Arbeit, es ging ihm gut, viel wußte er Albrecht zu berichten. Die Stadt vor allem, was gab es da nicht alles zu sehen, überall steckte sie voller Geheimnisse und Schönheiten. Unten am Hafen, in dem Gängeviertel, St. Pauli und dann die Vororte rings herum, der Fluß und schließlich das Meer. Er konnte nicht genug sehen, und auch heute hatte er sicherlich noch nicht alles kennengelernt. Albrecht hörte gespannt zu, bewundernd sah er zu Fritz auf ... alles das hatte er gesehen. »Und deine Arbeit, was ist mit deiner Arbeit?« fragte er. Schließlich ist er doch nur nach Hamburg gefahren, um dort in einer großen Exportfirma zu lernen, und jetzt saß er schon die ganze Zeit hier und konnte sich nicht genug tun in Erinnerungen an die Stadt und wie gut ihm alles gefallen habe – von der Arbeit bei seiner Lehrfirma kein Wort.

»Wie ist das mit den Aussichten?« fragte er noch einmal.

Da wurde Fritz ziemlich kleinlaut, er mußte erst längere Zeit nach einer Antwort suchen. »Nun, nun, so schnell geht es nicht, zuerst muß ich lernen, dann kann man weitersehen.«

Albrecht überlegte, die Worte machten ihn nachdenklich, war Fritz zufrieden, oder was für ein Grund bewog ihn, sich so vorsichtig auszudrücken? »Es ist sicherlich nicht so, wie du es dir anfangs vorgestellt hast«, sagte er vorsichtig. Fritz nickte.

»Ja, ja, es ist schwerer, als man sich es vorstellt, plötzlich tauchen Schwierigkeiten auf, an die man gar nicht gedacht hat, es gibt unerhörte Verwicklungen, man sollte es nicht glauben ... nun ja, wir haben eben den Krieg verloren.«

»Den Krieg verloren«, wiederholte Albrecht, das war also die Ursache der Schwierigkeiten und Verwicklungen, von denen Fritz sichtlich niedergeschlagen sprach, das hatte er da oben in Hamburg also erfahren?

»Wie steht es denn mit dem Überseehandel?« fragte er.

Fritz kleinlaut: »Ich sagte es dir doch eben schon, was hast du denn für Vorstellungen?«

Albrecht erstaunt: »Vorstellungen?« Nun, er hatte keine, ihm schwebte nur das vor, was Fritz sich zu Beginn seiner Lehrzeit unter Überseehandel vorgestellt hatte, er ließ damals in seiner Unwissenheit und Freude so etwas verlauten, ein Gemisch von exotischen Völkern, fremden Sprachen, Schiffen und Wassern, das lockte, da gab es noch etwas zu entdecken, und nun ... »Mit dem Überseehandel ist es schlecht bestellt«, sagte Fritz, »die Einfuhr, Ausfuhr, Zölle, der Absatz, die ausländische Konkurrenz, was sich da alles gegen uns verschworen hat« ...

Albrecht hörte gespannt zu, wie Fritz erzählte, er sah ihm an, daß es ihm schwerfiel, diese Wahrheiten zu berichten, noch schwerer mußte es ihm geworden sein, sie untrügbar ohne Täuschung zu sehen, zu erkennen und sich einzugestehn, so ist es, nicht anders – er hatte es mit eigenen Augen gesehen. Und noch mehr. Fritz berichtete von Firmen, die er in Hamburg kennengelernt hatte, sie hatten mittlerweile das Rennen aufgesteckt, waren als Opfer auf der Strecke geblieben, aber seine Firma ... Gott bewahre, da bestand keine Furcht, sie würden sich sicherlich halten und durch die schwere Zeit hindurchbringen, dies war seine Hoffnung.

Also auch bei ihnen stand es nicht zum besten? Fritz verhehlte es nicht, sein Gesicht wurde ernst und nachdenklich, als hafte er persönlich.

»Und wie lange mußt du lernen?« fragte Albrecht.

»Zwei Jahre.«

Den Tag nach Neujahr fuhr Fritz wieder ab.

Glück auf, dachte Albrecht, er wünschte alles Gute.

Dieser Winter war reich an Ereignissen. Im ersten Monat des neuen Jahrs erschoß sich der Mitinhaber eines großen Geschäftshauses in Berlin, dessen geschäftliche Verbindungen nach allen Ländern reichten. Es war ein bedeutsames Ereignis, überraschend vor allem und betrübend, es offenbarte mit unnachsichtlicher Deutlichkeit, was man bei der allgemein fortschreitenden Unsicherheit und Bedrängnis für die Zukunft zu erwarten hatte. Tags darauf stand es in allen Zeitungen mit Rückblicken, genauen Erklärungen bis ins einzelne.

Herr Seldersen las den Abschnitt in seiner Zeitung immer wieder, und jedesmal schüttelte er den Kopf, hier konnte er nicht mehr mit, das überstieg seinen Verstand, maßloser Schmerz ergriff ihn.

»Was sagen Sie nur, Herr Wiesel«, fragte er, »was sagen Sie nur? Nach achtzigjährigem Bestehen! Hätten Sie es geglaubt?«

Herr Wiesel schüttelte den Kopf, er hätte es ebenfalls nicht für möglich gehalten. Gewiß, jedermann wußte, daß auch hier die Zeit ihre Spuren hinterlassen hatte, es war längst nicht mehr so wie früher. Neue Häuser waren auf den Plan getreten, jünger, lebendiger, unbeschwerter; eine andere Art, geschäftliche Dinge abzuwickeln, kam auf, der

Markt selbst hatte sich im Laufe weniger Jahre völlig verändert. Es gab Stockungen in den Zahlungen, aus dem Kreis der Kunden und Abnehmer schied so mancher aus, der viele Jahre hindurch getreue Gefolgschaft geleistet hatte, eins kam zum anderen. Im Hintergrund standen die Banken, da gab es keinen Zweifel, sie sprangen zu jeder Zeit hilfreich ein. Bis an das private, persönliche Bedürfnis hatte sich die Not allerdings noch nicht durchgefressen. Aber die Schwierigkeiten türmten sich, der Name, einst zu einem festen Begriff geworden, war weg, die Ehre, das Ansehen. Deshalb entschloß sich der eine Inhaber im Alter von sechsundfünfzig Jahren, selbst ein Ende zu machen.

»Sich erschossen ...«, flüsterte Herr Wiesel. Der Tod selbst erschien ihm weit bedeutsamer als der Grund, der ihn hervorrief.

»Und die Folgen, beachten Sie die Folgen, Herr Seldersen, so ein Geschehen ist von weitem Ausmaß.« Mehr wollte er im Augenblick nicht sagen.

Er hatte recht, es war, als wenn Europa von der Landkarte verschwand.

Jetzt erst wurde offenbar, wie tief auch das kleinste tägliche Geschehen weiterfraß und alles schicksalhaft auf eine geheimnisvolle und unlösliche Weise miteinander verkettet war.

Herr Seldersen hatte die ganzen Jahre, seit sein Geschäft bestand, Waren von dieser Firma bezogen. Das bedeutete eine große Ehre und Genugtuung, nicht jedermann wurde als Kunde aufgenommen. Wer da als Käufer in den Büchern stand, war vor aller Welt als fest und sicher hingestellt. Und nun dieser Vorfall und die Folgen, die er mit sich führte, Herr Wiesel hatte sie schon leise angedeutet, auch Herr Seldersen wurde betroffen. Es dauerte nicht lange, da erhielt er ein Schreiben mit der Aufforderung, seine Verpflichtungen, die der alten Firma gegenüber noch bestanden, sofort einzulösen. Das Geschäft wurde aufgelöst, mehrere Firmen, die Hauptgläubiger, fanden sich zusammen und führten das Unternehmen unter einem anderen Namen weiter. Bevor sich dieser Wechsel vollzog, mußten alle noch ausstehenden Schulden eingetrieben werden.

Was sollte Herr Seldersen tun? Er hatte seine Schulden bisher so getilgt, daß er die Summe, die ihm im Augenblick gerade zur Verfügung stand, in mehrere Teile teilte und jeden seiner Gläubiger mit einer kleinen Summe für kurze Zeit vorerst zufriedenstellte. Er hatte sich ein ganzes System darin zurechtgelegt und kam bisher gut damit zu Rande. Es war zwar ein elendes Hinken, aber man kam damit vom Fleck, und solange nicht unvorhergesehen irgend jemand ein Bein stellte, gab es auf diesem Weg kein Hindernis. Nun sollte er auf einmal eine Summe bezahlen, die ausgereicht hätte, um sich sechs andere Gläubiger wieder für eine Spanne Zeit gefügig zu machen.

War das nun das Ende? Kam es so schnell und überraschend, nachdem es so lange Zeit gebraucht hatte, um sich heranzuschleichen? Gab es da keinen Ausweg? Der Vater schrieb an seinen Bruder, der Anwalt in M. war, er hatte eine einträgliche Praxis, es ging ihm gut. Sie waren zu Hause viele Geschwister gewesen, das Leben hatte sie zerstreut, es vergingen manchmal Jahre, ehe sie sich wieder zu Gesicht bekamen, in der Zwischenzeit hielten Briefe mit langweiligen Familienbekenntnissen den Verkehr notdürftig aufrecht. Ein jeder hatte mit sich zu tun, hatte seinen Beruf, der ihm Pflichten auferlegte. Der Vater schrieb: »Mein lieber Bruder«, aber schon hier an der Stelle, gerade zu Anfang, konnte er nicht mehr weiter. Man hatte ihn unversehens überfallen und schnürte ihm nun langsam die Kehle zu. Aber er sollte einen Brief schreiben. Nie war er je ein Briefschreiber gewesen. Den ganzen Tag saß er über das Schreibpult gebeugt in seinem Laden, als er dann am Abend in die Wohnung ging, schloß er das Zimmer ab, rückte einen Stuhl an den Schreibtisch, tauchte die Feder ein, setzte an ... und schrieb keine Silbe. Die Tinte trocknete ein und bedeckte, eine dicke schwarze Kruste, die Feder. Nie würde er mit einer solchen Feder einen Brief schreiben können. Er zog sie vom Halter, besah seine verschmierten Hände, ging hinaus, um sie sich zu waschen, und begann von neuem, an seinen Bruder zu schreiben. Die Gedanken, die in seinem Kopf gewohnt hatten, versteckt, ohne daß er es wußte, brachen hervor und trieben ihr traurig verschlungenes Wesen. Nie hatte er jemanden zu irgendeiner Zeit gebraucht, noch ihm einen Brief der Art geschrieben. Es mußte nun sein. Er schrieb. »Mein lieber Bruder, ich muß Dir heute schreiben, da dies für mich der einzige Weg ist. Daß ich mein Lebtag gearbeitet und nur das im Sinne gehabt habe, weißt Du. Willst Du noch mehr hören? Du stehst selbst zu sehr im Leben und kannst wissen, wie schwer es heute jedem wird, der wie ich ein Geschäft und sich die Jahre hindurch stets anständig durchgebracht hat, ohne die Grenzen zu überschreiten, die ihm gezogen sind. Auch ich bin nicht verschont geblieben. Es waren aufregende Zeiten. Nun scheint es am Ende zu sein. Es geht nicht mehr weiter. Mich trifft keine Schuld.«

Und das Wort seines Vaters, der nun schon lange tot war, kam ihm ins Gedächtnis. Dieses schrieb er seinem Bruder: »Als Zeugen kann ich nur unseren seligen Vater anrufen. Er hatte zehn Köpfe zu ernähren, und die Mutter machte es ihm nicht leicht, aber oft sagte er mir – ich war noch klein damals und gerade das erste Jahr in der Lehre –, Reichtümer kann ich nicht erwerben und werde ich auch nicht hinterlassen, aber was ich verdiene, ist ehrlich und durch Arbeit verdient, das ist der einzige Luxus, den ich mir leiste.«

Zum Schluß schrieb er ganz offen, wie es mit ihm stand. Seine Gläubiger bedrängten ihn sehr, bisher war es immer noch gut gegangen. Jetzt ist es vorbei. Was soll er beginnen? Das Geschäft aufgeben und etwas Neues anfangen, den Beruf wechseln in seinem Alter von sechsundfünfzig Jahren? Soll er resigniert und müde die Hände in den Schoß sinken lassen? Nein, noch fühlt er sich nicht alt. Aber es muß etwas geschehen, er will es noch einmal versuchen. Eines nur brauchte er dazu: Geld und nochmals Geld, um seine Verpflichtungen alle auf einen Schlag loszuwerden. Dann will er gerne noch einmal von vorne anfangen.

Über das Wasser kam kein Gewitter herüber, dann standen die Wolken am Himmel zu unheimlicher Schwärze geballt, und der Regen fiel ohne Unterlaß. Am dritten Tag schüttelte der Bauer nachdenklich seinen Kopf, meinte, daß es mit der Aussicht um die Ernte dieses Jahr schlecht bestellt sei, wenn das ewige Naß nicht einmal aufhöre, da auf den Feldern alles verfaule. Nach vier Tagen war der Himmel strahlend blau. Die Sonne brannte herab und sog bald die Feuchtigkeit aus dem Boden, so daß der Landmann wieder den Kopf schüttelte und meinte, wenn es jetzt nicht bald

Regen gäbe, müsse auf den Feldern bald jeder Halm verbrennen und verdorren. Ewig war er unzufrieden, aber von seinem Boden ging er nicht ...

Auf die Dauer ließ sich der Zustand nicht verheimlichen, Frau Seldersen erfuhr zuerst davon, später die Kinder. Um Albrecht tat es dem Vater am meisten leid, der Junge brauchte seine Gedanken für die Schule, da gerade mußte er jetzt mit seinen mißlichen Angelegenheiten dazwischenkommen. Aber es gab nicht viel zu leugnen, ein Entschluß mußte gefaßt werden, es mußte endlich einmal durchgreifend etwas geschehen. Lange hatte man mit Bangen diesem Stand entgegengesehen, jetzt empfand man es geradezu als Erlösung, daß man selbst wieder einmal eingreifen durfte, aufgerufen wurde, eine Sache vorwärtszubringen und dem Ende zuzuführen. Es gibt nichts Verhängnisvolleres für einen Menschen, als untätig, abwartend zu stehen, wie einer, der keinen Einfluß mehr hat auf sein persönliches Ergehen, der abgemeldet ist, keine andere Bestimmung findet, als zu dulden, zu ertragen und sich ruhig zu verhalten.

»Wenn ich das Geld erst zur Verfügung habe«, sagte Herr Seldersen, »dann will ich noch einmal von vorne beginnen.« Es war, als spräche er ein Gelübde.

Die Worte nahmen sich seltsam genug in seinem Munde aus, da sie von einem alten Mann gesprochen wurden, der eigentlich mehr an das Ende denken sollte, statt mit neuer Hoffnung sich zu trösten, daß er noch einmal von vorne beginnen wolle. Die Anneliese und die Mutter verhehlten ihre Zuversicht ebenfalls nicht, nur Albrecht schwieg. Langsam mußte er sich an den Gedanken gewöhnen, daß sein Vater im Alter von über fünfzig Jahren davon sprach, noch einmal von vorne zu beginnen.

»Wenn du das Geld hast, dann glaubst du doch aber bestimmt, daß du viel damit ausrichten kannst, auch für später?«

»Man hofft doch immer«, erwiderte der Vater bei weitem nicht mehr so zuversichtlich wie zuvor, »man hofft doch immer noch, anders wäre es ja auch zu traurig.«

Pause.

Albrecht: »Ich glaube, solange man lebt, muß man das.«

»Solange man lebt?«

»Ja, oder meinst du ... man darf nichts unversucht lassen.«

Herr Seldersen hegte den Verdacht, daß Albrecht mit seinen letzten Worten eine bestimmte Absicht verfolgte, er wußte aber nicht genau, ob er sie mit Überlegung oder ahnungslos sagte. Im Augenblick war er geneigt, der bewußten Überlegung eine Menge zugute zu schreiben, und er verspürte eine gewisse Achtung vor dem Sohn. Bisher schien es ihm, als ob Albrecht unbefangen und ohne tiefere Einsicht den Ereignissen um sich herum gegenüberstehe, als wenn er nicht den Ernst und die nötige Reife besitze, um sich in den Verhältnissen zurechtzufinden. Der Vater hatte sogar begründete Furcht für die Zukunft, oft sprach er mit Anneliese darüber, und dann die Sorge um die Berufswahl. Was würde geschehen, wie würde sich alles gestalten, vorerst sah er noch keinen Weg. Albrecht machte sich anscheinend weniger Gedanken, er wartete ab und zeigte sich nicht ängstlich und voreilig in seinen Entschlüssen.

Jeden Abend sitzt er in dem kleinen Zimmer vorne am Schreibtisch, vor ihm liegen bunt durcheinander Bücher, Hefte, beschriebene Zettel. Die Augen brennen, der Kopf schmerzt dumpf, für einen Augenblick legt er ihn auf die Tischplatte und ruht sich aus. Die Wärme des eigenen Körpers, des überheizten Zimmers wird ihm lästig, er springt auf, öffnet das Fenster, lehnt sich hinaus und atmet befreit die winterlich kalte Nachtluft. Die Straßen sind leer, die Bäume neigen sich unter der weißen Schneelast. Der Sternenhimmel glitzert, greifbar nahe jedes Sternbild. Unten an der Haustür steht das Dienstmädchen der Wirtsleute, sie ist noch nicht lange in ihrer Stellung. Albrecht erkennt sie an den blonden krausen Haaren, die wie eine Pelzmütze den Kopf umrahmen. Wie eine Dame kleidet sie sich; wenn sie mit ihrer Arbeit fertig ist, geht sie hinunter und wartet vor dem Haus. Jeder, der hier vorbeikommt, sieht sich lange nach ihr um, vielleicht hat sie das gern. Ein Mann, eher noch ein Junge, tritt zu ihr heran, Albrecht erkennt ihn: es ist der Tischlergeselle von gegenüber. Er ist groß, stark, hat lange Glieder. Was sie wohl miteinander reden? Albrecht legt sich auf die Lauer.

»Guten Abend, du kommst ja heute so spät?« Sie hat lange auf ihn gewartet.

»Ich konnte nicht eher kommen«, antwortet der Junge kurz.

Albrecht versteht deutlich jedes Wort, die Luft ist klar und kalt, kein Wind trägt den Schall fort. Eine langweilige Begrüßung. Schweigen. Sie stehen einander gegenüber. Warum sie sich nicht bei den Händen nehmen, sich gegenseitig wärmen.

»Was hast du«, fragt das Mädchen endlich, ihre Stimme klingt ohne Erregung und verwundert.

»Ich muß mit dir sprechen, Johanna«, ganz langsam kommt jedes Wort, als überlege er sich noch, ob er es überhaupt sagen soll. Er lehnt sich an die Hauswand. Nach einer Weile:

»Ich bin heute beim Arzt gewesen, ich hielt es nicht mehr aus, dem Meister fiel es schon auf, er fragte, was mir ist.«

Stille.

»Warum hast du mir nicht gesagt, daß du krank bist?«

»Ich bin nicht mehr krank«, antwortet das Mädchen, »ich bin schon gesund.«

Wieder ist der feste klare Klang ihrer Stimme da, der den Jungen unsicher macht.

»Aber warum hast du mir nicht gesagt, daß du es gewesen bist, ich hätte mich dann vielleicht etwas vorgesehen.«

Sie lacht leise, aber ohne Spott: »Du warst ja so schrecklich wild«, sagt sie, und jetzt ist sie ganz zaghaft geworden, »konntest es ja gar nicht erwarten, gleich beim erstenmal schon ...«

Sie schweigt.

»Aber nicht ein einziges Wort hast du gesagt, das hätte doch genügt.«

»Ich dachte wirklich, ich bin schon gesund, und dann ... ich habe nicht nur an dich gedacht.«

»Nicht nur an mich, was meinst du damit?«

Schweigen.

»Warum antwortest du nicht? Es ist gut, ich werde dich nun anzeigen, Johanna.« Jetzt ist seine Stimme fest und klar geworden, so sicher ist er seiner Sache, er steht vor ihr, ganz dicht. Sie schweigt noch immer. Dann nimmt sie ihre Schlüssel, ohne Eile schließt sie die Türe auf und läßt von innen langsam den Riegel vorfallen. Der Junge tritt an die Türe heran, greift an die Eisengitter vor dem Fenster.

»Johanna«, ruft er leise, »Johanna.«

Man hört sie zuerst langsam, dann immer schneller nach oben laufen bis unter das Dach, wo ihr Zimmer liegt. Der Junge geht durch den Schnee heim. Albrecht schließt das Fenster, mit der Arbeit ist es für heute vorbei.

Als der Bruder zurückschrieb, daß er unter bestimmten Bedingungen bereit sei, mit dem erforderlichen Betrag einzuspringen, schrieb Herr Seldersen an seine Gläubiger: um sich seiner Verpflichtungen auf einmal zu entledigen, beabsichtige er seine Gesamtschuld in Höhe einer angemessenen Quote auf einmal abzutragen. Er erwartet zusagenden Bescheid, um mit ihnen in nähere Verhandlungen zu treten, da er so schnell wie möglich sein Geschäft nach modernsten Geschäftsprinzipien wieder aufbauen will. Das war die allgemein gültige Form eines außergerichtlichen Vergleiches. Viele Tage vergingen, ehe nacheinander die Antworten einliefen, einige erklärten sofort ihr Einverständnis, andere nur unter Vorbehalt. Aber der Hauptlieferant blieb am hartnäkkigsten, für ihn stand viel auf dem Spiel, er hatte viel zu verlieren, und so fand er immer neue Punkte, um eine Sonderstellung für sich zu beanspruchen. Herr Seldersen stand mit ihm, seitdem er selbständig war, in Verbindung, es war die Firma, bei der Herr Nelken als Mitinhaber im Geschäft tätig war. Oft genug hatte Herr Seldersen den alten Chef in seinem Kontor besucht, manche Stunde im Gespräch mit ihm verbracht. Schließlich fuhr er, da die Angelegenheit drängte, zu mündlichen Verhandlungen nach Berlin. Er zog seinen blauen Anzug an, rasierte sich gut, war überhaupt mit Sorgfalt gekleidet, um einen guten Eindruck zu machen. Mit den besten Vorsätzen war er hergekommen, nun saß er da, als hätte man ihn nur über die Hintertreppe hinaufgelassen.

»Was glauben Sie wohl, Herr Seldersen, wie oft an einem Tage unsere Zustimmung verlangt wird, dreimal, viermal und noch öfter. Wir haben große Verluste, und immer sind Firmen darunter wie die Ihre, die schon lange Jahre bestehen. Ohne einen Pfennig gehen die Leute aus dem Haus.«

Herr Seldersen nickte, gewiß, die Not hatte nicht nur einen und ihn alleine getroffen, sie blieb allgemein.

Der andere: »Und nun zu Ihnen, ich muß Ihnen sagen, wir sind sehr überrascht, bis zuletzt haben Sie bei uns Bestellungen aufgegeben, sind Sie von unseren Reisenden besucht worden.« Er machte eine Pause und sah Herrn Seldersen lange an.

Ein Vorwurf?

Der Vater überlegte: »Man versucht doch alles bis zuletzt, man darf doch keine Möglichkeit auslassen, wenn so wenige vorhanden sind.« Wahrlich, einen Vorwurf verdiente er nicht, er hatte nicht die Absicht, zu täuschen oder aus seiner verzweifelten Lage einen Vorteil zu ziehen und die Gläubiger übers Ohr zu hauen. Das überließ er anderen, die am Boden liegend noch so viel Kraft besaßen, ihre Angreifer überlisteten und dann die Gewißheit eines letzten Triumphes mit in den Tod nahmen – nein, er nicht, bei ihm geht es um etwas anderes. Endlich einmal will er seine Ruhe haben. Ruhe! Nicht mehr das dauernde Auf und Ab, gemischt aus Angst, Verzweiflung angesichts einer Zukunft, die, da man sie nicht sieht, doppelt tödlich erscheint. Er hat keinen Mut mehr und keine Kraft. Ist seine Lage noch dazu angetan, anderen seine Stärke zu beweisen?

»Ja, ja, Sie versuchen natürlich sich zu helfen, aber die Quote ist uns zu niedrig, wir verlieren zu viel bei Ihnen.«

Der Vater erwidert, daß er doch nun schon fünfundzwanzig Jahre ... und dann alles, was er schon so oft gesagt und noch mehr, was er sich im stillen überlegt hat. Alles fiel ihm jetzt ein, und er sprach ohne Scham davon. Aber es berührte ihn nicht mehr. Er ist alt, und je älter er wird, um so mehr bebt der Boden, auf dem er steht. Das hat er erleben müssen, und so wie er gerade dastand, sagte er es mit einer leisen Verwunderung, daß er überhaupt noch lebte. Es ist schon richtig, man hat ihn mit den Lieferungen immer bevorzugt, aber nun sind sie gezwungen, ohne Rücksicht auf persönliche Beziehungen hart und ohne Nachsicht vorzugehen.

Ein harter Kampf, es war eine Probe für die Nerven und die Geduld des Herrn Seldersen, der andere wollte sich die Angelegenheit noch einmal überlegen, zuviel gab es zu bedenken, er mußte sich mit dem anderen Mitinhaber erst beraten, auch mit Herrn Nelken. Da hatte Herr Seldersen keine Angst, seiner Zustimmung war er sicher. Er gedachte selbst noch einmal mit Herrn Nelken zu sprechen, aber nie bot sich ihm eine Gelegenheit, immer hieß es, Herr Nelken sei im Augenblick nicht im Hause, oder wenn der Vater ihn doch von weitem zu Gesicht bekam, lief er sehr geschäftig davon. Herr Seldersen konnte sich des Eindrucks nicht erwehren, daß jener es vermeiden wolle, mit ihm zusammenzukommen. Das bedrückte ihn tief, er gab sich keiner Hoffnung mehr hin.

Die Angelegenheit zog sich nun schon über sechs Wochen in die Länge, viel Schreibereien, langweilige Verhandlungen. Der Schnee begann langsam wegzutauen, da hatte Herr Seldersen alles zusammen, er zahlte die Quote von dem Geld, das ihm ein Bankier auf die Bürgschaft seines Bruders hin gab. Hinzu kamen die Zinsen, natürlich, oder hatte sich Herr Seldersen gedacht, daß man ihm das Geld einfach auf Treu und Glauben lieh? Die Zinsen mußten sein, das war so üblich, aber eine Mehrbelastung, ohne Zweifel, sie stellten eine gewaltige Last dar. Zuerst fielen sie noch nicht ins Gewicht, Herr Seldersen glaubte sie auf sich nehmen zu können, später erst sollte er merken, wieviel Mühe und Sorgen ihm alleine schon diese Zinsen bereiteten. Die Schulden wurden bezahlt, die Gläubiger waren zufriedengestellt, Herr Seldersen hatte anscheinend ein bezahltes Lager, eine neue Zeit schien anzubrechen.

Im Frühjahr bestand Albrecht seine Abschlußprüfung, er tat sich nicht besonders hervor, wie sollte er auch seine Gedanken zusammennehmen? Er stand vor seinen Lehrern, die ihn die langen Jahre hindurch zu kennen vermeinten, und beantwortete ihre Fragen, während er unablässig daran dachte, wie er seinem Vater im Augenblick und für die Zukunft am besten half, daß er endlich wieder froh und würdig werden konnte. Ja, Frohsinn und Würde, dies ging ihm durch den Kopf, und das andere hier war Lüge, nichts weiter als eine unendliche, gewalttätige Lüge. Nichts als Verachtung hatte er für seine Lehrer übrig, eine stolze Verachtung, daß sie ihn hier auf seine Reife prüften und ob ihm das Zeugnis zu erteilen sei, während sie noch nicht einmal um seine brennendsten und verzweifelten Sorgen wußten.

Albrecht ging nach Berlin und studierte, was hätte er anderes tun sollen? Sollte er Kaufmann werden? Gott bewahre ihn davor, sagte der Vater oft emphatisch zu seinen Bekannten, wenn sie an ihn die Frage richteten. Und sie gaben ihm recht, nein, nein, nur nicht Kaufmann, das bot keine Aussichten, da stand man bald vor dem Nichts. Aber sie wußten auch nichts anderes und Besseres an die Stelle zu setzen. Wenn man es sich recht betrachtet, dann konnte man beinahe nichts mehr mit gutem Gewissen als aussichtsreich empfehlen, alles war langsam und unaufhaltsam im Niedergang begriffen, vieles lag schon am Boden. Der Vater hatte seinen Kummer, das kam also auch noch dazu, nichts blieb ihm anscheinend erspart. Die letzte Hoffnung war immer noch das Studium, da hatte man eine Beschäftigung, der nach außen hin wenigstens noch ein gewisser Schein anhing, man konnte versuchen, es sich billig einzurichten, nebenbei Geld zu verdienen, und es dauerte eine beträchtliche Zeit. Die Ausbildung erstreckte sich über mehrere Jahre, da wurde man vor allem jetzt noch vor keine Entscheidung gestellt oder mußte Angst haben, wenn die Lehrzeit abgelaufen war, auf der Straße zu liegen, man konnte abwarten, das war es, abwarten, wie die Dinge verliefen.

Unter den vielen Ratschlägen und treusorgenden Empfehlungen lief eines Tages auch von einem entfernten Verwandten das Anerbieten ein, monatlich, einen kleinen Zuschuß zu schicken. Das war endlich etwas Festes, worauf man bauen konnte, eine Zusicherung, mehr, ein unverhoffter Glücksfall. So studierte Albrecht, um abzuwarten. Er ging nach Berlin.

Den Eltern wurde es schwer, als er sie verließ; lag auch keine große Entfernung zwischen ihnen, sie hatten kein Kind mehr im Hause.

»Man wird alt«, sagte die Mutter, es war ihr bitter ernst damit, aber sie zwang sich zu einem Lachen, als habe sie einen Scherz machen wollen. Der Vater schwieg, er war alt und hatte das Altsein auf seine Art erfahren. Er dachte, wenn man alt ist, soll man schweigen, denn wer heute alt ist, ist nicht mehr in der Zeit.

Albrecht verabschiedete sich von allen Bekannten, er blieb auf der Straße stehen und sagte ihnen auf Wiedersehen.

»Und du gehst nach Berlin?« fragten sie. Albrecht nickte.

»Das wird aber ein Leben, hier dieses alte Nest, ach, wenn ich auch herauskönnte. Und du studierst also?« Sie wünschten ihm viel Glück. Ja, er solle nur recht genießen. Die wenigsten wußten, was es hieß, Student sein.

Er nahm Abschied, er ging durch die Straßen seiner Heimatstadt, die Häuser standen vertraut an den Bürgersteigen und winkten ihm zu, Albrecht war ergriffen. Ich gehe jetzt, flüsterte er, ich muß mich etwas umsehen, aber ich komme bald wieder. Die steinernen Wesen nickten ernst und schwiegen. Albrecht stieg hinauf auf den Berg und rief zum letzten Male in den tiefen Wald hinein. Das Echo kam laut zurück. Angespannt hörte er zu, Freude überkam ihn. Er warf Steine in die Luft, nach den Vögeln, die sich, angelockt durch die warme Jahreszeit, schon eingefunden hatten. Juchheisa, er fuhr hinaus, und er würde zurückkommen.

Auch von Dr. Köster, seinem Freund, dem jungen Gelehrten, der tagsüber in seinem Zimmer saß und an einem großen Buche schrieb, nahm Albrecht Abschied. Sie waren die Zeit, die sie sich nun kannten, gute Freunde geworden, jetzt ließ Albrecht ihn hier alleine zurück. Der Abschied wurde ihm schwer, er hatte ihm viel zu danken, unendlich viel. Dr. Köster ermahnte ihn, nicht der Bücher zu vergessen und dessen, was sie oft miteinander im Gespräch sich erobert hatten. Er gab ihm unzählige Ratschläge mit, was fand er im Augenblick nicht alles für Worte und Bilder aus seinen eigenen vergangenen Jahren, die ihm jetzt wieder lebendig erschienen. Er hatte Ahnung, was es bedeutet, zu studieren, er hatte Einblick genommen und wußte – aber er wußte dennoch nur die Hälfte. Albrecht nahm alles mit, und als er von ihm schied, durchfuhr ihn der Gedanke, daß er jetzt Gelegenheit habe, was ihm bisher bloßes Wissen war, auf die Probe zu stellen und neu durch das Leben zu erfahren. Vielleicht offenbarte sich ihm dabei vieles, was er noch nicht gewußt hatte, ja vielleicht wurde ihm so ein neues und völlig anderes Wissen.

Bevor er aber seine Stadt verließ, trat noch ein anderes

Ereignis dazwischen. Fritz war aus Hamburg zurückgekommen, auf einer Karte hatte er eines Tages seinen Entschluß mitgeteilt. Und dann war er da. Große Bestürzung, bald ein Jahr war er in Hamburg, man hatte gehofft, daß er festen Boden gewonnen, vergebens, alles in den Wind geschlagen, Fritz kam einfach zurück, keine Macht der Erde vermochte ihn zurückzuhalten. Und die Gründe, was mochte ihn bewogen haben, auf einmal wieder zu Hause aufzutauchen?

»Das ging ja ein wenig schnell«, sagte Herr Fiedler und setzte hinzu: »Konntest du es nicht länger aushalten?«

»Nein«, erwiderte Fritz, »man hätte mich nicht länger behalten.«

Nicht länger behalten, aus welchem Grunde? Hatte er sich etwas zuschulden kommen lassen? Über ein Jahr war er in der Lehre.

Ein einfacher Grund ... die Firma hatte Bankrott gemacht, Fritz lag auf der Straße. Dafür hatte er nun alles auf sich genommen, das Kontor, den ganzen Tag auf einem Schemel über das Pult gebeugt, die Luft in dem engen Raum, alles das über ein Jahr – jetzt lag er auf der Straße. Er war sehr verstimmt, verärgert, man merkte ihm an, daß ihm etwas Unangenehmes in die Quere gekommen war.

»Was sollte ich anders beginnen«, meinte er, gleichsam als Entschuldigung, daß er seinen Eltern hier zur Last fiel. Er hatte gewiß keine Schuld an dem Fall seiner Firma, aber es betraf ihn mit, und er trug daran so schwer, als habe er einen großen Verlust erlitten. Alles in allem hatte ihn dieses eine Jahr in Hamburg stark mitgenommen, er war immer noch kräftig, männlicher als zuvor, seine Augen glänzten hinter den Brillengläsern, aber er besaß nicht mehr die ungehemmte Freude und die stolze Zuversicht wie früher. Viel hatte er in Hamburg gesehen, mehr, als er jetzt zu erzählen vermochte. Er hatte mit Matrosen aller Herren Länder gesprochen, stand am Kai, wenn die ausländischen Schiffe abgingen und ankamen, hatte aufmerksam den Gang der Dinge in Hamburg selbst und überall in der Welt verfolgt. In dem Geschäft, in dem er arbeitete, konnte er alles selbst am besten ermessen, die Niederlassungen in Übersee, einst blühend und ein stolzer Besitz ... bald hatte er begriffen, daß in der nächsten Zeit für ihn keine Aussicht bestand, eine Abteilung zu übernehmen, im Gegenteil, man entließ die Angestellten nach und nach, und es war fraglich, ob man die Lehrlinge behielt, wenn sie ausgelernt hatten.

»Du hast Pech gehabt«, bedauerte ihn Albrecht, »ausgesprochenes Pech.«

Fritz zuckte die Achseln: »Lassen wir das.« Gewiß, es betraf ihn, es war sein persönliches Mißgeschick, aber im Grunde hatte er diesen Zustand lange schon vorausgesehen, er überraschte ihn nicht mehr, er war so allgemein und verbreitet, daß von einem persönlichen Pech ausschließlich hier nicht die Rede sein konnte. Alles brach langsam zusammen, alte Handelshäuser, einst mächtig und angesehen, schlossen ihre Kontore, ihre Schiffe lagen in einer langen Schlange im Hafen, ein großer Friedhof, sie schaukelten auf dem Wasser, preisgegeben jeder Witterung. Lange Zeit hatten sie keine Ladung mehr gelöscht, keinen fremden Erdteil mehr gesehen. Die Mannschaft trieb sich in der Stadt umher oder war an einen anderen Ort gezogen, sie gingen stempeln oder versuchten ihr Glück anderswo. Es war eine langsame Auflösung, die sich da vollzog, Fritz hatte es mit eigenen Augen gesehen.

»Und wie ist es dir ergangen?« fragte Fritz.

Oh, eine Menge hätte Albrecht erzählen können, er hatte in der Zwischenzeit viel erlebt, aber er wurde nicht warm. Seltsam, er konnte sich nicht aufraffen, etwas zu berichten, immer wieder ging es ihm durch den Sinn, daß Fritz nun ebenfalls so weit sein könnte, wenn er nicht vorzeitig Schluß gemacht hätte. Damals erschien alles in einem anderen Licht. Albrecht verschwieg sich nicht, daß er zeitweilig selbst Vertrauen in diesen Schritt gesetzt und sich für Fritzens Zukunft das Beste versprochen hatte. Der Freund hatte versucht, Anschluß zu finden, über ein Jahr war es ihm gelungen, nun lag er auf der Straße, ohne Beschäftigung, das Jahr war verloren – einfach auf der Straße. Er konnte es ertragen, er hatte keine Not zu leiden, seinen Eltern ging es immer noch gut, der Vater selbst hatte sich zurückgezogen und Erich, seinem Ältesten, der bisher in Wahrheit schon den Betrieb aufrechterhielt, auch nach außen mehr Freiheit gegeben. Da kam Fritz nun, er merkte bald, daß er hier überflüssig war, man sagte es ihm nie, nein, man bewies Verständnis für seine Lage, aber er selbst war zu offen, zu selbständig, als daß er versuchte, sich hier einzuschleichen und neu wieder zu beginnen. Was er benötigte, war ein fester Halt, irgendeine große Arbeit, die ihn auf lange Zeit fesselte, oder eine Idee, die seinen Atem lang hielt und ihn nicht in die Einsamkeit zurückstieß. Das alles wußte Albrecht, wenn auch nicht so genau und fest umrissen – vor allem eine Arbeit.

»Und du studierst also?« sagte Fritz.

»Ja«, wiederholte Albrecht, er schämte sich im Augenblick ein wenig, er wußte selbst nicht, warum.

Pause.

Fritz sitzt breit da und legt seine Hände auf die Knie.

»Wie kommst du darauf?« fragte er dann.

»Ach«, Albrecht überlegt, welche Antwort er ihm jetzt geben könnte ...

»Ich meine«, unterbricht ihn Fritz, »bist du zufrieden?«

Zufrieden? Warum soll er nicht zufrieden sein, offen gestanden, er hat ja keine anderen Wünsche, er wollte sich erst einmal umtun, man sollte ihn in Ruhe lassen. Hier in Gegenwart seines Freundes verspürte er keinen Aufschwung und kein sonderliches Begehren, es schien, als ob er alles ruhig mit sich geschehen ließe.

»Was sollte ich denn anderes tun?« fragte er gelassen.

Na ja, also das ist es. Was sollte er anderes tun. Fritz blieb stumm.

»Und was wirst du beginnen«, fragte Albrecht.

Fritz sah zu Boden, als müßte er dort unten einen Gedanken auflesen.

»Ich werde versuchen, irgendwo unterzukommen.« Nein, nein, so leicht gab er sich nicht geschlagen, sein Schwager und seine Eltern würden ihm dabei helfen, vielleicht lernte er auch erst Autofahren, aber das wußte er noch nicht genau, irgend etwas wird sich schon finden.

Albrecht lebte sich schnell ein, es ging alles verhältnismäßig leicht und einfach. In einer stillen Querstraße im Süden der Stadt, einem ehemals bevorzugten und vornehmen Stadtteil, hatte er ein Zimmer gemietet. Vor dem Fenster stand ein großer Kastanienbaum, die mächtigen grünen Arme verdeckten fast die gegenüber steilaufragende Hofwand. Die Besitzerin der Wohnung, eine ältere Dame, befand sich tagsüber außerhalb des Hauses, sie arbeitete als Vorsteherin eines großen Salons, die ganze Hausarbeit verrichtete ein Mädchen. Sie stammte noch aus der Zeit, als die Eltern des Fräuleins in der gleichen Wohnung lebten, man hatte sie übernommen, sie war alt, schweigsam und ausgedient. Als Albrecht einzog, empfing sie ihn zuerst mürrisch und voller Mißtrauen, nachher verschwendete sie viel Sorgfalt an ihn.

In der ersten Zeit nahm sich Anneliese etwas seiner an, der Vater hatte sie darum gebeten, er erinnerte sie an die Tage, da sie das erstemal allein in der großen Stadt auf eigenen Füßen stand. Der Junge ist doch unbeholfen, sagte er, er sieht noch so ahnungslos, wer weiß, wie er sich darein findet, aber der Anfang muß auch für ihn einmal gemacht werden. Anneliese versprach, auf ihn zu achten, zusammen gingen sie des Nachmittags essen. Sie wußte überall gut Bescheid und versäumte nicht, ihr Wissen in das rechte Licht zu setzen.

»Vor allem mußt du achtgeben, wenn du über die Straße gehst, du mußt dich nach allen Seiten genau umschauen, darfst eben nicht schlafen oder träumen, wie du es zu Hause getan hast.«

Albrecht erstaunt: »Schlafen und träumen?«

»Ja, ja, das stimmt schon, aber hier mußt du deine Gedanken zusammennehmen, es kann nicht immer einer neben dir herlaufen und auf dich aufpassen.«

»Das ist auch gar nicht nötig«, entgegnete Albrecht gereizt, nun hatte er genug, sie nahm es zu genau mit ihren Ratschlägen und dem Aufpassen. Ja, sie tat geradezu, als wenn er am hellichten Tag im Tran umhergegangen wäre und überhaupt nicht achtgegeben hätte, was um ihn herum vorging. Doch sie ließ nicht locker.

»Noch eins«, fügte sie hinzu, und ihre Stimme ließ schon ahnen, wie wichtig ihr dieser Rat erschien, »es kommt jetzt öfters einmal in den Straßen zu Ansammlungen und mitunter auch zu unzweideutigen Situationen, geh du deiner Wege, laß dich in nichts ein, immer die Unschuldigen bekommen die Hauptprügel.«

Albrecht versprach, auch hier Folge zu leisten. Was es mit diesen Ansammlungen, wie seine Schwester meinte, auf sich hatte, wußte er ahnungsweise. Er hatte öfters davon in den Zeitungen gelesen, auch zu Hause, erinnerte er sich, war es mitunter zu Ansammlungen und Protestmärschen durch die Stadt gekommen. Schließ die Fenster, hatte der Vater dann immer befohlen, aber zum Schluß war die Sache jedesmal harmlos abgelaufen. Doch nun hier in der großen Stadt?

Schon an einem der nächsten Tage bekam Albrecht einen Vorgeschmack dessen, was seine Schwester nur dunkel und allgemein hatte verlauten lassen. Er schlenderte lässig durch die Straßen, ohne ein bestimmtes Ziel. Es war hell, überall brannten die Reklamen, an den Häuserfronten Laufschrift, die Schaufenster in allen Farben, bunt und nicht zu übersehen. Viele Menschen waren unterwegs, aber das fiel nicht weiter auf, zu jeder Stunde konnte man hier viele Menschen antreffen. Dazwischen patrouillierte in Gruppen zu zweien und dreien Polizei. Als Albrecht einmal stehenblieb und die fetten Buchstaben einer Zeitungsüberschrift las, kam ein Polizist heran und forderte ihn auf, unverzüglich weiterzugehen. Die Kinnriemen waren eng gezogen, an der Seite baumelte verheißungsvoll der Gummiknüppel. Albrecht folgte der Aufforderung. Die Menschenmassen auf den Bürgersteigen wurden immer dichter, sie zogen alle in die gleiche Richtung, kein geschlossener Zug, aber unzweifelhaft – sie gehörten zusammen, sogar der Fahrdamm war bevölkert. Die elektrischen Bahnen und Autobusse vollführten mit ihren ununterbrochenen Signalen einen Heidenlärm, nur schwer kamen sie vorwärts und waren dicht besetzt. Die Menschen hatten es eilig, Albrecht befand sich unter ihnen, er nahm ihren Schritt an, fast konnte man meinen, er gehörte zu ihnen. An den Säulen hingen Plakate, der Boden war von Zeitungen und Papieren übersät, Zettelverteiler drückten ihm einen ganzen Stoß auf einmal in die Hand. Zu Hause, dachte Albrecht, und ließ einen Packen zu Boden gleiten, nur wenige behielt er zurück, um sie später zu lesen, zu Hause. Erst wollte er einmal hier herauskommen. Schließlich war er auch neugierig, wo die Menschen so eilig hinsteuerten. Die Polizei stand auf den Straßen, in kurzen Abständen, daß jeder Mann seinen Nachbarn sehen konnte, und spaltete die Gruppen der Vorbeirückenden, ohne sich von der Stelle zu rühren. Die Reihen teilten sich und fanden dahinter wieder zusammen, spalteten, teilten sich abermals, schlossen wieder dicht, bis sie an den Vorgarten eines großen Lokales kamen. Dort gingen alle hinein.

Beim Durchqueren einer Kette hielten sie kleine rote Karten, die Eintrittskarten, hoch in die Luft, damit die Männer an der Sperre sie durchließen und es keinen Aufenthalt gab. Eine Versammlung fand hier statt. Unschlüssig stellte Albrecht sich vorn bei der Kasse mit an, vor ihm warteten in einer Schlange noch mehrere. Verschiedene Erwägungen gingen ihm durch den Kopf. Als er an die Reihe kam und man Geld von ihm verlangte – keine gewaltige Summe, aber sie überstieg den Preis, den er in Gedanken dafür ausgeworfen hatte –, zog er das Geld schnell wieder zurück. »Nein«, sagte er, »es ist mir zu teuer, das kann ich nicht ausgeben.« Das Fräulein an der Kasse lachte leicht, er trat einen Schritt zurück, der nächste legte das Geld abgezählt auf den Tisch und nahm die Karte in Empfang, es gab keinen Aufenthalt.

Da stand er nun, blamiert vor aller Augen, er hatte gelogen, natürlich glatt gelogen, er hätte ja sagen können, er sei Student, er brauchte nur seinen Ausweis vorzulegen, und schon hätte er eine verbilligte Karte. Wie er nur darauf kam – aber er empfand Scham im Augenblick, sich auf sein Studium zu berufen. Ihm lag nichts mehr daran, ebenfalls in den Saal zu gehen, er ließ die Versammlung sein und machte sich ein wenig beschämt davon. Neben der Kasse, angelehnt an das Gitter, stand ein mittelgroßer Mann, sein Amt war, hier an der Kasse zu stehen und aufzupassen, daß sich alles vorschriftsmäßig abwickelte und bei dem erwarteten Andrang keine Stockung eintrat. Die ganze Zeit hatte er Albrecht schon beobachtet, wie er unschlüssig sich mit anstellte und dann auf einmal so schnell umsprang. Er lachte breit über das ganze Gesicht, trat auf Albrecht zu und bot ihm ohne großen Aufwand eine Freikarte an. Eine Freikarte – er hielt sie ihm gerade hingestreckt. Verwirrt vernahm Albrecht das Angebot, es war ihm sichtlich unangenehm, erneut vor eine Entscheidung gestellt zu werden. Er überlegte. Der Mann stand ruhig ihm gegenüber und wartete gespannt. »Nein«, sagte Albrecht plötzlich, ein Entschluß brach in ihm durch, »vielen Dank, aber ich kann nicht hineingehen, mir fiel nämlich in letzter Minute ein, gerade als ich an die Reihe kam, daß ich mir für den Abend schon etwas anderes vorgenommen habe. Als ich hier vorbeikam und so viele Menschen hineingehen sah, vergaß ich und stellte mich mit an. Nein, danke, sonst hätte ich mir schon eine Karte im Vorverkauf besorgen können.«

Nun gut, er lehnte höflich ab. Der Mann grinste und bezog wieder seinen Beobachterposten. Albrecht blieb allein. Im Vorverkauf, hatte er gesagt, es war ihm verdammt unbehaglich, als er diese Schwindelei vorbrachte. Im Vorverkauf – wenn er nicht zufällig vorbeigekommen wäre, nie im Leben hätte er gewußt, daß hier heute abend eine Versammlung stattfand. Er verließ den Garten und begab sich eiligst nach Hause. Als er in seine Straße einbog und sie so ruhig und unberührt fand, kam es ihm erst recht zu Bewußtsein, wie lärmend und erregt es in den Hauptstraßen zuging. Die Kinder, die am Tage über den Damm ihre Spiele trieben und als einzige hier Lärm vollführten, schliefen schon lange in ihren Betten, aus den Fenstern lehnten die Erwachsenen, sahen hinauf zum Himmel und hinunter auf die Straße; wenn jemand vorbeiging, starrten sie hinüber auf die gegenüberliegende Hauswand, aus deren Fenstern die Bewohner sich ebenfalls stillvergnügt hinauslehnten und die Alltäglichkeiten mit ihren Blicken aufnahmen – alles war so unabänderlich und von steter Wiederkehr, es konnte nie anders sein. Nur hier fühlte Albrecht sich wohl, in der Ruhe und Einsamkeit. Er ging noch ein paar Schritte auf der Straße hin und her und überdachte seine Lage. Nun war er schon längere Zeit hier in der Stadt, er hatte sich tüchtig umgesehen, sein Tag war ausgefüllt. Am Vormittag hatte er seine Beschäftigung, er ging in die Kollegs, der restliche Tag gehörte ihm, er gab Unterricht, um sich seinen Unterhalt zu verdienen, sein Leben war langsam auf eine neue Grundlage gestellt. Eigentlich hatte er sich alles etwas einschneidender und gewaltiger vorgestellt, die Wirklichkeit enttäuschte ihn. Er hatte geglaubt, schon gleich zu Anfang das Leben mit vollen Händen fassen zu müssen, er wollte für den künftigen Tag nicht leer ausgehen, er tat sich im stillen groß an Wünschen, Versprechungen und Hoffnungen, nun lief er die ganze Zeit hier leer und einsam herum, alles bot sich wesentlich anders dar, noch nichts hatte er für sich erobert. Und allmählich, wie er da herumlief, überkam ihn die Erkenntnis, daß es auch in Zukunft nicht anders sich vollziehen würde, er mußte sich auf ein langes Warten vorbereiten, zuerst einmal mußte er Kenntnis nehmen, es war nötig für ihn, erst einmal viel zu wissen, dann konnte er daran gehen, selbst einzugreifen und für sich etwas zu erobern. Vorerst aber blieb ihm nichts anderes übrig, als mit wachen Sinnen still zuzusehen und das, was er gesehen, gleichsam innerlich zu vermerken, aufzuschreiben. Er dachte an seine kleine Stadt, an seine Wälder und die vielen verschwiegenen Verstecke, in denen er sich sicher und geborgen fühlte, auch wenn er allein war. Warum in aller Welt war er hier, warum steckte man ihn hierher, wo er nicht glücklich wurde und das Leben auf eine kräftige und zugleich schamlose Art sich zu entfalten begann? Nein, das war nichts für ihn, nie würde er lange hier bleiben können. Ja, aber hatte er denn vergessen, daß vor noch nicht allzulanger Zeit er sich gefreut und in kühnsten Träumen gewiegt hatte? Was war denn geschehen, wie kam er zu dieser Wandlung, woher stammte die Verwirrung? Gemach, gemach, hieß es nicht vorhin, er war allein. Und dann noch eins: wer von den Menschen hätte schon je einmal begriffen, daß er älter wurde?

Übrigens wurde er bald anderen Sinnes. Knapp acht Tage später fand in dem gleichen Saale abermals eine große Versammlung statt, diesmal erfuhr Albrecht rechtzeitig davon durch die Ankündigungen, er sicherte sich im voraus eine Karte. Am Abend erlebte er dann einen grandiosen Aufmarsch, einen mitreißenden Redner und saß unter einer andachtsvoll lauschenden Menge, die mit dem Vortragenden ging und oft durch Beifall und Zurufe das Bild kraftvoll belebte – alles dessen wurde er Zeuge mit einer Mischung von persönlichem Unbeteiligtsein und sachlicher Anerkennung des äußerlichen Erfolges. Er erlebte dies, als säße er im Theater, mit einer Hingabe an das farbige, künstlerische Element, mit einer Art selbstsicheren Genusses, ohne sich zu verheimlichen, daß er im Grunde hier fremd und fehl am Orte war. Es war schmachvoll genug.

Als er nach einiger Zeit nach Hause fuhr, das erstemal seit vielen Wochen, erwartete ihn eine Nachricht, eine Neuigkeit, die ihn beim ersten Anlauf umwarf, welche Überraschung! Fritz Fiedler ging nach Amerika. Er hatte sich entschlossen, in drei Wochen schon fuhr er ab.

Seitdem Fritz damals in Hamburg die große Enttäuschung erlebt hatte und erschüttert in seinem Glauben und mit manchem Zweifel, den er früher nicht kannte, nach Haus gekommen war, lief er hier nun schon die ganze Zeit umher, stets auf der Suche nach einer neuen Arbeit. Seine Eltern und sein Schwager bemühten sich mit ihm, sie waren voller Hoffnung, daß es ihnen abermals gelingen würde, Fritz in einer Lehrstelle unterzubringen. Es war nicht einfach, und Fritz selbst hatte sich von Anfang an keinen großen Vorstellungen hingegeben. Er suchte unermüdlich, sprach überall vor, hielt Empfehlungen bereit, es nützte ihm nichts, die Schwierigkeiten räumte er nicht aus dem Wege. Er hatte kein festes Zeugnis in Händen, diesen Mangel, den er selbst verschuldete, mußte er nur zu oft verspüren. Außerdem war er in einer Lehrstelle gewesen, ohne sie zu beenden; traf ihn auch kein Verschulden – das Jahr war verloren, er mußte noch einmal von neuem anfangen. Nur unter dieser Bedingung zeigte man sich bereit, ihn aufzunehmen. Fritz hätte sich schließlich auch zufrieden gegeben und alles hingenommen, wenn ihm nicht zum Schluß ein Zweifel gekommen wäre. Wer bot ihm eine sichere Gewähr dafür, daß es ihm in seiner zweiten Lehrstelle nicht ähnlich erging wie in seiner ersten und er vor der Zeit wieder auf der Straße lag? Er erwachte aus seiner schläfrigen Gelassenheit, er ballte die Fäuste, begehrte auf, seine Stimme klang scharf und fordernd, er verstand nicht, warum man ihm so viele Schwierigkeiten bereitete. Zur Not hätte er irgendwo einen Unterschlupf gefunden, wenn es ihm darum gegangen wäre, in einem kleinen Geschäft, hinter dem Ladentisch, in engen Räumen, ein Lehrjunge und gleichzeitig Aushilfe in der Wirtschaft.

Danach stand nicht sein Sinn, er verzichtete freiwillig. Er lief zu Hause umher voll Wut und Kraft, er würde es schaffen und nicht in einem Punkt nachgeben. Er mußte endlich wieder zu einer Arbeit kommen, er fühlte es, je länger er zu Haus blieb, von Tag zu Tag entschiedener. Alle hatten sie ihre Beschäftigung, der Vater, die Mutter, der Bruder – nur er, Fritz, blieb untätig, mußte zusehen. Er hatte es versucht, aber es gelang ihm nicht, Anschluß zu finden. Die Zeit hatte er gegen sich, ohne daß er des gefährlichen Gegners völlig gewahr wurde. Auf die Dauer leistete Fritz keine tapfere Gegenwehr mehr, sein Widerstand erlahmte, er wurde müde, es begann eine Zeit, ähnlich der, wie er sie schon einmal vor seiner Flucht erlebt hatte, Wochen dumpfer Trägheit. Es war vergebens, hierzulande kam er nicht weiter, hier bot sich ihm keine Möglichkeit mehr dar. Und als er dies entschieden und endgültig wußte, hatte er gleichzeitig seinen Entschluß gefaßt. Er ging außer Landes, nach Amerika, irgendwohin. Nun gut, wenn es überhaupt noch eine Aussicht auf der Erde gab, dann Amerika, glaubte er. Er ging nach Amerika. Überall sonst waltete das Verhängnis. Amerika! Er sagte es seinen Eltern, da begann erst der eigentliche Kampf. Warum blieb er nicht bei ihnen, sie hatten ihn doch nichts merken lassen, keinen Vorwurf gewagt, nicht einmal eine leise Andeutung. Aber Fritz bestand auf seinem Vorhaben, keiner würde ihn mehr davon abbringen, er würde es durchsetzen, und wenn er zum zweiten Male ... Dies wußten seine Eltern, in der Hinsicht war mit Fritz nicht zu spaßen. Und sie gaben zögernd ihre Zustimmung, sie wollten ihn nicht verlieren, so blieb ihnen immer noch die Aussicht auf ein Wiedersehen, außerdem würden sie, auch wenn er drüben war, mit ihm in Verbindung bleiben. Fritz faßte Mut, er betrieb seine Vorbereitungen mit Eifer, nicht ein Tag sollte verlorengehen. Er hatte ein Ziel und eine neue Hoffnung! Seine Gedanken weilten schon lange jenseits des Wassers. Er verabschiedete sich, auf Wiedersehen! Er blieb nicht im Lande. Er lachte: Wem sollte man es zumuten, sich auf einen Gaul zu setzen, der niederbrach? Ihm nicht, er fuhr nach Amerika. Seine Mutter brachte ihn zum Schiff.

Albrecht blieb in der großen Stadt, sie hielt ihn fest, obwohl er sich sträubte. Er fuhr hin und her. Wenn er die Straße, in der er wohnte, verlassen hatte und die ersten Schritte in die Hauptstraße setzte, befand er sich inmitten der Unruhe und Hast und wurde mitgerissen. Bald nahm er die Gewohnheiten eines Großstädters an, er lief hinter Bahnen her, hatte es eilig, aß im Stehen, lernte inmitten vieler Menschen seine Ellenbogen gebrauchen, wurde rücksichtslos, unhöflich, darüber verlor er seinen Humor, wenn er je einen besaß. Im Grunde war alles geradeso wie zu Hause, wie die Menschen sprachen und sich ihr Leben abwickelte. Nur daß nicht jeder einzelne im Mittelpunkt stand, in der Masse untertauchte und die Gegensätze schärfer nebeneinander bestanden. Aber es wollte ihm scheinen, als ob zu Hause in der kleinen

Stadt mehr ursprüngliches Leben war, daß Liebe, Haß, Freundschaft und das Verhältnis der Menschen untereinander – ob sie sich nun vertrugen oder gegenseitig mit Nachreden verfolgten – gelöster, freier von Zwang und Steifheit verlief. Bald fand er sich in den großen Straßen so zurecht wie in den heimischen Wäldern, ebenso draußen, in den Vororten, in denen die Villen der Reichen inmitten prächtiger Gärten standen. Er lief die Boulevards entlang, betrachtete die kostbaren Auslagen in den Geschäften, sah schöne Menschen, sorglos mit Geschmack gekleidet, lachen, scherzen, sich langweilen, im Kaffeehaus sitzen, belauerte ihre Gespräche und lernte ihre Sorgen kennen, traf sie in Konzerten, Theatern, überall wieder, wie sie Wesens von unwichtigen Dingen machten und am Wesentlichen achtlos vorübergingen. Er kannte sich aus in den Teilen, wo die Arbeiter wohnten, die Not aus den Stuben bis auf die Straßen kroch und schon am kleinsten Kind sich verkündete. Und die Not ergriff ihn, jedoch nur so, wie ihn ein Bild, ein Musikstück ergriff und rühren konnte. Und dann waren da noch die vielen, die dahinlebten, versteckt, geduckt, mit Sorgen überlastet, in einen aussichtslosen Kampf verstrickt, die Handwerker, kleinen Kaufleute, Unternehmer, Angestellten, alle, die den Betrieb unterhielten, der sie zerrieb. Sie schufen nicht die Verhältnisse, aber sie waren die Opfer. Wie sie das trugen, mit altem, ingrimmigem Stolz, der sich bis zur Lüge verzerrte. Sie waren eine große Zahl, sie erließen auch Aufrufe, in denen sie ihre Not dartaten und um Hilfe baten. Aber ihre Stimme war nicht kräftig genug und vor allem nicht frei von Scham. Sie schämten sich im Grunde, daß es so um sie bestellt war, da sie mit einem Auge immer nach der Glückseligkeit schielten, die ihnen versagt blieb. Sie hatten noch nicht begriffen, daß sich eine Wandlung vollzog, die sich gerade an ihnen kundtat. Wohin sollte sie führen? Sie wußten es nicht, sie blieben ohne Ahnung, plagten sich weiter; wenn man einen von ihnen stellte, so lachte er demütig und gab sich voller Hoffnung. Aber vielleicht erschoß er sich schon am nächsten Tag oder vergiftete sich mit Gas. Ja, so war es in der großen Stadt. Dazwischen lebte Albrecht als Student, verdiente sein Geld durch Arbeit, die sich ihm bot. Er hatte Glück, er hatte eine gute Stelle, mancher hätte ihn darum beneidet, er gab Unterricht, wenn er länger blieb, erhielt er außerdem ein Abendbrot. Das half. Aber es war ihm unangenehm, und er wollte nicht, daß man seine Lage durchschaute. Er schrieb Gesuche, bewarb sich um Unterstützungen, alles dies verschaffte ihm nicht wenig Pein.

Er blieb unentschieden, noch wußte er nicht, daß eines Tages auch von ihm eine Entscheidung verlangt werden könnte. Er sah vieles und verrichtete seine Arbeit, aber er zog aus dem, was er um sich herum erblickte, noch keinen Schluß. Es war nicht Feigheit oder Angst, die ihn zurückhielt, denn die hätte er ja mit Worten bemänteln müssen und verkleiden können. Vielleicht war es dies, daß er zu sehr in seine eigenen Angelegenheiten verstrickt darüber hinaus keinen Blick gewann, daß er immer mehr versank in seinen Kreis, in dem Mühe und Arbeit, zwei riesige Mauern, alles andere überschatteten und ihm nur so die Erfahrung zugänglich machten. Er sprach nicht viel, mit seinem Denken war es eigenartig bestellt. Das Zergliedern und Zerlegen eines jeden Dinges in Hintergrund und Anlässe gab ihm vollauf Befriedigung. War dies gelungen, alles fein säuberlich dargetan und bewiesen, dann hieß es Schluß für ihn, und etwas Neues begann seine Neugier zu erregen. Mochten sich andere um die Lösung und den Aufbau kümmern.

Den Wald hinten auf den Höhen hatte man abgeholzt, ein Weg war angelegt und eine Bank stand da. Der Ausblick reichte weit bis zu den Wiesen und Waldbeständen an der Hauptchaussee. Der Wald war also abgeholzt, aber das Geld reichte trotzdem nicht aus, die vielen Unterstützungen zu zahlen. Die Stadt nahm Geld auf, baute Wege, verbesserte Straßen, legte Kanalisation, für ein paar Monate war gesorgt. Aber dann konnten nur mit Mühe die Zinsen für das geliehene Geld aufgebracht werden, und die Lasten waren größer und schwerer zu ertragen als zuvor.

Herr Seldersen jedoch war ohne Sorgen, er hatte ein bezahltes Lager, und das ist eigentlich alles, der Briefträger kam zweimal am Tage, und sein Erscheinen löste nicht mehr Unruhe und Verzweiflung aus. Man geht abends zu Bett, schläft nachts ruhig, wacht nur einmal auf, trinkt einen Schluck Wasser und schlummert sanft weiter, bis es hell wird. Am anderen Morgen steht man auf, braucht nicht darüber nachzudenken, was der Tag bringt, kalt, ohne Leidenschaft geht man an seine Arbeit. Herr Seldersen sitzt im Laden, steht auch an der Tür und sieht auf die Straße, immer das gleiche Bild. Die Leute kommen in sein Geschäft, kaufen, lassen anschreiben, erzählen ihre Sorgen, bitten um Nachsicht, die Not ist nicht kleiner geworden. Das Leben läuft dahin, eintönig, ohne Abwechslung, nur zuweilen überschattet von großen Ereignissen. Dann herrscht auch hier in der kleinen Stadt für einige Tage eine gespannt erregte Stimmung, bis sie wieder in ein Nichts zusammenfällt.

An einem der folgenden Wochentage kam Herr Wiesel auf einen Sprung herein.

»Nun stehe ich bald drei Tage in meinem Geschäft und habe gerade das Handgeld«, sagte er sichtlich erregt, »bedenken Sie die Unkosten, und gerade nur, daß ich ein paar Pfennige in der Kasse habe.« So etwas hatte er noch nie erlebt.

Herr Seldersen verstand seine Erregung nur zu gut. »Das kommt vor«, sagte er, »warum regen Sie sich so auf?«

Herr Wiesel war ein alter Geschäftsmann, sein Geschäft in der Eisenstraße ging zu allen Zeiten gut, sein Lager war schuldenfrei, warum sollte es nicht einmal vorkommen, daß auch er die schwere Zeit zu verspüren bekam?

»So etwas habe ich noch nie erlebt«, wiederholte er mehrere Male.

»Wen es trifft«, meinte der Vater.

»Ich verstehe nicht«, entgegnete Herr Wiesel, »wen es trifft, was bedeutet das?«

»Nun, ich meine, der eine kann es aushalten, der andere nicht, längere Zeit nur mit Handgeld im Laden zu stehen, das ist der Unterschied.«

»Es kann heute keiner aushalten«, beharrte Herr Wiesel, »ich sage es Ihnen.«

Herr Seldersen war aber doch anderer Meinung. Der eine erliegt in einem halben Jahr, bei dem anderen zieht es sich über drei Jahre hin, das ist ein gewaltiger Unterschied. In der Zeit kann vieles schon wieder besser geworden sein.

Das vermochte Herr Wiesel allerdings nicht zu leugnen. »Aber wir treiben alle dem gleichen Ende zu, ich gebe noch nicht einmal drei Jahre.«

»Und wie ist es mit dem halben Jahr?« fragte der Vater ernst.

Herr Wiesel schwieg. »Sie haben einen Fehler begangen, Herr Seldersen«, begann er zaghaft, eigentlich war das der Anlaß, weshalb er herüberkam, er wollte mit dem Vater einmal offen reden, »Sie haben einen großen Fehler begangen, als Sie im vorigen Jahr den Vergleich schlossen.«

»Sie wissen also?« fragte der Vater erstaunt.

»Natürlich weiß ich, glauben Sie, es weiß sonst keiner?«

Im Ernst, Herr Seldersen hatte nicht geglaubt, daß es verborgen bleiben würde, obgleich er es lieber gesehen hätte. Mit niemandem hatte er darüber geprochen, wie es eben seine Art war. Doch es konnte nichts verborgen bleiben, mit der Zeit sprach es sich herum, daß es mit dem Kaufmann Seldersen nicht mehr so gut stand. Die Leute schüttelten den Kopf, sie wollten es nicht glauben, jedesmal, wenn sie an dem Geschäft vorbeikamen, reckten sie die Hälse, aber sie sahen immer nur das gleiche, wie die vielen Jahre vorher auch, den Kaufmann Seldersen, wie er verkaufte, an der Kasse saß, jeden, der vorbeiging und hineinsah, freundlich grüßte oder sonst irgendeine Arbeit verrichtete. Er war alt geworden, nun gut, in wen grub die Zeit nicht ihre Zeichen? Aber er sah auch etwas vergrämt und versorgt aus, das konnte schon gut mit dem Gerücht zusammenhängen.

»Warum einen Fehler begangen?« fragte der Vater ernsthaft, »es blieb mir doch nichts anderes übrig, sollte ich denn mein Geschäft zumachen?«

Nein, nein, von Zumachen war erst recht nicht die Rede, Schwierigkeiten gab es überall, sie mußten überwunden werden, dazu war man Kaufmann und noch dazu in einer schweren Zeit.

»Was hätte ich denn tun sollen?« fragte Herr Seldersen hilflos, ihm fiel nichts weiter ein, er glaubte, er hätte damals alle Möglichkeiten genau überlegt. Was Herr Wiesel nur im Sinn hatte?

»Warum haben Sie denn damals alles nur für sich im geheimen abgetan, mit keinem anderen, mit mir oder sonst jemandem den Schritt besprochen. Wir hätten Ihnen gerne geraten, aber von allein kann doch keiner zu Ihnen kommen.«

Herr Seldersen stöhnte bei den Vorwürfen.

»Sehen Sie, ich an Ihrer Stelle«, sagte Herr Wiesel bedächtig, »ich hätte meinen Gläubigern keinen Vergleich angeboten.«

»Keinen Vergleich, ja was denn sonst?«

»Sie wurden doch Ihre Schulden nicht los.«

»Nur zur Hälfte«, erwiderte der Vater, er nannte die Quote.

»Viel zu hoch, lächerlich, Ihre Gläubiger haben dabei noch ein gutes Geschäft gemacht. Das Geld haben Sie sich geliehen und müssen jetzt außerdem noch die Zinsen tragen.«

»Allerdings, aber was denn nur ...?«

Da sagte Herr Wiesel: er an des Vaters Stelle hätte Konkurs angemeldet, ja, nichts anderes, Konkurs.

Herr Seldersen war betäubt. »Und dann?«

»Ihre Gläubiger konnten wählen, ob sie sich mit der Quote, die dann herauskam, zufrieden geben wollten, sie betrug vielleicht ein Drittel von der, die Sie ausgezahlt haben, oder ich hätte es auf eine Einigung ankommen lassen und fünf Prozent mehr geboten.«

Der Vater lehnte wie erschlagen am Ladentisch.

»Sie hätten es zustande gebracht, glauben Sie mir, Sie hätten es geschafft.«

Nach einer Weile der Vater: »Wer hätte damals daran gedacht«, er konnte doch auch die Leute nicht vor den Kopf stoßen, sie verloren schließlich genug an ihm.

»Wenn Sie so denken«, meinte Herr Wiesel ... »Waren Sie die vielen Jahre, die Sie das Geschäft führen, nicht ein guter Kunde, haben die Leute nicht Geld in der Zeit gesehen ...«

»Allerdings ...«

»In diesem Falle brauchten Sie nur an sich zu denken, an keinen anderen.«

»Schon recht. In einem Falle habe ich das auch getan, es war mir unangenehm, ausgesprochen unangenehm, wenn man fünfundzwanzig Jahre am Orte ist, meine Frau, die Kinder, alles das zusammen, verstehen Sie, Herr Wiesel, ich wollte die Angelegenheit nicht vor aller Augen abwickeln, und dann ... und dann hätte ich ganz das Vertrauen eingebüßt, den Kredit, und das ist doch das Wichtigste.«

»Das Vertrauen, richtig, aber wie ist es jetzt damit«, erkundigte sich Herr Wiesel, »haben Sie keine Schwierigkeiten?«

Doch, gestand der Vater, doch, er hatte große Schwierigkeiten zu überwinden, man kam ihm mit Mißtrauen entgegen, man räumte ihm zwar einen Kredit ein, doch es genügte nicht, die Regale blieben leer. Im Anfang lief er herum bei seinen alten Fabrikanten und bat, ihn jetzt nicht im Stich zu lassen, wo er doch von neuem Fuß fassen und von vorn anfangen wolle. Es wurde ihm sauer genug, zu bitten, aber blieb ihm ein anderer Weg übrig? Schließlich gestand man ihm einen kleinen Kredit zu, man verlangte aber auch für die kleinste Summe pünktliche Bezahlung. Da suchte er sich neue Verbindungen, wo er entschieden und sicher auftrat, so daß er Kredit erhielt. Er suchte lange aus, machte eine große Bestellung, doch dann zum Schluß überkamen ihn Zweifel, und er ließ nur die Hälfte der Ware, die er ausgesucht hatte, kommen.

Pause.

Während sie noch zusammenstanden, kamen die Holzfuhren vorbei. Täglich um die gleiche Zeit, in den Mittagstunden, zogen die Gespanne beladen mit schweren, dicken Baumstämmen, die oben in den Wäldern gefällt wurden, durch die Straßen. Sie kamen die Chaussee herab, und da die Straße ununterbrochen zur Ebene abfiel, mußten die Kutscher die Bremsen anziehen, und die Pferde trabten gemächlich ihres Weges, sie hatten keine schwere Last mehr zu ziehen. Die Straße machte hier eine scharfe Biegung. In den Kurven stiegen die Kutscher ab, warfen die Leinen über die dampfenden Pferdeleiber, liefen voraus, um zu sehen, ob ihnen ein Wagen entgegenkam. Dann fuhren sie einen großen Bogen, es war nicht immer leicht hindurchzukommen, besonders wenn sie lange Hölzer geladen hatten. Kein anderes Gefährt hatte außerdem noch Platz auf der Straße, die Holzfuhren beanspruchten den ganzen Raum.

Herr Seldersen und Herr Wiesel betrachteten angelegentlich dies Schauspiel, es bereitete ihnen Vergnügen, die Geschicklichkeit der Fahrer mitanzusehen. Es waren nur noch wenige Fuhren. Aber der Wald, der schöne Wald, wurde immer spärlicher.

»Aber besser wäre es doch für Sie gewesen«, kam Herr

Wiesel wieder auf den Anfang zurück. »Außerdem müssen Sie noch die Zinsen tragen.«

»Ja, aber meinen Sie denn nicht, daß es doch noch einmal besser wird?«

Herr Wiesel zuckte die Achseln. »Glauben Sie?« fragte er Herrn Seldersen zurück.

Der Vater schwieg. Glaubte er wirklich?

»Wissen Sie«, fuhr Herr Wiesel fort, »wieviel Arbeitslose Amerika und England hat, bedenken Sie: Amerika und England, dabei haben sie den Krieg gewonnen, verstehen Sie das noch?« Und dann erzählte Herr Wiesel mit geheimnisvoll gedämpfter Stimme, was man so munkelte, ein großes Haus mit Niederlassungen über ganz Deutschland steht wacklig, mehr als das, die Aktien auf dem tiefsten Stand, die Aktionäre müssen Opfer über Opfer bringen, die Banken, die dahinter stehen, springen andauernd ein, man kann das Haus doch nicht auffliegen lassen.

Was das für einen Krach gibt, wer da alles mit hineingezogen wird, schließlich sind die Vorräte der Banken auch einmal erschöpft.

Er hat davon gehört, entgegnete der Vater, zuerst wollte er es nicht glauben, aber jetzt ist es ein offenes Geheimnis.

»Ja, ja«, meinte Herr Wiesel, »das wird ein vergnügter Winter.« Dann verabschiedete er sich vom Vater und ermahnte ihn nochmals, wie schon zu Anfang, nicht so verschlossen und getrennt von den anderen seine Sache zu betreiben, denn sie stünden alle auf der gleichen Seite, sie würden zusammenhalten und sich gegenseitig helfen, das sei gewiß. Und wenn Herr Seldersen einmal Ware benötigt, es kann vorkommen, daß ein Kunde etwas verlangt, was er zufällig nicht vorrätig hat, dann soll er getrost zu ihm, Herrn Wiesel, schicken. Er hilft ihm gern aus der Verlegenheit, wenn er selbst die Ware hat. Er überläßt sie ihm zum Einkaufspreis, Herr Seldersen kann soviel aufschlagen wie er will.

»Und dann teilen wir uns den Verdienst«, sagte der Vater.

Nein, nein, davon will Herr Wiesel nichts wissen, Herr Seldersen hat das Geschäft gemacht, folglich steckt er auch den Verdienst ein.

Herr Seldersen ist gerührt. Die Hand, Herr Wiesel, das ist ein Freund, ein einsichtiger, hilfsbereiter Mensch. Mag man auch sonst in der Stadt über ihn reden, wie er zu seinem Geld gelangt ist . . . noch nicht einmal den Verdienst wollte er sich teilen! Die Hand, Herr Wiesel!

Ein dreiviertel Jahr war es gut gegangen, dann, als Albrecht an einem Sonnabend, wie gewohnt, sein Geld für die Woche erhalten sollte, sagte sein Schüler, die Mutter habe vergessen, ihm das Geld zu geben. Vergessen, so, nun man konnte schon etwas vergessen, Albrecht erwiderte kein Wort, er wollte sich gedulden. Zu Beginn der nächsten Woche erhielt er einen kleinen Betrag, den vierten Teil der Summe, die er zu beanspruchen hatte. Eine ganze Woche verging darüber, sein Schüler vertröstete ihn immer auf den nächsten Tag, es war ihm selbst sichtlich unangenehm. Albrecht wartete ab.

Einmal jedoch konnte er es nicht länger für sich behalten: »Aber Sie wissen doch, daß ich davon lebe.«

Natürlich, er wußte es, aber warum ihm das? »Sagen Sie es meiner Mutter«, antwortete der Schüler. Albrecht bekam sie nur selten zu Gesicht. Er blieb weiter in dieser Stellung, erhielt sein Abendbrot jedesmal, wenn er da war, opferte seine Stunden, aber sein Geld erhielt er nur zögernd, er verstand nicht, warum man ihn nicht bezahlte. Die Eltern wohnten in einer großen Wohnung, sie fuhren mit zwei Automobilen, ein großer Apparat, es fehlte ihnen nichts, um nach außen angesehen und mächtig zu erscheinen. Für die Kinder blieb wenig Zeit, immer waren die Eltern in Bewegung, wurden eingeladen, blieben in der Stadt oder empfingen Besuch. Wenn Albrecht sie sah, getraute er sich nicht, irgend etwas zu sagen. Bis der Vater seines Schülers selbst das Gespräch darauf brachte.

»Sie müssen sich etwas gedulden«, sagte er nachlässig, »ich bin augenblicklich in Schwierigkeiten.« Als wenn es weiter nichts wäre.

Albrecht verbeugte sich und sagte, daß er das Geld zum Leben brauche, im Augenblick zwar habe er genug, er hatte gespart, aber in einer Woche spätestens müsse er wissen, woran er sei.

»Ich werde zusehen«, erwiderte der Mann ruhig, »ich kann mir auch nicht helfen.« Er meinte seine eigenen Schwierigkeiten, daneben erschienen ihm Albrechts Sorgen sicherlich gering, aber er konnte sie nicht befriedigen, da er über kein Geld verfügte. Er hatte große Verluste erlitten, an der Börse waren ein paar schwarze Tage gewesen, er saß in einer großen Wohnung, fuhr in zwei Automobilen, dabei gehörte ihm nichts mehr, er hatte längst schon alles überschrieben und sichergestellt – noch nicht einmal den Hauslehrer seiner Söhne konnte er bezahlen.

Albrecht war es klar, daß seine Tätigkeit hier bald ein Ende fand, mit der Zeit mußte er sich nach einer neuen Beschäftigung umsehen, die ihm Geld einbrachte, ohne daß er Gefahr lief, dabei enttäuscht zu werden. Stundengeben war er überdrüssig, er hatte die Erfahrung eines dreiviertel Jahres, keine schlechte Erfahrung durchweg, er war ehrlich genug, einzugestehen, daß es ihm in den ersten Monaten erträglich, ja beinahe gut ging. Und wenn er oft auch mit peinlichen, selbstquälerischen Gefühlen das Essen nahm, das man ihm brachte, so lag sicherlich ein gut Teil an seiner Empfindsamkeit, die ihn jede Lage von allen Seiten genau betrachten und für sich deutlich die Stellung, den Platz, den er dabei einnahm, kennzeichnen ließ. Er blickte um sich, viele Möglichkeiten boten sich ihm, Geld zu verdienen, er konnte versuchen, auf der Post zu arbeiten, Teppiche zu klopfen, Autos zu waschen oder sonst irgend etwas zu tun. Schließlich verfiel er aber auf eine Tätigkeit, die er schon Jahre hindurch zu seiner Freude und seinem eigenen Vergnügen ausübte und von der er nie geglaubt hätte, daß sie eines Tages diese Bedeutung verlor und sich ihm in einer neuen Form darbot: nämlich seine Musik. Er spielte die Geige schon Jahre hindurch, voll zarter Empfindung und mittelmäßigem Können. Es genügte ihm, obwohl er auch hier manchmal besondere Anforderungen an sich stellte. Seitdem er in der großen Stadt lebte, kam er immer seltener dazu, wie früher mit ihr Stunden tiefsten Glückes und restloser Hingabe zu verbringen. Auf der Suche nach einer neuen Beschäftigung erinnerte er sich ihrer wieder, und noch mehr – er rief sich ein Gespräch in das Gedächtnis zurück, das er vor kurzem mit einem Kollegen geführt hatte, es war ihm aufgefallen, daß jener oft mit einem langen, schwarzen Kasten daherkam, in dem Albrecht mit Recht ein Instrument, ein Saxophon oder irgend etwas Ähnliches, vermutete. Bald fand er die Bestätigung. Der Kollege machte Musik, schlug sich mit dem Verdienst durch, er fuhr verhältnismäßig gut dabei, besser als mancher andere. Sein Aussehen hingegen war müde, fahl, immer schien er unausgeschlafen.

Albrecht wandte sich kurzerhand an ihn, bat um seinen Rat. Der andere kam ihm entgegen, er war Mitglied einer Kapelle, fast alle waren sie Studenten, wie er versicherte. Er lud Albrecht zu einem Übungsabend ein, seine Geige mußte er mitbringen. Als er ankam, wurde er herzlich begrüßt und aufgefordert mitzuproben. Albrecht jedoch bat höflich, das erstemal wenigstens zuhören zu dürfen, er wußte, daß die Musik, wie man sie hier betrieb, fremd und neuartig für ihn war, er wollte sich erst mit dem Rhythmus, ihrer Seele, vertraut machen. Man gestattete es ihm, er setzte sich in eine Ecke und lauschte angespannt. Oh, was entdeckte er da nicht alles! Die Musiker waren jung zum Teil, Studenten, lustig und bei der Sache, nur der Posaunenbläser machte ein tieftrauriges Gesicht. Er war als letzter erschienen und hatte anscheinend Mühe, das Instrument hoch und am Ansatz zu halten. Und sein trauriges Gesicht! Die anderen lobten sein Spiel, er blies noch nicht lange die Posaune, man hatte ihn dazu überredet, verlockt, ja geradezu verführt, da man gerade dieses Instrument noch nicht besetzt hatte und keinen auftreiben konnte, der es beherrschte. Alle anderen Instrumente waren doppelt vertreten, nur die Posaune fehlte. So lernte er geduldig Posaune blasen, um seinen Kameraden aus der Verlegenheit zu helfen, er strengte sich gewaltig an, seine Lippen schwollen, wurden rot, dick, und wer ihn auf der Straße sah, wollte manches andere wissen. Aber er blieb weiter dabei, und sein mit Pickeln und Blasen übersätes Gesicht verzog sich schmerzvoll jedesmal, wenn er spielte, es nahm einen traurigen Ausdruck an. Später erst bekam Albrecht heraus, wo der eigentliche Grund seiner Traurigkeit lag. Der andere war schon in einem vorgeschrittenen Semester, er mußte bald an das Ende seines Studiums denken ... und er lernte Posaune blasen, denn er brauchte das Geld nötig und hoffte, hier eine Aussicht gefunden zu haben. Er verdiente Geld, darüber kam er nicht zu dem Wesentlichen, seinem Studium selbst. Er mußte eigentlich arbeiten, an das Examen denken und sich vorbereiten, statt dessen brachte er seine Zeit damit zu, zu üben – denn er mußte dauernd üben, sonst konnte er es zu nichts bringen –,

Musik zu machen und seinen Unterhalt zu verdienen, außerdem schickte er seiner Mutter monatlich vierzig Mark. War das eigentlich noch ein Studieren? Nun, sein trauriges Gesicht, wenn er die Posaune blies, gab die beste Deutung.

Die übrigen waren froher, je nach dem Instrument, das sie spielten, gemessen und heiter. Die beiden Pianisten – es standen zwei Flügel da – kämpften verbissen, wer von ihnen die meisten Töne hervorbrachte. Den größten Lärm vollführte ohne Frage der Schlagzeuger, er saß senkrecht auf seinem Stuhl, trat die große Trommel, schlug die Wirbel, klingelte das Glockenspiel und hieb die Becken, zwischendurch machte er noch viele unnachahmlich seine Tricks und Effekte. Außerdem hielt er den Rhythmus, und die Kapelle stand und fiel mit ihm. Und davor, in tänzerischer Haltung, trieb der Dirigent sein Wesen, streichelte die Saxophone, dämpfte das Blech, nickte dem Banjo zu, sprang an geeigneten Stellen unvorhergesehen in die Luft und landete mit einem gewaltigen Satz auf dem Boden. Und sie alle traten mit dem rechten Bein laut schlagend den Takt, so daß die Mieter eine Etage tiefer ihr Mädchen hinaufschickten mit der Nachricht, der Kronleuchter falle jeden Augenblick von der Decke. Albrecht fand die Probe lustig und versprach sich viel Vergnügen von seinem zukünftigen Nebenerwerb.

Dann lernte er Hermann kennen. Hermann war Musikstudent, neunzehnjährig, und erzählte, wie er das erstemal seinem Klavierlehrer einen Tanz vorspielte. Da schrieb dieser alte Mann, dem noch das Gewissen schlug, denn er fühlte eine Verantwortung in sich, an Hermanns Vater und gebot drohend diesem schändlichen Tun Einhalt. Die musikalische Ausbildung, die man ihm anvertraut hatte, legte er ohne weiteres nieder. Hermann brachte Albrecht mit drei anderen Studenten zusammen, sie spielten vereint jeden Sonntag draußen an der Peripherie in einem Restaurant zum Tanz auf, Sommer und Winter, in einem dunklen, verräucherten Saal. Und dann spielte er überall, wo er verpflichtet wurde, auf Bällen, Hochzeiten, Vergnügungen, öffentlichen Tanzereien, bei Spar- und Sportvereinen, Tanzklubs, bei verhangenen Fenstern und mattem Licht in verqualmten Sälen oder in hellen, leuchtenden Räumen – überall kam er hin. Er saß auf seinem Stuhl und spielte, die anderen tanzten, vergnügten sich und waren lustig. Am Morgen waren sie meist alle müde und gingen nach Hause, doch ihre Müdigkeit war verschieden, die einen, weil sie einen frohen, genußreichen Abend hinter sich hatten, Albrecht und die anderen, weil sie gearbeitet – denn es war eine Arbeit – und Geld verdient hatten. Mitunter beim Spiel, wenn er auf die Tanzenden sah, überkam ihn urplötzlich die Lust, gern wäre er aufgestanden, hätte mitgetanzt und wäre vergnügt unter ihnen gewesen. Aber so war es verteilt, er blieb an seinem Platz und spielte, dafür wurde er ja bezahlt, die anderen durften tanzen und sich vergnügen. Immer ging es die Nacht durch, müde fiel er am Morgen ins Bett.

Er spielte in Cafés, einen Monat und länger, fuhr auch mitunter für ein paar Tage nach auswärts, und nicht zu vergessen: er blieb Student, das heißt, eigentlich wollte er ja studieren.

Viele junge Menschen lernte er kennen, die sich gleich ihm ihr Geld verdienten. Wenn sie sich trafen, galt die erste Frage stets dem Examen. Ein jeder stellte die Frage, und Albrecht merkte sehr bald, was es damit auf sich hatte. Das Examen hing drohend über jedem, es nahm keine Rücksicht, immer näher rückte es heran. Eigentlich wollten sie alle ihr Examen machen, auch wenn sie Posaune, Saxophon oder wer weiß was spielen mußten und darüber das Studium vernachlässigten. Aber was bedeutete das schon: Studium? Was hatten sie da später für Aussichten? Sie blieben bei der Musik und ernährten ihre Eltern. So vergingen Wochen, Monate, nicht zum Besten seiner Gesundheit. Er verdiente, war Student – was brachte ihm der nächste Tag? Manchmal wollte es ihm scheinen, als ob er schon einen Beruf habe. Er kannte viele, die absprangen, auch jener Posaunist, der ihm zu Anfang damals durch sein trauriges Gesicht auffiel, sie blieben hängen, machten nie ihr Examen, verzichteten freiwillig. Vielleicht war das das beste, aber was nachher kam, wußte auch niemand.

Jedesmal, wenn der Monat zu Ende ging, setzte sich Frau Seldersen hinter die Bücher, in denen eingetragen stand, was ihre Kunden ihnen schuldeten, verfertigte lange Auszüge und schickte sie an die säumigen Zahler. Doch damit gab sie sich nicht zufrieden, weit wichtiger erschienen ihr die

Begleitworte, die sie noch hinzufügte. Sie haben selbst große Zahlungen zu leisten, schrieb sie in offenem Eingeständnis, und dann mahnte sie scharf und rücksichtslos, oft auch weniger eindringlich, sie wußte, an wen sie das Schreiben sandte. Das Lehrmädchen trug die Briefe in die Wohnungen.

Einige Tage vergingen, bis sich die ersten sehen ließen. Man hatte sie gemahnt, sie fanden dies in Ordnung, es war keine böse Absicht, die sie veranlaßte, so lange auszubleiben. Sie brachten etwas Geld, nicht viel, entschuldigten sich umständlich, daß es nicht mehr war, versprachen bald wieder zu kommen und wurden in Gnaden entlassen. Beim nächstenmal hatten sie Aussicht, wieder Ware zu erhalten.

Aber bei weitem nicht alle kamen, eine beträchtliche Anzahl blieb unsichtbar. Sie wohnten außerhalb der Stadt, zum Teil draußen in Siedlungen, in Kasernen und kümmerten sich den Teufel. Was sollten sie den weiten Weg machen, um am Ende trostlos im Laden zu stehen, denn sie konnten kein Geld bringen. Besser, sie blieben einfach weg.

Frau Seldersen warf dem Vater vor, daß er viel zu gutmütig verfahre und nur zu leicht jedem, der kam, ohne näher zu prüfen, Ware mitgab ... Ohne näher zu prüfen, er lachte. Sollte er erst Erkundigungen über sie einziehen, wo er schon im voraus wußte, wie sie ausfielen? Und wenn er ihnen dann keine Ware gab, dann ... dann gingen sie eben zu anderen und erhielten die Ware. Punktum.

»Aber du gehst zu weit, du übertreibst, und auch nachher zeigst du dich zu nachsichtig, man muß sie eben scharf anfassen.«

Der Vater lachte immer noch: »Soll ich sie pfänden?« fragte er leichthin.

»Ja«, antwortete die Mutter in bestimmtem Ton.

»Im Ernst? Sie haben nichts, die Kosten kann ich mir sparen.«

Aber Frau Seldersen gab nicht nach, sie überredete ihn schließlich, es doch einmal zu versuchen, dann werde man sehen.

Herr Seldersen schrieb an seinen Gerichtsvertreter und übergab ihm die Adressen von mehreren Kunden mit dem genauen Schuldenverzeichnis, er solle sehen, was er herausschlug. Nach einiger Zeit kam ein Brief zurück. Es ist aussichtslos, berichtete der Vertreter, vollkommen aussichtslos, er hat sich selbst überzeugt. Nur in einem Fall habe er eine Nähmaschine entdeckt, und er fragte an, wie er sich verhalten solle. Eine Nähmaschine!

Die Frau, der sie gehörte, kam in den Laden, und ohne große Einleitung steuerte sie auf ihr Ziel los. Nicht im mindesten war sie erregt oder verärgert. Im Gegenteil, sie legte eine unheimliche Ruhe an den Tag, die Herrn Seldersen einschüchterte, fast befangen machte.

»Also meine Nähmaschine«, sagte sie mit einem kleinen Lächeln, »das alte Ding.« Und sie erzählte, wie sie sie geerbt hatte. Die Maschine stand in ihrer Küche, und wenn sie mit ihrer Arbeit fertig war – sie hatte Aufwartungen, trug Zeitungen aus, aber es reichte trotzdem nicht, denn sie ernährte eine große Familie, auch ihren Mann –, dann setzte sie sich davor und nähte für ihre eigenen Kinder, für die Kinder von Nachbarsleuten und Bekannten. Manche Nacht verbrachte sie damit, aber ein kleiner Verdienst fiel immer ab.

»Wenn Sie mir die Maschine nehmen«, fuhr sie gemächlich fort, beinahe schon gleichgültig, »dann haben Sie ja noch weniger Aussichten, Geld von mir zu bekommen, Sie nehmen mir einen Verdienst.« Sieht er das nicht ein? Was nützt ihm schon die Maschine, die paar Mark, die sie bei ihrem hohen Alter noch einbrachte . . .!

»Und mein Geld? Ihre Schulden?« fragte Herr Seldersen, »wie steht es damit?«

»Sie bekommen Ihr Geld«, versicherte die Frau, »wenn Sie an der Reihe sind.«

»An der Reihe«, wiederholte er.

Er bildet sich doch nicht etwa ein, daß er der einzige ist, der ihr Kredit gewährt, schließlich braucht man zum Leben mehr, als Herr Seldersen führt.

Hm, hm, das ist gewiß.

Aber so leicht wollte er noch nicht nachgeben, er gedachte, sich einmal unnachsichtlich, rücksichtslos zu zeigen, so wie man mit ihm verfuhr. Es ging ihm um die Sache selbst. Die Leute sollten sehen, daß er nicht länger gewillt war, sich von ihren Versicherungen und Versprechungen hinhalten zu lassen.

Aber die Frau kämpfte weiter für ihre Maschine. Als sie einsah, daß sie ihr Ziel nicht so leicht erreichte, sagte sie, immer noch ruhig wie zuvor, aber Herr Seldersen hatte ein feines Gehör: »Bitte, nehmen Sie sie mir, ich werde dafür sorgen, daß es jeder erfährt.«

Weiter nichts. Sie wartete, was würde Herr Seldersen tun?

Was blieb ihm übrig? Wollte er in der Tat, daß die Frau unter ihren Bekannten verbreitete, daß er jetzt sogar schon die Möbel aus der Wohnung holte? Und was waren das für Bekannte, denen sie dies erzählte? Nun, Herr Seldersen wußte es nur zu gut, diese Bekannten eben waren auch seine Kunden. Nein, er dachte im Ernst nicht daran, was lag ihm schon an der Maschine. Noch am selben Tag schrieb er seinem Vertreter, daß er verzichte, erleichtert atmete er auf.

Da stand er nun in seinem Laden, seine Frau lief unruhig hin und her, sie hatte das Gespräch mit angehört und auch keinen besseren Ausweg gewußt.

»Ich werde niemandem die Möbel aus der Wohnung holen«, sagte er feierlich.

Frau Seldersen schwieg.

»Das sind eben meine Kunden«, fuhr er fort. Er war nicht wenig stolz auf sie.

Frau Seldersen schwieg noch immer. Sie hatte in der letzten Zeit nur zu oft bei sich festgestellt, wer zu ihnen kam und wer nicht mehr zu ihnen kam. Die Frau Lanz hier vom Ort, Frau eines höheren Beamten, jahrelang eine gute Kundin, und Frau Uhlfink, Besitzerin einer kleinen Landwirtschaft unten im Bruch, sie kamen nicht mehr und mit ihnen mehrere andere, sie gingen jetzt zu Herrn Dalke. Frau Seldersen konnte sie aufzählen. Sie blieben fern aus vielfachen Gründen, eigenartig verschlungen und im Zusammenhang mit dem Geschehen, das Seldersens umgab. Es war ein Zeichen! Und um den Ersatz, der sich für sie einstellte, war es traurig bestellt. Noch nicht einmal eine Nähmaschine konnte man bei ihnen pfänden! Das waren eben ihre Kunden.

Albrecht ging seinen Weg, den er nur von ungefähr kannte und dessen Ende vorderhand noch nicht abzusehen war. Er machte ihn einsam, mit verhaltenem Schmerz, denn es erschien ihm nicht gemäß, dort etwas Ganzes zu fordern und zu empfangen, wo er selbst nur mit halbem Einsatz spielte.

Er hielt sich zusammen, das Sich-einmal-gehen-Lassen vieler Menschen war für ihn die Quelle widerwärtigster Erlebnisse. Er litt keine Halbheiten, um so mehr, als er in seinem äußeren Tun täglich zu unvollkommenen Übereinkünften gezwungen war. Oft saß er in seinem kahlen Zimmer am Rande des Bettes und überdachte, wie es wäre, wenn er jetzt im Süden in irgendeiner Universitätsstadt lebte, wie viele seiner Kollegen, umgeben von Erinnerungen an seine kleine Stadt, aus der er kam, im Kreise von Menschen, mit denen ihn eine ruhige und feste Freundschaft verband. Aber in Wirklichkeit ging dies alles nicht – er mußte hier bleiben, wo er sein Geld verdienen konnte, mußte sich die Nächte für das Vergnügen anderer Leute um die Ohren schlagen, mußte auf seinem Platz bleiben, ausharren – das Studium ging darüber zum Teufel. Er liebte die Exaktheit in allen Disziplinen, er verband mit ihr einen unaussprechbaren Begriff von Gesundheit und Kraft. Und doch blieb sie ihm versagt, denn man zwang ihn, wild, aufreibend zu leben, auf tausenderlei Dinge zu gleicher Zeit konzentriert. Was ihm von der Schule her im Gedächtnis geblieben war und er für wert hielt, strebend auch für sich zu erringen, war das anbetungswürdige Bild des Altertums, die Körperhaftigkeit im Geiste, die Schönheit in der Kraft und Gesundheit, die Würde in der Tugend. Das Verlangen nach diesem Ziel ließ ihn den Körper im Laufen und Spiel stählen, ihn stark und widerstandsfähig machen, es gehörte ebenso zu ihm wie das Geigenspiel und der Umgang mit Büchern.

Und dann kamen Wochen, in denen er vor lauter Dingen, die im Augenblick zu erledigen wichtiger war, seinen Körper vernachlässigte, ihm die Erholung und sein Dasein vorenthielt. In seinen Kleidern, in denen der Rauch von verqualmten, stickigen Gaststuben lag, fühlte er sich wie in einem Gefängnis, elend und verlassen. Dann holte er aus einer Schublade die Diplome hervor, auf denen die Preise, die er früher im Wettkampf errungen, beurkundet waren, lange Zeit ruhte sein Auge darauf, und er erinnerte sich voll sehnsüchtiger Wehmut der Jahre, da ihm dies gestattet war und er noch nichts ahnte von Zwang und Verdammnis.

Er lehnte sich nicht auf, er schrie nicht, noch erhob er drohend seine Stimme – auch dies gehörte nicht zu seiner Art, die mehr im Schweigen, im Betrachten, im Ertragen verankert war, statt die Verwirrung und den Unfrieden seiner Umgebung durch sein persönliches Geständnis zu vermehren. Schon als Knabe auf der Schule zog er in sich die Vorstellung groß – vielleicht entsprang sie übertriebenen und anmaßenden Vorstellungen über seine Person –, daß er da sei, Ordnung zu stiften, Unruhe zu beheben, in Verwirrung sich selbst aufgebendes Leben durch Klarheit neu wieder aufzurichten. Ja, er ging so weit in seinen Folgerungen, daß er sich später selbst lächelnd eingestand, sein Los sei, zu spielen, zu Tanz und Vergnügen aufzuspielen, nicht aber teilzuhaben und selbst zu tanzen.

Und wie stand es mit der Zeit und den Ereignissen um ihn herum, die er mannigfach und täglich schärfer gezeichnet unterscheiden konnte? Nun, er ging nicht mit geschlossenen Augen, er sah deutlich genug und mit scharfer Unterscheidung, sah durch die äußeren Vorgänge die Anlässe, die Motoren, sah, wie hinter einer schön hergerichteten glänzenden Außenfläche feine Risse ihre schmalen Adern verzweigten und es nach Fäulnis stank. Wenn sein Herz auch für die Unterdrückten und Verfolgten schlug – er stand auf keiner Seite, er nahm sich aus, schwebte gleichsam hoch darüber in der Luft, voller Stolz und Wertbewußtsein. Da keiner ihn aufforderte, sich zu entscheiden, kam er um eine Stellungnahme herum, gab Zeitmangel und wichtigere Beschäftigungen vor, der Tor, denn er hatte aus dem Leben noch nicht die Erfahrung geschöpft, daß zu einem vollgültigen Inhalt eine gemäße Form gehört, die ansitzt und keine Nachlässigkeit duldet.

Und noch etwas kam hinzu, eine geheimnisvoll gefährliche Kunst, der er sich schon in den letzten anderthalb Jahren auf der Schule ergeben, die ihm unendliches Wissen erschloß und auch den vernichtenden Schmerz nicht vorenthielt, die Kunst – denn nur in der Hand eines Künstlers zeigte sie ihre wahre Gestalt und ward zur Kunst –, den Urgrund zu erforschen, auf dem Körperliches und Seelisches, Stoffliches und Geistiges sich auf unfaßbar göttliche Weise zu dem vereinigten, aus dem dann eine menschliche Äußerung, eine Tat, überhaupt alles Geschehen sich entwickelte. Die große Lust, hinter die Kulissen zu sehen, die anscheinend großen Geheimnisse zu entlarven und nackt, ohne Scham darzubieten, überkam ihn. Und mit der Erkenntnis ward ihm eine tiefe gewaltige Macht über die Menschen in die Hand gegeben. Die gleiche Erkenntnis war es aber auch, die ihn in so manchen Zweifel verstrickte, nicht auftauchen ließ zu einer fröhlichen, gesunden Lust am Dasein. Ohne Zweifel, er war blasiert, geplagt mit einem Zuviel an Wissen, hier drohte die Gefahr. Würde er sie erkennen und bannen? Oft stand er dann vor dem Spiegel, sah in sein Gesicht und forschte nach einer Spur, aber kein Alter sprang ihm entgegen, es änderte sich nichts, er blieb abwartend, auf dem Sprung und im tiefsten Grund einsam, unglücklich und voller Verlangen. Er empfand sich ausgestoßen und hintangesetzt, ohne Anschluß, manchmal glaubte er selbst, daß er nicht in die Zeit gehöre. Dann überfiel ihn der Wunsch, mit anderen Menschen zusammen zu sein, so stark, daß er sich aufmachte und dahin fuhr, wo er wußte, daß er zu jeder Zeit viele Menschen traf.

Eines Nachmittags gelangte er in einen Stadtteil, in dem es seit längerer Zeit gärte, es ereignete sich damals viel in jenen Straßen. Als Albrecht hinzukam, war alles schon in vollem Gange. Als wenn die Menschen irrsinnig geworden wären ... sie stehen an den Ecken, johlen, schreien, und jedesmal, wenn ein Polizeiauto vorbeifährt, an dem die Mannschaften wie die Kletten hingen, sich nur mit einem Arm festhalten, bereit, sofort abzuspringen, wenn der Befehl kommt – dann verstärkt sich das Geschrei und Gejohle auf der Straße über den Damm hinüber bis auf die andere Seite. Und dazwischen wickelt sich der normale Verkehr ab, gehen Menschen, unbeteiligt, fahren Automobile, Straßenbahnen, ziehen Pferde ihre Last, nur die Haltestellen sind verlegt, Radfahrer müssen absteigen. Die Straße ist schon zehnmal geräumt worden. Dann kamen die Polizisten, an der Spitze lief, in der Hand den geschwungenen Gummiknüppel, der Hauptmann, hinter ihm die Mannschaft, Sturmriemen unter dem Kinn. Sie rennen die Straße entlang, es sieht spaßig aus, wie sie in ihren Ledergamaschen so laufen, wie die Störche waten sie, treiben die Menschen vor sich her, schlagen, wen sie gerade erreichen, Kinder, Frauen, Greise. In den Hausfluren, die Treppen und Kellergänge hinab stehen Menschen, verängstigt, lachend, voll Wut, und warten, bis der Sturm draußen vorübergetobt und sich in eine andere Straße verzogen hat. Dann geht es wieder von neuem los, sie kommen aus ihrem Versteck hervor, stehen wieder an den Straßen, den Ecken, Autos fahren vorbei, bis wieder ein Befehl kommt. Wie in der Schule, denkt Albrecht; wenn der Lehrer vorne steht, brummen die hinteren Bänke, rennt er nach hinten, geht es vorne los. Auf dem Platz nebenan stehen bewaffnete Reiter – nur für den äußersten Notfall. Die Straße hinauf, verdeckt durch Fußgänger, geht ein kleiner Mann in Wickelgamaschen, Wolljacke und Schirmmütze. Er legt die Hände rund um den Mund und ruft mit ungeheurer Stimme. Zum Schluß bringt er ein Hoch aus. Was dazwischen liegt, ist nicht zu verstehen, aber alle stimmen begeistert ein. Die Polizei riegelt von zwei Seiten die Straße ab und treibt die Menschen in die Häuser. Die Pistolen stecken noch in der Seitentasche. In kurzer Zeit ist wieder Ruhe. Die Menschen stehen auf den Straßen zusammen wie vorher. Aus einer Gruppe löst sich ein junger Bursche, er lacht und geht mit langsamen Schritten, Hände in den Hosentaschen, über den Damm, er schlendert gemächlich seines Weges. An der Ecke steht ein Polizist, ein junger Kerl, noch rot vom Laufen und außer Atem, mit den Händen rückt er sein Koppel zurecht. Der Bursche steuert gerade auf ihn zu, man kann alles deutlich erkennen, da sie an der Ecke stehen, wo sich die beiden Straßen rechtwinklig treffen. Der Bursche greift flüchtig mit der Hand an die Mütze und fragt. Seine Kameraden an der Ecke stoßen sich an und lachen, vor Vergnügen halten sie sich die Seiten. Es ist zu laut, man kann nicht hören, was die beiden verhandeln. Der Bursche fragt den Polizisten irgend etwas, vielleicht ob er ihm nicht sagen kann, wie spät es ist oder wo sich die und die Straße befindet – die gerade um die Ecke herumläuft – oder ob er Feuer für eine Zigarette hat, irgend etwas. Der Polizist sieht ihn an, packt ihn an den Rockknöpfen, drängt ihn ab auf den Damm. Es ist nicht die Stunde zum Scherzen und Witze zu machen. Der Bursche, man versteht immer noch kein Wort, deutet auf seine Jacke: Ich habe doch nur etwas gefragt. Der Polizist: Ob er seinen Spaß mit ihm haben will, oder so ähnlich, haut ihm den Gummiknüppel über die Schulter. Der Bursche lacht nicht mehr, er hat sich das wohl etwas anders vorgestellt. Er steht da mit wildem Kopf, mehrere Polizisten kommen von einer Jagd zurück, erregt, atemlos, um sich hier an der Ecke zu sammeln.

Die beiden ersten haben noch die letzten Worte gehört. Sie hauen ihm mit dem Gummiknüppel über den Kopf, über die Schulter, es geht ganz schnell. Der Bursche steht auf dem Damm neben der Bordschwelle, kein Wort sagt er mehr. Der vierte schlägt ihm mit dem Knüppel auf den Kopf, der fünfte haut ihm von hinten in die Kniekehle, der Bursche steht immer noch aufrecht, aber er wackelt schon bedenklich. Der sechste haut ihm den Schaft über den Kopf. Die Burschen von der anderen Straßenecke grinsen längst nicht mehr. Der siebente tritt ihm in den Hintern, beim achten fällt er wie ein Streichholz um – die freiwilligen Samariter bringen ihn weg. Die Straße wird geräumt, in den Nebenstraßen geht die Jagd weiter, man sieht nichts mehr, hört nur Rufe, Befehle, unzählige Schüsse, Fenster werden eilig zugeschlagen. Die Samariter rennen wie besessen in Richtung des Schalles.

Plötzlich war die Straße abgeriegelt, nach keiner Seite mehr gab es ein Entkommen, sie wurden alle verhaftet, Albrecht darunter, auf Lastautos verladen und nach dem Präsidium gebracht. In den Räumen schon eine große Menge, die die Neuankommenden mit Kampfrufen begrüßt. Frauen sind darunter, Kinder, Männer, alle laut schreiend und schimpfend, bis sie zum Verhör aufgerufen werden. Albrecht sitzt abseits auf einer Bank und wartet, bis die Reihe an ihn kommt. Ein älterer Wachtmeister nimmt seine Personalien auf. Als er »Student« hört, stutzt er und sieht Albrecht prüfend an.

»Was hatten Sie in der Gegend zu suchen, junger Mann«, fragt er, »da Sie doch nach Ihren eigenen Angaben in der entgegengesetzten Richtung wohnen?«

Albrecht überlegt: »Eigentlich hatte ich nichts in der Gegend zu suchen«, sagte er langsam, »ich fuhr nur einmal dahin.«

»So«, antwortete der Wachtmeister und erhebt sich, »Sie fuhren nur eben dahin, aus Neugierde, obgleich Sie wissen konnten, daß es unruhig und nicht ohne Blutvergießen abgehen werde.«

Albrecht verwirrt: »Ja, aber warum schießen Sie denn?«

Der Wachtmeister bleibt ernst und gelassen: »Und wer schießt aus Wohnungen und von Dächern herab auf die Straßen, meinen Sie, zum Vergnügen schießen wir Menschen tot. Junger Mann, Sie stellen sich aber verdammt ahnungslos.«

Albrecht schwieg, bald konnte er gehen, er erhielt einen Verweis und die Aufforderung, sich nicht mehr bei Ansammlungen zu beteiligen.

Auf dem Rückweg überdachte er noch einmal die Vernehmung, er fand sein Verhalten schlapp und feige. Jetzt fielen ihm eine Menge Antworten ein, die er hätte anbringen können: Ich habe immer da etwas zu suchen, wo Menschen aus Hunger demonstrieren, für Arbeit und Brot. Das dünkte ihm besonders wirkungsvoll. Was ihm der Beamte da wohl zur Antwort gegeben hätte? Er schoß nicht gern auf eigene Landsleute, aber es fielen doch Menschen. Dann war das ganze eben ein Irrtum, das dünkte Albrecht die beste Erklärung, daß hier ein großer Irrtum vorlag. Aber er hatte gesehen, daß Menschen, einfach weil es ihnen schlecht ging, weil ihre äußere Form zerbrochen war, sich zu unerhörten Taten zusammenraffen konnten und ihr Leben wagten. Sie wollten die Zeit und die Verhältnisse, die gegen sie ausschlugen, ändern. Dies erschien ihm so ungeheuerlich, daß er erschauerte, wenn er an seine eigenen inneren Nöte dachte, die ihn hinderten, tätig einzugreifen. Und er wurde sich seiner Einsamkeit und seiner freiwillig isolierten Stellung bewußt. Noch hielt er sie hoch, noch besaß er Ausdauer und lebte von dem, was er in den Jahren zuvor angesammelt und aufgespeichert hatte. Aber die Farben, mit denen die Bilder angestrichen waren, verblaßten immer mehr und nahmen an Wert ab, es war fraglich, ob Albrecht noch so wie früher bereit war, für sie einzustehen und sein junges Leben hinzugeben. Er erinnerte sich der Worte, die noch aus der Schulzeit her tief in ihm aufbewahrt waren, von dem Geist und der Liebe zu ihm, die allein tätig macht. Er erinnerte sich, und gewaltige Bedenken stiegen in ihm auf, wenn er das heutige Geschehen damit verglich. Zog er außerdem noch sein eigenes Leben in Betracht, wie er sich anstrengte, plagte und seine Kraft allein an Dinge verschwendete, die er mit den Worten äußerlich, praktisch, ökonomisch in herabsetzendem Sinne zu klassifizieren bereit war, so wußte er am Ende nicht mehr, wo das Recht und die Behauptung stand oder ob nicht etwas künstlich aufgebauscht war, was in der Natur nie gegensätzlich bestand.

Aber eine Frage hätte er selbst gerne an den Wachtmeister gerichtet, eine einzige Frage nur: Ob er glaubte, daß die anderen, gegen die er vorgehen mußte, zum Vergnügen Steine von den Dächern warfen und aus den Fenstern feuerten, einfach aus dem Vergnügen am Werfen und Schießen, zumal wenn einer unten steht. Oder ob er nicht auch meinte, daß jene ein Zwang trieb, eine Aufforderung zu handeln, da nur auf diese Art eine Möglichkeit bestand, sich im Leben zu halten, indem sie sich wehrten. Aber nicht nur dies allein – indem sie zerschlugen, was im Zusammenbruch sie mit zu verschütten drohte. Und immer noch nicht genug, sondern gleichzeitig beim Zerschlagen an Stelle des Alten etwas Neues formten, aufbauten, was ihnen entsprach, in dem sie leben konnten und durften ohne Kampf, Zwang und Pein. Wenn sie nur für einen Augenblick ermüdeten oder sich zurückzogen, waren sie für das Leben erledigt, sie kamen aus dem Tritt. Sie durften es sich nicht leisten, die Hände in den Schoß zu legen und müde zu sein.

Schon nach wenigen Monaten befolgte der Vater Herrn Wiesels Aufforderung, er besuchte ihn über die Mittagszeit und zog ihn ins Vertrauen. Er hatte Wechsel ausgegeben, vor längerer Zeit den ersten. »Ich konnte mir nicht anders helfen«, entschuldigte er sich, er tat es nicht leichten Herzens, es war überhaupt das erstemal in seinem Leben, daß er zu einem Wechsel seine Zuflucht nahm. Im Augenblick war ihm auch geholfen, der Gläubiger nahm ihn an, Herr Seldersen löste ihn zu dem angesetzten Termin ein, es ging gut, daraufhin gab er unbedenklich mehr aus.

Herr Wiesel hörte sich seine Erklärung ruhig an. »Seien Sie vorsichtig«, mahnte er, »es ist allerdings heute so üblich, doch ich habe mich bisher immer gehütet.«

»Sie kamen eben noch nicht in die Lage«, antwortete ihm der Vater unbedenklich, »aber mir blieb damals nichts anderes übrig, ich bin sonst vorsichtig, Sie wissen es gut genug.«

Herr Wiesel wußte es. Wenn Herr Seldersen Wechsel ausgab, so war das schon ein bedeutsames Zeichen, kein Leichtsinn oder Bequemlichkeit, ein Zeichen!

Schließlich rückte der Vater ganz mit der Sprache heraus, er bat Herrn Wiesel, ihm zu morgen einen kleinen Betrag zu leihen, da er zur Einlösung von zwei Wechseln den Gesamtbetrag noch nicht beisammen hatte. Etwas würde er heute noch einnehmen, aber es reichte dann immer noch nicht, er wollte die Wechsel nicht zurückgehen lassen.

»Aber Sie haben doch drei Tage Zeit, ehe die Post sie Ihnen endgültig vorlegt«, so eilig war es doch nun wohl nicht, wie der Vater es hinstellte.

Doch, die drei Tage hatte er schon verstreichen lassen.

Pause.

»Das ist etwas anderes«, erwiderte Herr Wiesel und gab dem Vater das Geld. Er kann es ihm zurückgeben, wann er will, es eilt nicht, deswegen soll er sich keine Kopfschmerzen machen.

Herr Seldersen dankte gerührt und fragte, wie es mit den Zinsen sei, aber der andere schien die Frage zu überhören.

Dann ging er nach Hause und wußte nicht, ob er sich über Herrn Wiesels Hilfsbereitschaft freuen oder über seine eigene verzwickte Lage, die ihn Herrn Wiesels Versprechen auf die Probe stellen ließ, den Kopf hängen lassen sollte. Es lag eigentlich noch kein ausreichender Grund vor, sich Gedanken zu machen und den Mut aufzugeben. Über ein Jahr war es jetzt her, daß er den Vergleich geschlossen und einen großen Teil seiner Schulden auf einen Schlag erledigt hatte. Für den Augenblick war eine große Last von ihm genommen, wenn Herr Wiesel ihm auch hinterher diesen Vergleich als einen Fehler hinstellen wollte und einen anscheinend besseren Vorschlag unterbreitete – es änderte nichts daran, daß über ein Jahr vergangen war, in dem Herr Seldersen nicht viel von den großen Sorgen und Kämpfen merkte, die sich von Tag zu Tag immer mehr verschärften. Ja, er lebte beinahe abseits auf einer Insel, der Sturm toste um ihn herum, die Gewitter schlugen ein, doch auf seinem Platz blieb es kühl, heiter und trocken. Er stand unten in seinem Laden, die Leute kamen zu ihm, berichteten von ihren Sorgen, klagten und wuchsen in ihrer Not unermeßlich. Geduldig hörte er sich ihre Reden an, früher verband ihn eine geheime Kameradschaft, der er nie in Worten Ausdruck verlieh, in letzter Zeit behandelte er dieses Gefühl nachlässig, dabei gab er Wechsel aus und mußte sich Geld von Herrn Wiesel leihen, um sie einzulösen und sich Unannehmlichkeiten zu ersparen. Seine Art, sich in geschäftlichen Dingen zu bewegen, war neuerdings etwas schludrig geworden, ungenau und undurchsichtig. Auch jetzt ging er noch nicht von dem festen Wege des Rechtes und des Gesetzes ab, aber im Vergleich zu früher tat er alles nicht erschöpfend, eben schludrig, wie einer, der langsam die Übersicht und den Zusammenhang verliert.

Auch Frau Fiedler ließ sich ab und zu blicken, stets brachte sie Nachricht von ihrem Fritz. »Er ist in New York«, erzählte sie, das heißt, ob er sich jetzt noch dort aufhält, wußte sie nicht genau. »Er hatte einen Landsmann kennengelernt, beide wollten zusammen in das Innere fahren, der andere besaß eine Farm, und für Fritz boten sich gute Aussichten auf Arbeit und Verdienst. Die Hälfte des Geldes, das wir ihm mitgegeben, hat er schon zurückgeschickt«, sagte sie voller Stolz. Aber es klang sehr unwahrscheinlich, sicherlich erfand sie dies im Augenblick, um anzuzeigen, wie gut es Fritz erging. Die Eltern freuten sich, und Frau Seldersen sagte:

»Ich wünsche Ihnen sehr, Frau Fiedler, daß es Ihrem Fritz endlich gelingt, festen Fuß zu fassen, was haben Sie schon seinetwegen für Kummer und Sorgen gehabt.«

»Ja«, erwiderte sie und erinnerte sich, »es war schon schwer mit ihm. Aber jetzt sage ich mir, vielleicht ist es gut, daß Fritz nach Amerika gegangen ist. Sehen Sie sich einmal die Jungens an, die jetzt aus der Schule kommen.«

Während sie so dastanden und sich unterhielten, ging der Polizist Nikolaus draußen vorbei. Plötzlich hielt er an, sah in den Laden, ob der Vater wohl allein war, dann kam er kurz entschlossen herein und flüsterte ihm ein paar Worte ins Ohr. Wenn er heute abend den Laden schließt, soll er nicht vergessen, vor seinen Fenstern die Rollkästen herunterzulassen. »Warum?« fragte der Vater erstaunt. »Was ist denn heute abend los?«

»Eine Versammlung«, erklärte Nikolaus mit geheimnisvoller Stimme, »der Redner kommt von auswärts, er wird in einem großen Zug von der Bahn abgeholt. Man muß auf alles gefaßt sein, wer weiß, ob es ruhig abgeht.«

Herr Seldersen lachte: »Glauben Sie wirklich?«

Nikolaus wiegte bedächtig den Kopf: »Es ist alles möglich, wir müssen jedenfalls gerüstet sein.«

Das klang geradezu unheimlich. Der Vater glaubte es nicht, aber er bedankte sich für den Rat. Auf alle Fälle wird er die Rollkästen herunterlassen.

Herr Seldersen ging wieder zu den beiden Frauen und erzählte kurz seine Unterhaltung mit dem Polizisten, er vergaß nicht hinzuzufügen, wie er darüber dachte. Frau Fiedler jedoch hatte ein wenig Angst, sie wollte nun schnell nach Hause gehen und alles vorbereiten. Herr Seldersen versuchte sie zu beruhigen, doch da fing auf einmal die Mutter an, ihre Ängste einzugestehen, man könne nie wissen, wie nahe die Gefahr sei. Sie sprach immer von Gefahr. In Berlin ist es jetzt auch unruhig, wenn Albrecht sich nur vorsieht. Die Anneliese ist von selbst klug und meidet die Gefahr.

Als sie beide allein waren, fragte der Vater die Mutter, warum sie vorhin auf einmal sich so ängstlich angestellt habe. Frau Seldersen sagte, was sie ängstigte. Der Vater konnte ihre Gründe alle restlos widerlegen, doch die Angst selbst konnte er nicht mit Worten aufheben.

»Angst braucht nur der zu haben«, erklärte er schließlich, »der fürchten muß, dabei etwas zu verlieren.«

Sie konnte ihm nur zustimmen. Als er aber fortfuhr, ihr nunmehr auseinanderzusetzen, warum gerade sie dann keine Angst zu hegen brauchten, wies ihn die Mutter zurecht. Er versündige sich . . . für sie gäbe es nicht mehr viel zu verlieren – sie wurde ordentlich erregt bei seinen Worten, immer malte er alles gleich schwarz und konnte sich nicht genug tun, anderen Leuten einen Schreck einzujagen. Aber vielleicht, überlegte sie später, hatte er in diesem Falle wirklich einen Grund, schließlich mußte er auch wissen, was er redete. Herr Seldersen dachte an den kleinen Kipfer, zwischendurch war er mehrere Male bei ihm erschienen, er hatte nie viel Zeit übrig, um sich in ein Gespräch mit Herrn Seldersen einzulassen.

»Es gibt viel zu tun«, erklärte er gewichtig. Seine Tätigkeit füllte ihn ganz aus. Er fuhr umher, organisierte, setzte Versammlungen fest, nur selten ergriff er selbst das Wort. Er mußte sich schonen, das laute Sprechen strengte seine Lungen an. Immer, wenn er Herrn Seldersen die Hand gab, lachte er verschmitzt. Nie fragte er, wie es die anderen taten: wie geht es denn?

Er wußte, das genügte ihm.

Landstreicher, Penner, Tippelbrüder, verlorene Schwestern, Greise und sonstiges Gefieder, über alle Wege kamen sie her, gingen herum in der Stadt in die Läden, klopften an

Türen, waren verwegen – sie kamen auch zu Herrn Seldersen. Sie kamen des Morgens, sie kamen des Mittags, sie schlichen am Abend unheimlich leise, man gab ihnen, um sie loszuwerden, das Erbarmen hatte man längst verlernt. Vorsichtig öffneten sie die Türe, blieben dicht dahinter stehen, murmelten leise ihren Spruch, ein jeder anders, und doch alle mit gemeinsamem Sinn, man gab ihnen, kein Mensch hörte noch recht hin. Es waren Menschen aller Art, ewig vergessen, nie heimgefunden, aus der Bahn geworfen, mit verlorenem Ziel, ohne eigene Schuld, verfolgt, verraten und verdammt, sie bettelten sich durch das ganze Land.

Ein Mann trat in den Laden, Herr Seldersen sah ihn, ging zur Kasse und griff zu einem Geldstück. Aber der Mann kam näher heran. Er trug eine schwarze ausgebeulte Hose und ein braunes mißfarbenes Jacket, kein Kragen, kein Schlips, auf dem Kopf eine Mütze – für einen Landstreicher sah er immer noch leidlich aus. Herr Seldersen trat ein paar Schritte zurück. Da zog der Mann seine Mütze und sagte vernehmlich, »Guten Tag, Herr Seldersen.« Der Vater ging einen Halbkreis um ihn herum und betrachtete den Fremden genau.

»Nun, Sie kennen mich wohl nicht mehr?«

»Doch«, beeilte sich Herr Seldersen, er kniff die Augen zusammen und überlegte angestrengt, im Augenblick allerdings ... er lächelte ... »Sie sind ...«

»Wurmbach«, verneigte sich der andere.

Richtig, Herr Seldersen erinnerte sich, aber wo hatte er ihn gesehen?

»Ich war bei Herrn Dalke«, sagte Wurmbach, »Verkäufer in der Männerkleidung ...«

»Sie waren«, unterbrach ihn Herr Seldersen erstaunt.

»Ich bin ohne Stellung jetzt, er hat mich entlassen, ohne Grund, das heißt, das schlechte Geschäft ist der Grund ...«

»Ging das Geschäft denn so schlecht«, erkundigte sich Herr Seldersen angelegentlich, im Augenblick beschäftigte ihn nur dieser Gedanke.

»Es ging zurück«, bestätigte Wurmbach, »der allgemeinen Lage entsprechend, ich bin nicht der einzige, den es betroffen hat. Wenn das Geschäft nicht mehr so gut geht wie früher, trägt eben der Verkäufer, der Angestellte, die Schuld, er ist das erste Opfer. Mich hat Herr Dalke vor einem halben Jahr eigens aus Schlesien kommen lassen, er versprach mir eine gute Stelle, für lange Zeit, nahm ich an. Jetzt sitze ich da mit meiner Familie.«

Mittlerweile hatte Herr Seldersen genügend Gelegenheit, sich Herrn Wurmbach von allen Seiten gründlich zu betrachten. Daß er ihn nicht vorhin gleich erkannt hatte, wie doch die Kleidung einen Menschen veränderte! Natürlich kannte er ihn, ein halbes Jahr hatte er ihn täglich sauber und wohlgekleidet ins Geschäft zu Herrn Dalke gehen sehen. In diesem Aufzuge jetzt schi
war er erst vierzehn Tage ohne Arbeit, aber er hatte Sorgen um seine Zukunft. Herr Seldersen hatte ihn anfangs für einen besseren Landstreicher gehalten! Er hatte sich geirrt, natürlich. Nein, Herr Wurmbach kam als Kunde, er kaufte allerhand ein. Knöpfe, Nadeln, Gummiband, Stopf- und Nähgarn, ein kleiner, runder Betrag kam zusammen. Er hatte sich einen kleinen Handel aufgemacht und ging auf gut Glück zu Bekannten, auch zu Fremden, und suchte seine Ware loszuwerden. Er konnte doch nicht den ganzen Tag stillsitzen, so verfiel er auf diesen Gedanken, er handelte, irgend etwas wurde in jedem Haushalt schon gebraucht.

Er kam öfter und kaufte ein, jedesmal, wenn er seine Ware losgeworden war. Viel Verdienst sprang nicht heraus. Er mußte eine Frau und ein Kind ernähren.

»Ja, wenn ich ein Rad hätte«, sagte er einmal zu Herrn Seldersen.

»Ein Rad?«

Nun, dann könnte er über Land auf die Dörfer fahren, in einem Tag könnte er einen beträchtlichen Weg zurücklegen, die Dörfer liegen alle dicht beisammen, er hätte Aussicht, bedeutend mehr zu verdienen.

Herrn Seldersen gefiel dieser Gedanke.

»Aber das nicht allein«, sagte Wurmbach und nahm einen gehörigen Atemzug, »da muß ich auch eine größere Auswahl haben ... aber darüber spreche ich noch einmal mit Ihnen, Herr Seldersen.«

Nach drei Tagen kam er wieder und führte ein Rad an der Hand. Dann begann er ohne große Einleitung auf sein Ziel loszusteuern, er machte dem Vater den Vorschlag, er solle ihm aus seinem Geschäft Ware mitgeben, er, Wurmbach, fährt über Land und wird sie verkaufen. Es braucht nicht nur bei Knöpfen und Schnürsenkeln zu bleiben, auch andere Sachen würde er schon loswerden, Herr Seldersen sollte es nur einmal versuchen. Herr Seldersen wußte nicht genau, wie Wurmbach sich das vorstellte, ob er sich da als Angestellter betrachtete oder auf eigene Faust den Handel betreiben wollte, nur daß er eben die Ware von ihm bezog – aber das sollte bald geklärt werden, Wurmbach hatte sich alles genau überlegt. »Sie geben mir die Ware«, sagte er, »ich verkaufe sie unterwegs, jeden Abend, wenn ich zurückkomme, rechne ich mit Ihnen ab, und an der Gesamtsumme, die ich am Tag hereinbringe, beteiligen Sie mich mit einem bestimmten Anteil.«

Hm, hm, der Vater meinte, daß sich über den Vorschlag reden ließe.

Aber dann sagte der andere noch etwas von Reisekosten, die er vergütet haben wollte, da erklärte ihm Herr Seldersen energisch, nein, Reisespesen, das war zuviel, die konnte er ihm nicht vergüten, so viel brachte ihm das Geschäft nicht ein, da verzichtete er lieber.

Wurmbach machte ein trauriges Gesicht ... »noch nicht einmal die Spesen«, sagte er niedergeschlagen, »dann lohnt sich ja für mich das auch nicht.« Und er rechnete vor, wieviel sein Anteil ausmachte und auf welchen Betrag er es an einem Tage, hoch gerechnet, bringen konnte.

Es war in der Tat nicht zuviel, da konnte Herr Seldersen getrost die Spesen übernehmen. Den ganzen Tag war er mit seinem Rade unterwegs, große Strecken legte er zurück. Abends kam er heim, müde, verstaubt, rechnete bei Herrn Seldersen ab und zog mit seinem Anteil in der Tasche nach Hause. Herr Seldersen sah wohl ein, daß Wurmbach bei dem Geschäft schlecht wegkam, es war nicht leicht, er mühte sich redlich.

Eine ganze Zeit ging es gut, sie kamen erträglich miteinander aus. Wurmbach erschien nicht mehr wie früher jeden Abend zur Abrechnung. Oft war er zu müde, oder er kam erst in der Nacht zurück, dann erschien er am nächsten Tag. Schließlich stellte er sich nur noch zweimal in der Woche ein und brachte für die restlichen Tage die Abrechnung. Dann nahm er Ware mit. Er schien sich mit seiner neuen Tätigkeit abgefunden zu haben, er blieb am Orte, anscheinend bot sich ihm nirgendwo eine bessere Aussicht, er trieb seinen

Handel weiter, den er einst in der Not angefangen und sicherlich nur als Aushilfe und Verlegenheit gedacht hatte ...

Aber Herr Seldersen gewann den Eindruck, als ob es nicht mehr mit rechten Dingen zuginge. Es war einmal vorgekommen, daß Wurmbach mit einem traurigen Gesicht kam und erklärte, er hätte nichts verkauft, er könne nicht abrechnen. Da er aber gerade einmal da war, nahm er von neuem Ware mit. Herr Seldersen gab sie ihm ohne Bedenken, er wollte ihn nicht aufsitzen lassen. Gleichzeitig erteilte er ihm den Rat, nur gegen bar Kasse zu verkaufen. Herr Wurmbach erwiderte, daß er das ebenso gut allein wüßte, er sei schließlich kein Anfänger mehr, das Geschäft ging schlecht, und er stöhnte.

Dann, als er die nächste Abrechnung brachte, wußte Herr Seldersen nicht mehr recht, wieviel Ware Wurmbach eigentlich von ihm erhalten und was er verkauft hatte. Mit der Aufstellung, die er vorzeigte, konnte es schon seine Richtigkeit haben, ebensogut konnte sie aber auch falsch sein, es war nicht genau zu übersehen. Herr Wurmbach brachte Geld, zog sich den Betrag, der ihm zustand, ab, forderte neue Ware, aber Herr Seldersen zögerte. Er verlangte erst die genaue Abrechnung, er bestellte ihn auf den nächsten Tag zu sich. Unverrichteter Sache kehrte Wurmbach nach Hause. Herr Seldersen besprach sich mit seiner Frau, sie riet ihm, die Hände davon zu lassen, so große Summen hat Wurmbach nie eingebracht. Und jetzt begann die Sache undurchsichtig zu werden. Hatte der andere es darauf abgesehen, ihn zu betrügen – nun, er war ein armer Teufel, schon zu Anfang hätte Herr Seldersen wissen können, daß jener nicht mit dem auskommen konnte, was er ihn verdienen ließ. Er suchte seinen Vorteil wahrzunehmen, auf ehrliche Weise ging es nicht, nun gut, so versuchte er es eben anders. Aber daß er sich gerade Herrn Seldersen aussuchen mußte, gerade ihn, als ob er es sich hätte leisten dürfen, obendrein noch Verluste zu haben.

Am nächsten Tag erschien Wurmbach, abermals mit einer Abrechnung, sie war noch mehr verworren und undurchsichtig als die erste. Er rechnete dem Vater lange vor und suchte ihn zu überzeugen, daß es seine Richtigkeit habe: das hat er von ihm an Waren bekommen, so viel hat er verkauft, dafür ist das Geld, den Rest hat er noch. Da sagte

Herr Seldersen, er wolle gern einmal den Rest sehen. Im Augenblick hielt er die Angelegenheit für nicht mehr so wichtig, im Ernst, er dachte nicht daran, Herrn Wurmbach vollends zu überführen. Der andere erschrak jedoch, gut, Herr Seldersen kann ihn sehen, wenn er will, jeden Tag, aber man glaube ihm nicht mehr, Mißtrauen also, nun, er denke sich sein Teil. Dann sei es vielleicht doch besser, sich zu trennen. Er, Wurmbach, würde seinen Handel allein weiter betreiben.

Das ist wohl das beste, erwiderte Herr Seldersen, er hatte es sich nicht anders gedacht. Allerdings, wenn er Ware haben will, kann er ruhig kommen, er muß sie nur sogleich bezahlen, nur für Geld kann er ihm jetzt noch Ware geben.

Wurmbach lachte spöttisch. Für Geld? Das hat er nötig, da braucht er nicht zu Herrn Seldersen zu gehen, schließlich ist es keine Kleinigkeit, andauernd auf dem Rade unterwegs zu sein.

»Das weiß ich«, versicherte der Vater, »es ist schwer, aber ich habe es nicht nötig, mir von Ihnen etwas vormachen zu lassen.«

»Vormachen?« Er glaube ihm also nicht mehr?

»Ich weiß nicht«, sagte Herr Seldersen, »Sie sind ein armer Teufel, vielleicht betrügen Sie mich, vielleicht auch nicht, Sie sind ein armer Teufel.«

Wurmbach: »Von Betrügen keine Rede, ich will leben, ganz einfach, meine Frau und mein Kind . . .«

Herr Seldersen unterbrach ihn: »Ich bleibe auch ehrlich. Schon gut, aber suchen Sie sich einen anderen aus.«

Wurmbach wollte noch etwas erwidern, aber der Vater schnitt ihm das Wort ab. Wurmbach stand verlegen und wußte sich nicht mehr zu helfen. Herr Seldersen versicherte, daß er nicht daran denke, die Angelegenheit ans Tageslicht zu bringen. Aber seine Lage selbst sei zu ernst, als daß man ihn hintergehen oder gar betrügen könne. Der andere scheine dies nicht genau zu wissen. Wurmbach verließ ohne Gruß den Laden, auch in der Folgezeit ließ er sich nicht mehr blicken. Er fuhr immer noch mit seinem Rad durch die Straßen, auf ein Korbgestell hatte er seinen Packen geschnürt, wer weiß, woher er die Ware bezog. Er schlug sich weiter durch, nach einem Jahr war er plötzlich aus der Stadt verschwunden.

Seldersens fiel es auf, daß Frau Fiedler in der letzten Zeit wieder still und gedrückt umherging, wie damals, als Fritz das erstemal aus der Stadt verschwunden war. Sie kam nur selten herein und vermied es dann, das Gespräch auf Amerika zu bringen. Von selbst wagten die Eltern nicht zu fragen, sie schonten sie. Man sah ihr an, daß sie nicht gefragt werden wollte. Fritz war in Amerika, es waren jetzt bald zwei Jahre, daß er hinübergegangen war. Seine Briefe kamen selten, niemand wußte genau, wo er sich im Augenblick aufhielt. Er wollte an die Pazifische Küste, so lautete seine letzte Angabe. Dann blieb jede Nachricht aus, ein Kartengruß aus Chikago, von nun an war es völlig still um ihn.

Eines Tages kam Herr Wiesel ganz aufgeregt zu den Eltern. Eine Neuigkeit wollte er ihnen erzählen, sie würden es nicht glauben, aber er hat sie von seinem Bruder, der hier in der Nähe in M. wohnt, verbürgt erhalten. Fritz Fiedler war in M.! Was sagten sie nun?

»Unmöglich«, erwiderte Frau Seldersen, »Fritz ist in Amerika.«

»Aber er ist doch in M.«, ereiferte sich Herr Wiesel.

»Dann ist er eben zurückgekommen«, warf Herr Seldersen ein, »ich habe es mir übrigens gleich gedacht, daß Amerika auch so auslaufen würde.«

Herr Wiesel gab dem Vater recht, die Idee damals, nach Amerika zu gehen, war abwegig und von weit hergeholt. Daß er nun nach zwei Jahren wieder zurückkam, erbrachte am besten den Beweis. »Amerika«, sagte er höhnisch, »ein jeder denkt in Amerika drüben sein Glück zu machen, wenn er hier keine Aussichten mehr hat. Das ist aber einmal gewesen, Amerika muß sich heute selbst helfen, weshalb bestehen sonst die scharfen Einwanderungsgesetze? Es hat noch nicht einmal Arbeit für seine eigenen Leute, da braucht es arbeitsuchende Einwanderer, was?«

»So ist es«, nickte Herr Seldersen, ließ Herrn Wiesel und die Mutter allein und begrüßte eine Kundin, die eben den Laden betrat. Frau Seldersen unterhielt sich weiter, aber sie hörte nur mit halbem Ohr hin, was Herr Wiesel sprach, sie war unaufmerksam. Sie vernahm, wie der Vater nach einer Weile zu der Frau sagte, daß er den Stoff nicht führe, in ein paar Tagen bekomme er ihn herein, wenn sie sich bis dahin gedulden wolle? Oder wie ist es mit einem anderen Stoff, da kann er ihr empfehlen ... Aber die Frau beharrte auf ihrem Wunsch. Herr Wiesel verabschiedete sich: »Ich komme nachher noch einmal vorbei«, sagte er und winkte dem Vater von weitem zu.

Herr Seldersen gab sich große Mühe, er holte eine Menge Stoffe hervor und breitete sie aus, die Kundin ließ sich nichts einreden. Sie wolle auch gleich zahlen, erklärte sie immer wieder, darüber sollte kein Mißtrauen erst aufkommen. »Aber liebe Frau«, entgegnete Herr Seldersen, der Name war ihm im Augenblick nicht mehr im Gedächtnis, »liebe Frau, ich würde Ihnen die Ware auch so mitgeben, wie lange kennen wir uns schon?« – »Bald acht Jahre«, erwiderte sie, »aber meinen Namen wissen Sie immer noch nicht.« Herr Seldersen entschuldigte sein schlechtes Gedächtnis, er lachte, ja, ja, wenn man alt wird. Es sollte ein Witz sein, aber verdammt viel Ernst und Wahrheit sah hindurch. Es entstand ein peinliches Schweigen, Frau Seldersen hielt sich im Hintergrund. Schließlich versuchte Herr Seldersen das letzte, er griff nach dem Schreibzettel und fragte, ob er die Ware besorgen solle. Aber die Frau lehnt ab, sie hat es sehr eilig, sie will verreisen und näht sich das Kleid selbst. »Vielleicht bekomme ich in einem anderen Geschäft, was ich suche, ich werde mich einmal auf den Weg machen.« – »Möglich«, sagt Herr Seldersen, sein Gesicht erscheint wieder maßlos alt und traurig, »möglich ist es. Und sonst kommen Sie ruhig wieder, ich besorge Ihnen den gewünschten Stoff innerhalb von zwei Tagen. Am nächsten Tag, abends, können Sie ihn haben, vielleicht schon am Nachmittag.« – »Schönen Dank«, verabschiedete sich die Frau, noch an der Tür dreht sie sich um und versichert, wie gern sie gekauft hätte. Er weiß, daß sie immer bei ihm kauft. Aber das Geld ist doch so knapp, und wenn man schon etwas kauft, dann muß es richtig angelegt sein. Keiner kann von ihr verlangen, daß sie etwas nimmt, was ihr nicht gefällt. »Aber natürlich«, wirft Frau Seldersen ein, die ganze Zeit hatte sie stumm dagestanden und das Gespräch verfolgt, sie konnte doch auch an dem Ausgang nicht viel ändern, »natürlich, wir geben uns auch die größte Mühe, aber alles kann man nicht führen, nun, vielleicht klappt es ein anderes Mal besser.« Die Frau geht.

»Schade, aber es ging wohl nicht anders?« fragte Frau Seldersen, als sie wieder allein waren. Sie überlegte immer noch, ob sie nicht vielleicht doch noch eine Möglichkeit fände.

»Du hast es doch selbst mit angesehen«, erwiderte Herr Seldersen gereizt, einen Vorwurf vertrug er nicht.

»Es ist nur«, begann die Mutter zaghaft, »schon das drittemal schicken wir die Frau Binge jetzt weg, sie heißt Frau Binge, du kennst natürlich ihren Namen, die Frau kommt nicht mehr wieder, mit der Zeit merkt sie gut, daß wir vieles nicht mehr haben, und andere auch.«

»Ich kann mir nicht helfen«, entgegnete der Vater erregt. Doch plötzlich kommt ihm ein Gedanke, er läßt die Mutter einfach stehen, rennt zur Tür hinaus, sieht sich auf der Straße nach allen Seiten um, bis er die Frau Binge erblickt hat, und läuft nun mit weitausholenden Schritten hinterher. Sie ist gerade auf dem Wege zu Herrn Wiesel, als sie jemand sanft an ihrem Arm berührt. Wie sie sich umdreht, steht Herr Seldersen da. »Frau Binge«, sagt er, und ein mildes Lächeln begleitet seine Worte, noch einmal: »Frau Binge«, denn jetzt weiß er ja ihren Namen, »warten Sie einen Augenblick, ich habe mich vorhin geirrt, meiner Frau fiel es eben erst ein, ich habe den Stoff, den Sie suchen. Er liegt oben in meiner Wohnung, ich habe ihn vor längerer Zeit schon für jemanden zurückgelegt, er hat vergessen, ihn abzuholen, er konnte nur eine geringe Anzahlung leisten. Kommen Sie zurück, ich dachte vorhin nicht mehr daran.« Frau Binge sieht Herrn Seldersen an, als erblicke sie ein Wunder. Vorhin hatte er es endlos bedauert, und jetzt ... der Stoff liegt oben in seiner Wohnung. Sie ist überrascht und merkt gar nicht, daß sie mit Herrn Seldersen schon wieder zurück in sein Geschäft geht. Als sie beide zusammen ankommen, steht Frau Seldersen an der Kasse, und bevor sie überhaupt vor Schreck sich gefaßt hat und wieder zu einem Worte gekommen ist, sagt der Vater laut mit betonter Stimme: »Du konntest es mir auch früher sagen, daß der Stoff oben auf dem Schrank liegt, wie lange liegt er jetzt schon da? Ich habe es der Frau Binge gesagt.« Die Mutter weiß immer noch nicht, was sie von dem ganzen Theater denken soll, der Vater wirft ihr Blicke zu, die sie sich ebenfalls nicht deuten kann. Sie schweigt, das einzige, was sie in ihrer Lage tun kann. Herr Seldersen bespricht sich unterdessen weiter hinten im Laden mit seinem Lehrmädchen und gibt ihr flüsternd einige Anweisungen, während kräftige, bewußte Handbewegungen seine Worte unterstützen. Das Mädchen macht große Augen und verschwindet aus dem Laden. Der Vater kommt wieder nach vorn zu den beiden Frauen und beginnt mit der Frau Binge erneut ein Gespräch. Was er ihr nicht alles erzählt! Frau Seldersen kann es nicht mit anhören und stellt sich an die Tür. Da sieht sie ihr Lehrmädchen, die Lisbeth, auf der anderen Seite des Bürgersteiges entlanglaufen, andauernd dreht sie sich scheu um, sie hat es sehr eilig, überquert den Fahrdamm und steuert geradezu auf das Geschäft von Herrn Wiesel. Sie verschwindet darin. Nach einer Weile kommt sie mit einem großen Paket, an dem sie mühselig schleppt, wieder zum Vorschein, wählt abermals den geheimnisvoll vorgeschriebenen Umweg, über den Fahrdamm hinüber auf die andere Seite, damit sie keiner erblickt, und kommt durch die hintere Tür zu Seldersens in das Geschäft. Der Vater nimmt ihr das Paket ab, sie selbst ist erhitzt und noch außer Atem, und schnürt es vor Frau Binge auf. Er schmunzelt. Drei große Stoffballen! Welch eine Auswahl! Auf dem Schrank da oben mußte er ein kleines Warenlager versteckt halten. Frau Binge sucht aus, bald hat sie den richtigen Stoff gefunden. Er gefällt ihr. »Es ist gut, daß Sie mich zurückgerufen haben, Herr Seldersen«, nicht oft genug kann sie es versichern, nein, wie leicht hätte er sich dieses Geschäft entgehen lassen können. Sie schüttelt den Kopf, wenn sie denkt, wie nahe die Möglichkeit schon war. Dann bezahlt sie und verläßt glückstrahlend den Laden.

Uff! Das war ein schweres Geschäft. Der Vater setzt sich an die Kasse, zieht sich den Verdienst ab und schickt das übrige Geld mit der Ware zurück an Herrn Wiesel. Geschäfte der Art kann er nicht dreimal am Tage machen, schon nach dem zweiten wäre er erledigt für die restliche Zeit. Seine Nerven gehen einfach nicht mehr mit. Erschöpft legt er den Kopf auf die Tischplatte. Frau Seldersen kommt langsam von der Tür zurück, sie hat ihren Platz nicht verlassen, sie brachte es nicht über das Herz, dabeizustehen, während der Vater Ware verkaufte, die er sich eben wie eine Diebesbeute von Herrn Wiesel hatte holen lassen. Wie kam er nur auf den Gedanken! Ob es das erstemal war? Wer weiß, wie oft er dazu schon seine traurige Zuflucht genommen hatte. Sie trat an die Kasse und sah den Vater dahinter hocken.

»Hast du denn etwas daran verdient?« fragte sie mitleidig.

Er schüttelte den Kopf, ohne aufzusehen. »Nicht viel, ein paar Pfennige. Aber man will das Geschäft doch auf jeden Fall machen.«

»Ja, ja ...«

Schweigen.

»Das hast du noch nicht nötig«, sagte die Mutter endlich, »dir von Herrn Wiesel Ware zu holen.« Sie verstand es noch immer nicht.

»Ach was«, gab er gereizt zur Antwort.

Sie horchte auf. Dann redete sie ihm gütig zu, er solle es doch einmal versuchen, vielleicht bekommt er selbst irgendwo die Ware, er ist viel zu ängstlich und unsicher. Aber Auftritte wie eben müssen in Zukunft unterbleiben, wenn es überhaupt noch einen Sinn für sie in der Zukunft gibt. Schämt er sich denn nicht vor sich selbst?

»Nein«, kommt verloren seine Antwort, »das habe ich verlernt.« Er starrt vor sich hin.

Pause.

Frau Seldersen: »Du hast keine Kraft mehr.«

Er nickt traurig: »Nein.«

»Du bist kein Mann mehr.«

»Nein.«

Schweigen.

Plötzlich der Vater: »Woher soll ich denn Ware bekommen, wer gibt mir denn etwas?« Er ist aufgesprungen, sein Gesicht ist verkrampft, keuchend preßt er die Worte hervor.

»Du übertreibst«, erwiderte die Mutter gefaßt.

»Ach, was verstehst du, geh hinauf.«

Sie bleibt.

Er setzte sich wieder hin: »Erspare mir deine Ratschläge, geh hinauf.«

Sie nimmt ihre Schlüssel, die Tränen stehen ihr in den Augen, sie geht hinauf. Er war maßlos in der Erregung, schon seit einiger Zeit gab es oft heftige Zusammenstöße, ein nichtiger Anlaß genügte, um die angespeicherten, bisher zurückgehaltenen Gefühle zum Ausbruch zu bringen. Man konnte ihm den Vorwurf, daß er Streit suche, nicht recht machen, seine Natur war im Grunde ruhig und ausgeglichen, aber jetzt verlor er nur zu leicht die Nerven und die Selbstbeherrschung. Kein Wunder, seit Jahren stand er im Kampf, ohne sich eine Ausspannung zu gönnen, jeder Tag brachte immer nur neue Aufregungen und höhere Anforderungen.

Die Angelegenheit mit den Wechseln damals hatte er glücklich beendigt und Herrn Wiesel das geliehene Geld bald darauf zurückgezahlt. Aber mit der Sitte selbst hatte er nicht gebrochen, es ließ sich nicht vermeiden, er gab wieder neue Wechsel aus. Im Augenblick war ihm geholfen, hinterher kam dann erst die große Spannung, Erwartung und der Gang zu Herrn Wiesel ... das griff an die Nerven. Frau Seldersen hatte schon recht, es fehlte eine Menge Ware, aber mußte sie ihm das sagen, wußte er es nicht selbst, zumal jetzt nie eine Gelegenheit vorüberging, da sich der Mangel unangenehm bemerkbar machte. Alles in allem, es war ein Kreuz, hier unten zu stehen, warten zu müssen, bis einer kam und kaufen wollte, die hoffnungsvolle Freude zu Anfang, dann das krampfhafte Suchen, während die Angst schon im Hintergrund stand, und das nackte Eingeständnis zum Schluß ... einer Beschäftigung nachzugehen, die nichts weiter war als eine Tätigkeit, die leerlief; kein Verdienst, keine Freude mehr sprang dabei heraus, ein Kreuz. Keiner hatte Arbeit, keiner hatte Geld, sie hingen alle zusammen, es war kein Leben und kein Sterben, das Warten machte müde und stumpfte ab. Schon am Tage ging man mit geschlossenen Augen herum, und kein Ergebnis, das größte selbst, aus welcher Richtung es auch kam, vermochte die Gemüter noch sonderlich zu erregen. Es war eine Trottelei, nichts weiter als ein sinnloses Gehen, ein Bein vor das andere setzen, ohne Überlegung und inneren Zwang ... einfach eine Trottelei.

Frau Seldersen schrieb an Albrecht, was sie von Herrn Wiesel erfahren hatte. Hinzu fügte sie ihre eigenen Beobachtungen über das veränderte Benehmen von Frau Fiedler, es mußte schon lange Zeit nicht mehr so recht geklappt haben. Zum Schluß riet sie Albrecht, möglichst vorsichtig zu verfahren und Fritz nicht mit zu viel Ratschlägen zu kommen. Das beste sei vielleicht, ihn völlig in Ruhe zu lassen, der arme Junge! Über ihre eigenen Angelegenheiten schrieb sie nur kurz, der Vater sei mißmutig und unbeherrscht, sicherlich stehe er wieder vor unüberwindlichen Hindernissen, aber er lasse nichts darüber verlauten, sie denke nicht daran, ihn mit Fragen zu bedrängen. Außerdem wird sie das Hausmädchen entlassen und nun die ganze Arbeit selbst verrichten, sie hat es sich ausgerechnet, die Ersparnis ist groß. Daß es für sie eine ungewohnte Arbeit ist, verhehlte sie nicht. Die vielen Jahre hindurch hat sie sich stets ein Mädchen halten können, aber auch die Ausgabe darf sie sich jetzt nicht mehr leisten. Solange ihre Kräfte noch reichen, hofft sie mit der Arbeit fertig zu werden.

Albrecht erhielt den Brief mit der Abendpost. Er las und legte ihn ruhig weg, er wollte ihn später noch einmal lesen. Noch einen anderen Brief hatte er erhalten, ein Angebot, für zwei Monate in die Provinz als Musiker zu fahren. Die Bezahlung war gut, er beschloß ohne langes Zögern, den Vertrag zu unterschreiben. Er tat es ein wenig übereilt, sein Entschluß reute ihn später, die zwei Monate lagen in den Ferien, er versäumte also nicht viel, aber auch er mußte nun bald an sein Examen denken. Wenn ihm der Gedanke kam, erinnerte er sich seiner Kameraden, denen das gleiche Geschick widerfuhr, und diese Verbundenheit erweckte in ihm manche neue Hoffnung.

Dann las er den Brief seiner Mutter noch einmal.

Albrecht überlegte lange, dann schreibt er an Fritz. Es wird ein kühler Brief, ohne Leidenschaft; er hat von seiner Rückkehr gehört und ist über alle Ereignisse im Bilde. Sie sind geschehen, unwiderruflich geschehen, darüber Betrachtungen anzustellen, verlohnt nicht die Zeit. Bevor er sich jetzt neu entscheidet, bittet er ihn, eingedenk ihrer freundschaftlichen Gespräche aus vergangenen Jahren seinen Vorschlag anzuhören und genau zu überlegen. Er rät ihm, dort wieder anzufangen, wo er vor Jahren eigenwillig aufhörte, die Zeit, die ihm bis zu einer Abschlußprüfung fehlt, nachzuholen, damit er vorerst ein festes Zeugnis in Händen hat. In anderthalb Jahren kann man sich wieder sprechen. Vorerst bietet ihm Albrecht seine Unterstützung an. Er kann in Ruhe und Sicherheit eine Sache zu Ende bringen, er bleibt davor bewahrt, auf der Suche nach einer neuen Arbeit abermals Rückschläge und Mißerfolge hinnehmen zu müssen, die unfehlbar wieder eintrafen. Fritz antwortete bald, man merkte seinem Briefe an, wie oft er ihn abgeschrieben hatte. »Vielen Dank für Dein Anerbieten und die persönliche Hilfeleistung«, schrieb er, er freute sich in der Tat, daß man sich seinetwegen den Kopf zerbrach. Aber er kann den Vorschlag nicht annehmen, er hat schon gewählt und kann nicht zurück. »Ich habe mich sehr verändert«, schrieb er weiter, und über dieses offene Eingeständnis seiner Wandlung wunderte sich Albrecht am meisten, er konnte damit nichts anfangen. Fritz bat, ihn an einem Sonntag, wenn Albrecht nach Hause fuhr, in M. zu besuchen, dann können sie gemeinsam vieles besprechen. Das alles klang ein wenig geheimnisvoll und verwirrt.

Schon an einem der nächsten Sonntage fuhr Albrecht eine halbstündige Bahnfahrt nach M. Unterwegs traf er Fritzens Eltern, sie begrüßten sich, es herrschte eine herzliche Stimmung. In M. an der Bahn erwartete sie Fritz, abermals große Begrüßung. Fritz erschien äußerst ruhig, er sah blaß aus, rauchte unablässig, die Finger der Hand waren bis zum Nagel gelb. Die beiden Freunde gingen voraus, Fritz erzählte unbefangen, wie lange er schon hier sei, was er den Tag über treibe. Er war guter Dinge und schien sich wohl zu fühlen. Er benahm sich, als habe er Albrecht vor vierzehn Tagen das letztemal gesehen. Albrecht daneben verlegen, ein wenig beschämt und verängstigt, er glaubte, daß Fritz ihm Theater vorspiele, und glaubte es auch wieder nicht. Unvermittelt bat Fritz Albrecht mit leiser Stimme, er solle nicht mehr mit persönlichen Vorschlägen kommen, wenn man ihn fragte, seine Eltern und sein Schwager seien sich schon einig über seine nächste Zukunft; von sich selbst sprach er nicht. Albrecht blieb stumm, also keine persönlichen Vorschläge mehr, so etwas Ähnliches hatte er schon zu Anfang erwartet, er versprach es.

Dann saßen sie zusammen um den Kaffeetisch, eine große Familie, nach langer Trennung das erstemal, daß sie wieder zusammensaßen. Frau Fiedler blickte immer wieder zu ihrem Fritz hinüber, sie war froh, daß sie ihn wieder bei sich hatte, darüber vergaß sie fast alles andere. Fritz saß völlig schweigsam dabei, als wäre er nur zufällig an den Tisch geraten, aber nicht der Mittelpunkt. Es wurde allmählich dunkler, der Schwager brachte Zigaretten und lenkte dann geschickt das Gespräch darauf, wie er sich Fritzens Zukunft vorstellte. Er sprach ausschließlich zu Albrecht gewandt, da er ja so gut wie zur Familie gehörte, er war eingeweiht, wußte alles, von Beginn der Flucht. Er brauchte deshalb nicht verlegen zu sein; wenn er damals nicht davon sprach, tat er nichts weiter, als sein Versprechen halten. Frau Fiedler nickte mit dem Kopf und sah hinüber, auch sie hatte schon längst verziehen. Albrecht beißt die Zähne aufeinander, man lobt ihn für eine Sache, die der Anfang eines Leidensweges war. Und noch stand man nicht am Ende.

Auch Herr Fiedler war zufrieden, er hatte es von Anfang an nicht gern gesehen, daß Fritz nach Amerika fuhr ... aber damals konnte ich meinen Willen nicht durchsetzen, sagte er, Fritz mußte allein die Erfahrung machen. Er war beruhigt, er hatte recht behalten.

Der Schwager rückte mit seinen Plänen heraus, er entwikkelte sie behutsam und mit Geschick. »Fritz ist noch nicht zu alt«, meinte er, »er kann noch einmal von vorne anfangen. In Hamburg hatte er Pech, als das Geschäft aufflog und er auf der Straße lag. Über ein Jahr hat er verloren ... und dann Amerika« –, doch darüber wollte er nicht mehr sagen. Es ist verdammt schwer in der ganzen Welt, auch in Amerika ... Die Arbeit liegt nicht auf der Straße, viel weniger das Geld, und das Glück, wer denkt heute noch an das Glück? Fritz hat sich den Wind um die Nase wehen lassen, er hat viel gesehen, er ist zurückgekommen, und nun muß er noch einmal von vorn anfangen. Es hilft ihm nichts, persönliche Forderungen und Wünsche muß er dabei zurückstellen. »Das müssen wir alle«, sagte der Schwager. Zehn Jahre war er verheiratet, aber Kinder sind ihm versagt geblieben. Er will versuchen, Fritz eine Stelle zu besorgen, es wird schwer sein, sicherlich, aber er hat gute Beziehungen, Fritz muß nur die Zuversicht haben, manchmal will es ihm scheinen, als ob er doch gar zu trüb in die Zukunft blicke. Ein junger Mensch muß seine Kräfte zusammennehmen, wie viele müssen sich draußen herumschlagen.

Alle beteiligten sich am Gespräch, eine kleine Plauderei, dabei geht es um den Bestand eines Menschen. Ja, Albrecht empfand diese Sorglosigkeit und Gemütlichkeit, in der hier ein Geschick für die Zukunft ausgesponnen wurde, geradezu als unwürdig und fehl am Platz. Man trank, rauchte, saß behaglich in einem warmen Zimmer, ob dies von dem

Schwager beabsichtigt war? Dann war er bereit, seine Geschicklichkeit und Vorsicht anzuerkennen, sie war außerordentlich.

Fritz schweigt. Rittlings auf dem Schreibpult sitzt er, raucht und stößt den Rauch langsam in die Luft, so daß er bald hinter einer dichten Wolke verschwindet. Er hört zu, wie die anderen beraten, ob er Konfektionär, Eisenwarenhändler oder sonst etwas Ähnliches werden sollte. Abends kann er sich dann weiterbilden, Kurse besuchen, Sprachen lernen, sagt der Vater, er ist glücklich und sieht alles schon fertig beisammen.

Und Albrecht? Nun, er saß mit am Tisch, man ließ ihn an der Beratung teilnehmen, hin und wieder wagte er auch ein Wort, vorsichtig und tastend, ob er auf Verständnis stieß oder nur in das Leere sprach. Gar zu bald merkte er, wie es damit bestellt war, ließ die anderen reden und verhielt sich die übrige Zeit still, bis man ihn wieder fragte. Er reimt sich mühevoll ein paar Sätze zusammen und versinkt dann für längere Zeit in Nachdenken. Er kommt darüber nicht hinweg, er ist erschüttert. Merkt denn keiner hier im Zimmer, nicht seine leibliche Mutter mit ihrer übergroßen Liebe, nicht der Schwager, der selbst viel in der Welt umhergetrieben war, empfinden sie denn nicht die gewaltige, tödliche Müdigkeit, und dann noch das andere, eine ganz große Angst, die hier umging? Albrecht konnte es selbst nicht genau benennen, aber die Zeit, die er nun hier am Tische und Fritz hinten auf dem Schreibpult sitzt, wird er diese seltsame Empfindung nicht los, er sieht sich mehrfach um, ob Fritz überhaupt noch anwesend und im Zimmer ist. Ich habe mich schon entschieden, hatte er Albrecht geschrieben. Wozu hatte er sich entschieden, daß er Konfektionär oder Eisenwarenhändler werden wollte? Fritz saß oben auf der Schreibtischplatte, erhöht, und sagte kein Wort. Zerbrecht euch nur die Köpfe, ihr meint es gut, aber es kommt doch anders. So machte er sich lustig.

Es war mittlerweile völlig dunkel geworden, und als Albrecht sich wieder einmal umdrehte, erblickte er die Gestalt seines Freundes sacht aus der Dunkelheit herausgehoben, Fritz zog an seiner Zigarette, die Spitze glimmte auf, und da sah Albrecht auch für einen Augenblick das Gesicht, es war blaß, wächsern, wie das eines Toten. Albrecht hielt den Atem an.

Er erhob sich und verabschiedete sich reihum, er wollte zu Fuß nach Hause gehen, in zwei Stunden, so hofft er, wird er den Weg bewältigen. Ein Zug geht erst spät am Abend. Fritz begleitet ihn, sie gehen langsam durch die Stadt. Fritz ist vollkommen ruhig, er geht langsam mit weiten Schritten, nur widerwillig nimmt Albrecht das Tempo an. Ihm ist unbehaglich zumute, jetzt, wo er mit dem Freund allein ist, ohne die selbstsichere Entschlossenheit der anderen.

»Was hältst du von den Plänen«, fragt Fritz lächelnd.

Albrecht kalt und entschlossen: »Es ist gut so, hoffentlich gehen sie in Erfüllung.«

»Ja. Aber es ist doch schwerer, als sie sich das vorstellen, oder weißt du es auch nicht?«

»Doch«, erwidert Albrecht zaghaft, »ein wenig weiß ich schon Bescheid.«

Schweigen.

Fritz geht nebenher mit seinen weitausholenden, langsamen Schritten und lächelt in sich hinein. Kleiner Junge, denkt er, was strengst du dich so sehr an, was glaubst du verheimlichen zu müssen, meinst du wirklich, daß es so einfach ist? Du hast ja lange noch nicht so viel gesehen wie ich, kleiner Junge, du hast noch keinen Mut, nicht den Mut zur Wahrheit (aber er meint die lautlose Verzweiflung).

Du irrst, antwortet Albrecht stumm, du irrst, ich weiß mehr als du ahnst – es ist alles aussichtslos, alles völlig aussichtslos . . .

»Es wäre alles viel leichter, wenn ich ein Ziel hätte, was hältst du davon? Ich frage dich, hast du ein solches Ziel?«

Albrecht überlegte, kam er zur Besinnung in der großen, schmerzlichen Verwirrung, hatte er, gesund und jung, ein Ziel für sich selbst? Nein, er hatte keines, er lief umher und dachte nur an den nächsten Tag, daß er Geld verdiente und wieder zu leben hatte, daß er keinem zur Last fiel – aber darüber hinaus traf kein Ereignis seinen Blick. Nur ab und zu hielt er mitten in der Hast an und schöpfte Atem. Er kam aus dem Tritt. Dann war es für wenige Tage um ihn geschehen, er lag da wie ein Toter, man ließ ihn in Ruhe, bald fand er sich wieder zurecht.

Aber ich studiere ja, erinnerte sich Albrecht plötzlich.

Ist das ein Ziel, glaubst du, daß du deshalb mehr Aussichten hast?

Albrecht laut: »Ich fahre jetzt für zwei Monate als Musiker in die Provinz.«

»Als Musiker?«

»Ja, ich mache doch jetzt Musik.«

»So, damit verdienst du dein Geld. Kommst du aus?«

»Es reicht gerade.«

»Seid ihr alle Studenten?«

»Nein, Musiker, zum Teil auch Kaufleute« ... Eine Dummheit, eine verhängnisvolle Dummheit!

Fritz ironisch: »Abgebaute Konfektionäre und Eisenwarenhändler.«

Oh, diese Dummheit, Albrecht möchte sich selbst verprügeln.

Fritz: »Diese Möglichkeit habe ich später nicht, noch nicht einmal Gitarre kann ich spielen.«

»Das ist doch Unsinn«, erwiderte Albrecht gereizt.

»Unsinn?« Das glaubt er nun durchaus nicht. Ist es nicht in der Tat so: Man lernt drei Jahre, und wenn man ausgelernt hat, wird man entlassen, dann geht man eben auf die Höfe und macht Musik oder sagt Gedichte auf. Ist es so?

Albrecht fühlt langsam eine tiefe und gewaltige Kraft in sich emporsteigen, er hätte Lust, jetzt zu sagen: Ja, so ist es, und dann hat man sogar noch Glück, und es geht einem gut, wenn man den Leuten das Herz zu rühren weiß. Du darfst nicht denken, ich säße ahnungslos in Berlin, aber da darfst du eigentlich gar nicht mitreden.

Warum nicht? hätte Fritz erstaunt gefragt.

Albrecht: »Du hast doch deine Eltern hinter dir, das ist etwas Sicheres und immer für den äußersten Notfall.«

»Ich wünschte, mein Vater wäre arm«, sagte Fritz auf einmal.

Albrecht sah ihn erstaunt an, was meinte er damit, er wünschte, sein Vater wäre arm, auf was für Gedanken der Freund nur kam!

»Vielleicht fiele mir dann mancher Entschluß leichter«, fuhr Fritz fort.

Pause.

»Warum, fällt es dir jetzt schwer, dich zu entschließen?«

Fritz schwieg, sein Atem ging schwer, er sah starr auf den Boden. »Oft glaube ich«, sagte er leise, »es müßte ein großer Zwang hinter mir stehen, vielleicht könnte ich mich dann noch einmal aufraffen. Aber wozu denn, es ist ja alles verfahren, elendig verfahren ... Eigentlich geht es mir aber noch gut«, fuhr er in einem ganz anderen Tone fort, »meinst du nicht auch, wenn ich wollte, meine Eltern würden mich schon durchbringen, wenn ich auch nichts verdiente, ich könnte Autofahren lernen, auf eine Fliegerschule gehen, sie würden das Geld noch einmal wagen, jetzt sind sie daran, mir eine Stelle zu besorgen, irgendeine, ich werde abwarten.«

»Aber warum tust du es dann nicht«, fragte Albrecht.

»Ach, ebensogut könnte ich den Mount Everest besteigen, das wäre das gleiche.«

Albrecht dachte nach, was Fritz mit dem Zwang meinte, er glaubte bereits leise, daß er ihn verstand. Noch später, wenn er sich dieses Gespräches erinnerte, überkam ihn die gleiche Empfindung. Es mußte ein Zwang hinter ihm stehen, der befahl und gleichzeitig festhielt, auf einen Platz bannte. Aber mehr wußte Albrecht noch nicht.

Und dann erzählte Fritz von Amerika, nicht viel, ungern willfahrte er dem Wunsch des Freundes, gab nur kurze Umrisse; was dazwischen lag, mußte sich Albrecht selbst zusammenreimen. Die Einreiseerlaubnis war gesperrt, er galt als Vergnügungsreisender, seine Aufenthaltszeit war kurz bemessen. Er mußte eine bestimmte Summe Geldes vorweisen können, als Sicherheit, daß er nicht auf Arbeit angewiesen war, die er amerikanischen Arbeitern wegnahm. Die ganze Zeit lebte er in der ununterbrochenen Angst, von der Polizei gefaßt und ausgewiesen zu werden. Alles hat er durchgemacht, was ein Fremder, der heimlich Arbeit sucht, durchmachen muß, Geschirr gewaschen und Zimmer gesäubert, Stiefel geputzt, Zeitungen verkauft, aber keine geregelte Arbeit, nichts war von längerer Dauer. Wie sollte man da hochkommen? Er mußte sich sehr in acht nehmen, daß man ihn nicht vor der Zeit aufgriff. Er arbeitete bei den Spritschmugglern, bei denen es viel zu verdienen gab. Aber war er ausgezogen, sein Leben als Spritschmuggler am Michigansee unter den Kugeln der Polizei zu lassen? Dann lernte er einen Landsmann kennen, der ihn um viel Geld brachte. Sie wollten zusammen ins Innere fahren und in der Landwirtschaft arbeiten, der andere gab sich als Farmer aus, er suchte gerade eine tüchtige Hilfe. Fritz gab ihm Geld für

Einkäufe, und der Mann ließ sich nie wieder sehen. Der Polizei durfte Fritz die Angelegenheit nicht übergeben.

Die Überfahrt. Eingepfercht zusammen mit Ausländern, hauptsächlich Portugiesen, Polen, Balkanbewohnern in einem Raum, für jeden blieb nur ein kleiner Platz. Und dann die Frauen. Jeden Abend lagen sie zu Haufen übereinander, was sollten sie auch während der ganzen Reise anfangen? Salon und Unterhaltungen gab es nicht. Das Schiff, auf dem er fuhr, gehörte zu den neusten Fahrzeugen dieser Linie.

Es war bei weitem nicht alles, was er erzählte, nur ein kurzer Ausschnitt aus seinen Erlebnissen, tagelang hätte er erzählen können. Manches hatte er auch vergessen, die Erinnerung ließ ihn im Stich, zu vieles hatte er in diesen zwei Jahren hinter sich gebracht, jetzt war ihm der Grund verschlossen. Aber Albrecht ahnte hinter dieser Schweigsamkeit alles, was Fritz nicht aussprach, den Einsatz von Kraft, der vergeblich war, die Hoffnung, die stets in Aussichtslosigkeit mündete, was sollte er weiter dazu sagen? Es war grauenvoll, und niemand würde es zum zweiten Male wagen.

Fritz erzählte ruhig und ohne Leidenschaft. Aber er hatte mittendrin gestanden, spurlos war es nicht an ihm vorübergegangen, wenn er sich auch den Anschein gab. Er war enttäuscht, ungeheuer enttäuscht. Und nicht nur das. Es war die völlige Hilflosigkeit, das schmerzvolle Erstaunen über eine Welt, die in Wirklichkeit anders war, als man sie sich geschaffen wünschte.

In den Straßen brannten die Laternen, ein leichter Regen fiel. Sie gingen die Promenade entlang auf die Chaussee.

»Und nun mußt du von neuem versuchen«, sagte Albrecht, »es bleibt dir nichts anderes übrig.«

Fritz nickte stumm.

»Du mußt ein wenig zuversichtlicher sein«, munterte ihn Albrecht großspurig auf, als hätte er es selbst faustdick.

Schweigen.

»Eins verstehe ich nicht«, fuhr Albrecht fort, immer wenn er den Freund ansah, ging ihm dieser Gedanke durch den Kopf, »eins verstehe ich nicht, du bist doch kräftig, oder wie? ...« Sie waren gerade unter einer Laterne angelangt, Fritz bleibt stehen. »Kräftig, meinst du, nun ja ...« Mit unendlicher Nachlässigkeit zieht er seine Hände aus der Tasche, hebt langsam die Arme, spreizt die Finger und hält die

Hände in die Luft: »Da sieh.« Als ginge unsichtbar ein kräftiger Strom hindurch, so zittern die Hände bis in die letzten Fingerglieder hinauf, sie wollen sich nicht fassen vor Erregung, sie schlenkern hin und her, und je mehr sich die Muskeln anspannen, desto größer wird das Ausschlagen. Fritz sieht auf seine Hände, auf seine großen kräftigen Hände, sie scheuen vor keiner Arbeit zurück, können gewaltig zupacken, aber sie zittern, und Albrecht sieht das. Er lächelt schmerzlich, und als wolle er nicht zurückstehen, hebt er seine Hände in die Höhe. Sie sind unendlich feiner, nicht so kräftig, und verraten mehr Empfindsamkeit, aber es sind auch die Hände eines Jungen, sie können auch zupacken. Er hält die Hände hoch, daß das Licht auf sie fällt, und siehe: sie zittern ebenso, vielleicht ein wenig schwächer, aber auch er vermag nichts dagegen auszurichten, er steht da und sieht auf seine Hände, und sie verraten, sie erzählen und sagen dem Freund alles – das haben sie gemeinsam, es ist genug.

»Ich werde jetzt nach Hause laufen«, sagt Albrecht, »in anderthalb Stunden habe ich es geschafft.« Fritz begleitet ihn noch ein Stück. »In Berlin sind wir natürlich oft zusammen«, verspricht Albrecht, »du kannst dir in meiner Nähe ein Zimmer mieten.«

»Hm ...«

Am Bahnübergang trennen sie sich. »Du schreibst mir sofort, was du ausgerichtet hast, übermorgen fahre ich schon ab.«

Noch nicht zehn Schritte sind sie auseinander, da ruft Fritz, und seine Worte gehen mit dem Wind: »Hallo.« Albrecht bleibt stehen und geht einige Schritte zurück.

»Ich vergaß dich zu fragen, ob du Schwierigkeiten mit deinem Studium hast, ich meine, wie es mit dem Geld ist.«

Albrecht lächelt. »Ja, und? ... was soll die Frage?«

»Ich würde gern mit meinen Eltern reden, damit sie dir ...«

»Nein, so weit ist es noch nicht, ich danke dir«, ruft Albrecht gegen den Wind zurück.

»Mir fiel es nur eben ein, auf Wiedersehen.«

Ein jeder geht in seine Richtung.

Schön war auch der Herbst, er war kräftiger, männlicher und bunt, in prächtigen Farben schillernd. Stundenlang konnte man durch die Heide gehen, und der Blick ertrank fast in dieser unendlichen Weite. Die Seen hielten noch ihre Wärme bewahrt, das Wasser duftete. Und dann der Wald, der unendliche Wald. Er stand ruhig, groß und still, wie ein ernstes Geheimnis. »Wie könnte man hier leben«, sagte Herr Seldersen, und jedesmal stöhnte er tief. Was für ein Leben hätte das sein können! Er ging umher in all dieser Schönheit, beschämt und verlegen, als verdiente er sie nicht. Was sind das für Zeiten, die Männer so unmännlich machen! Gewiß, er war der Vater und stand seiner Familie vor, er hatte diese Stellung erhalten, seine Sache, wie er sie ausfüllte und zu Ansehen brachte. Er hatte sie nie ausgenutzt und anderen seine Autorität aufgezwungen, in den guten Jahren blieb er gleichmäßig und beherrscht. Aber dann, als er aus dem Krieg wieder heimkam, in den Jahren danach, als die Schwierigkeiten sich türmten und kein Tag ohne Sorgen und Angst verging, zeigte sich seine ganze Schwäche. War er denn noch der Führer, der über alle Hindernisse hinweg den richtigen Weg fand, dem man vertraute? In Wahrheit brauchte er am nötigsten Hilfe, hilflos war er, er wußte nicht aus noch ein. Seine eigene klägliche Lage kam ihm so grauenhaft deutlich zu Bewußtsein, daß er vergaß, sie mit Worten und Taten zu bemänteln, er war zu ehrlich, vielleicht auch zu dumm. Seht, so bin ich, schien er sagen zu wollen, ein Mann und hilflos, ich muß untätig sein, warten und dulden, daß man auf mich tritt, wie auf einen Fußabtreter. Wenn man mir meine Sachen aus der Wohnung holt und aus dem Geschäft – ich muß dabei stehen und zusehen. Er hatte sein Leben lang gearbeitet und seine Familie anständig ernährt, seine Miete und Schulden pünktlich bezahlt, auch darüber hinaus fiel so mancher Brocken noch ab, er genoß Vertrauen und Ansehen. Heute verdiente er nicht einmal so viel, um zwei Menschen würdig durchzubringen, an seine Schulden überhaupt nicht zu denken.

Immer am Ersten war die Miete fällig. Solange Herr Seldersen sich erinnern konnte, hatte er sie stets pünktlich an dem Tage selbst dem Wirt hinübergetragen. Heute ist der Fünfte, und sie ist immer noch nicht bezahlt. Der Vater wartete noch drei Tage, dann ging er zum Wirt.

»Es ist das erstemal«, bringt er mühselig hervor, »daß ich

unpünktlich bezahle«, sauer genug wird es ihm, darüber ein Wort zu verlieren. Der Wirt sagte nichts, noch bot sich ihm kein Anlaß, Herr Seldersen lobte seine Nachsicht.

Aber beim nächsten Mal schickte der Wirt vier Tage nach der festgesetzten Frist ein Mädchen aus seinem Geschäft mit der Rechnung, die schon seine Unterschrift trug.

»Ich komme nachher selbst hinüber«, gab der Vater dem Mädchen zur Antwort. Während er den Brief las, stand sie schüchtern und verlegen an der Türe, nur ungern hatte sie die Botschaft übernommen.

Als Herr Seldersen später zum Hauswirt ging, war er vor Erregung leichenblaß.

»Verklagen Sie mich nur, hetzen Sie das Gericht auf mich«, schrie er, »ein jeder soll wissen, daß ich meinen Zahlungen schlecht nachkomme, nachdem ich fünfundzwanzig Jahre lang alles bis auf den Pfennig pünktlich bezahlt habe. Jetzt haben Sie Grund, in Sorge zu sein.«

Das war nun stark übertrieben, seine Erregung ließ ihn die Grenzen überschreiten. »Was soll das bedeuten?« fragte der Wirt, »ich habe Sie gemahnt, mahnen Sie ihre Schuldner nicht auch?«

Da merkte Herr Seldersen, daß er zu weit gegangen war; hatte er es nötig, seine Ängste laut hinauszuschreien und einen jeden erst auf seine Lage hinzuweisen? Er trat den Rückzug an, vorsichtig, soweit ihm noch eine Überlegung blieb.

»Warum schicken Sie mir dann diesen Brief da«, er hielt ihn in der zitternden Hand, »wenn ich das Geld habe, werde ich die Miete bezahlen, jetzt müssen Sie mir etwas entgegenkommen.«

»Ja, ja, aber ich wollte Sie nur erinnern.«

»So, nur erinnern, weiter nichts.«

Den ganzen Tag gingen Herrn Seldersen diese Worte durch den Kopf. So weit war es gekommen, daß man sich einbildete, ihn an seine Zahlungen erinnern zu müssen, die er wer weiß wieviel Jahre hindurch stets pünktlich erledigt hatte. Auf einmal befürchtete man, daß er diese Frist vergessen könne, sonderbar. Er dachte auch an seine Schuldner, die er mahnte, und trotzdem trugen sie das Bargeld das nächste Mal zu einem anderen hin. Voller Verachtung gingen sie an seinem Geschäft vorüber, würdigten ihn selbst keines Blickes – im Grunde schämten sie sich.

Wenn Herr Seldersen durch die Straßen ging, sich die Schaufenster ansah und dann vor seinen Auslagen stand und verglich, hatte er ein Gefühl, als ob ihn jemand angesprungen wäre und den Hals würgte. Die ganze Nacht liegt er dann wach, wälzt sich unruhig im Bett, bis seine Frau neben ihm aufwacht.

»Was hast du?« fragt sie noch halb im Schlaf.

Keine Antwort.

Nach einer Weile:

»Ich werde morgen dekorieren, es fällt mir eben ein.«

»Und deswegen holst du mich aus dem Schlaf?« Im gleichen Augenblick tut er ihr wieder leid. »Aber du hast recht, das Fenster ist jetzt drei Wochen alt, und innen kannst du auch alles neu herrichten. Aber jetzt versuche noch ein paar Stunden zu schlafen.«

»Ja.«

Sie legt sich auf die andere Seite und schließt die Augen. Ruhig liegen sie nebeneinander, ein jeder lauscht auf die Atemzüge des anderen, aber mit dem Schlaf war es vorbei.

Wenn der Oktober zu Ende ging, holte Herr Seldersen vom Boden den eisernen Ofen und die langen Rohre. Jetzt hatte er wieder für mehrere Tage seine Arbeit, er schmiert den Ofen aus, säubert die Rohre, stellt selbst die Heizung auf. Er kniet auf dem Boden, steht auf einer Leiter, schlägt Nägel hoch oben in die Decke, daß der weiße Putz auf seinem Anzug zerbröckelt, und ist für andere Dinge nicht zu haben. Wer ihn ansprach, bekam eine Antwort, über die er nicht lange nachzudenken brauchte. Seine Kleidung, seine Hände waren schmutzig, auch nach Feierabend legte er die Sachen nicht ab. Er säuberte sie nur oberflächlich vom Staub und trug das übrige als Ehrenkleid der Arbeit.

»Es sieht jeder nur, daß ich gearbeitet habe«, sagte er, er hatte eigentümliche Vorstellungen.

Frau Seldersen war maßlos erregt. »Aber trotzdem kann man wenigstens sauber sein«, sagte sie, »was sollen die Leute von mir denken, wenn ich dich so herumlaufen lasse. Heute begleite ich dich nicht mehr, ich schäme mich.«

Da wird Herr Seldersen grob und geht alleine weg. Zu Hause weint die Mutter, »ich glaube, er verliert noch seinen Verstand«, sagt sie zu sich unter Tränen.

An einem Nachmittag schickte Herr Dalke sein jüngstes Lehrmädchen zu Herrn Seldersen und lud ihn für den Abend ein: Seine Frau war verreist, er alleine in der großen Wohnung, die Zeit wurde ihm lang, er liebte die Geselligkeit. Zuerst wollte Herr Seldersen ablehnen, ihm war nicht nach abendlichen Sitzungen zumute, die, wie er wußte, sich bis in die späte Nacht hinzogen. Aber Frau Seldersen, die dabei stand, als das Mädchen die Aufforderung brachte, gab ihm zu verstehen, daß er Herrn Dalke unmöglich absagen konnte. Was hatte er auch für einen Grund? Der Vater blieb unentschlossen. Einen schönen Gruß, ja, er wird pünktlich erscheinen, antwortete sie ohne Zögern, und vielen Dank. Herr Seldersen war starr. Das Lehrmädchen verließ den Laden, ging über die Straße, und der Vater sah sie zu Herrn Wiesel hineingehen. Also auch Herr Wiesel, zu dritt würden sie den Abend verbringen, es konnte ihm recht sein, aber große Lust verspürte er immer noch nicht. Wie kam seine Frau dazu, über seinen Kopf hinweg eine Einladung anzunehmen, die ihm nicht genehm war?

»Du wirst dir deinen blauen Anzug anziehen und hingehen«, sagte die Mutter, ohne sich weiter auf nähere Erklärungen einzulassen. Er mußte wieder einmal mit anderen Menschen zusammenkommen, in letzter Zeit hatte er nur selten die Gelegenheit gesucht, er schloß sich gerne ab, blieb allein mit seinen Gedanken und grübelte.

Am Abend bürstete Herr Seldersen an seinem Werktagsanzug herum, der durch die vielen ausgefleckten Stellen ein unerklärlich farbloses Aussehen bekommen hatte. Er war nicht zu bewegen, sich umzuziehen. »Es ist ja dunkel«, sagte er, »wer sieht mich da schon.« So ging er davon.

Zu dritt saßen sie um den kleinen runden Tisch in der warmen Stube, auf einem Tisch daneben standen Zigarren, Likörflaschen aufgebaut, Herr Dalke hatte gut vorgesorgt, es herrschte eine behaglich gemütliche Stimmung in dem Raum. Herr Dalke wartete nicht lange, sogleich begann er die Karten zu mischen, er war ein leidenschaftlicher, aber verteufelt schlechter Spieler. Das Spiel verschaffte ihm einen außerordentlichen Genuß. Und mit welchem Eifer betrieb er es! Die ganze Zeit saß er mit erhitztem Gesicht über den Tisch gebeugt, hielt die Karten ganz eng an seinen Körper, so daß er selbst nur unter schwierigen Verrenkungen und Verdrehungen einen Blick hineinwerfen konnte, immer glaubte er, daß man sich gegen ihn verschworen habe. Jede einzelne Karte versah er mit langen Erklärungen, ein endloses Selbstgespräch, zu dem Herr Wiesel nur still nickte und ab und an ein Scherzwort einwarf, um Herrn Dalke noch mehr zu reizen, während Herr Seldersen ruhig auf seinem Platze saß und schwieg. Er hielt die Karten, sorgfältig gelegt, geradeaus vor seinem Gesicht hoch in der Luft, indem er den Arm auf den Ellenbogen stützte. Er liebte Spieler von der Art des Herrn Wiesel, die mit Bedacht, wortlos, aber gefährlich ihre Karten ausspielten. Wie Herr Dalke nur so mitgenommen werden konnte! Und wenn er gar verloren hatte, dann hockte er verstockt und voll Trauer auf seinem Platz, als habe er die Niederlage seines Lebens erlitten, andauernd sprach er vor sich hin und erklärte, wie er es hätte besser machen können und dann doch noch gewonnen hätte. Er trank einen Likör und begab sich von neuem in die Gefahr. So ging es in die ersten Stunden des neuen Tages hinein. Herr Seldersen lehnte in seinem Stuhl, die Zigarre lag halb zu Ende geraucht in dem Aschenbecher, seine Hand, in der er die Karten hielt, ruhte müde auf der Tischplatte, kaum konnte er seine Augen noch offen halten. Er hatte es im voraus gewußt, daß es wieder spät in der Nacht wurde, er sah zur Uhr – volle fünf Stunden saß er hier, und noch nicht drei Sätze hatte er gesprochen. Auch Herr Wiesel war schläfrig, er nickte noch immer zu Herrn Dalkes Erzählungen, aber vielleicht tat er es schon im Schlaf, er mußte sich in acht nehmen, daß sein Kopf nicht einmal in der Bewegung ausrutschte und auf dem Tisch aufstieß. Einzig Herr Dalke war noch frisch, er spielte im Verlust, der Ärger hielt ihn wach. Plötzlich warf er die Karten auf den Tisch, er hatte genug. Herr Seldersen rechnete zusammen und reichte ihm den Zettel, damit er ihn überprüfte. Herr Dalke nickte nur mit dem Kopf, es wird schon stimmen, und schob ihm das Geld zu. Danke, offen gestanden war es Herrn Seldersen peinlich, das Geld zu nehmen, aber er hatte ja gewonnen. Auch Herrn Wiesel schob Herr Dalke das Geld zu, aber der nahm es lachend in Empfang: »Dafür werden Sie heute ein gutes Geschäft machen«, tröstete er, »und ich habe wenigstens schon eine Einnahme.« Herr Dalke mußte über den Witz lachen, aber er winkte ab, ein gutes Geschäft, ja, er wünschte, er könnte wieder einmal so sprechen. Er wollte ihnen einmal etwas erzählen. Da kam heute ein höherer Beamter zu ihm hier aus der Stadt, er will keinen Namen nennen, aber sie würden erstaunt sein – und zog ihn ins Vertrauen. Er brauchte nötig Sachen für sich und seine Familie, schon immer hatte er seine Ware von Herrn Dalke bezogen, er ließ eine lange Rede vom Stapel, wie zufrieden er stets gewesen sei, und am Ende bat er, da er nicht alles auf einen Schlag bezahlen könne, um Nachsicht. Herr Dalke kam ihm entgegen, er gewährte sie. Aber das ist nur ein Beispiel, Dutzende kann er anführen.

Herr Seldersen lauschte gespannt. Das ist nicht anders, begann Herr Wiesel, das Borgen bringt uns an das Ende, und überdies macht es die anderen lässig und bequem, auch er kann erzählen. Nun, um die Zinsen nicht zu verlieren, schlägt er jedesmal eine Summe auf. Wenn dann die Zahlungen stocken und man die Schuldner auffordert zu zahlen, dann gehen sie beleidigt vorbei und würdigen ihn keines Blickes, sicherlich schämen sie sich. Nun, darauf kann er keine Rücksicht nehmen. Oder sie bleiben überhaupt ganz weg, gehen zu jemand anders und fangen da an zu borgen.

Was es mit dieser Scham auf sich hatte, wußte Herr Seldersen nur zu gut. Ging es ihm denn im Grunde anders, sah er nicht auch zu, wo sein Vorteil blieb, knüpfte er nicht auch neue Verbindungen an, wenn ihn seine alten noch verpflichteten?

»Was soll man da tun?« fragte er beiläufig.

Herr Dalke zuckte die Achseln, was konnte man da schon tun? Nichts, gar nichts, man mußte vorsichtig sein. »Lieber mache ich das Geschäft nicht, als daß ich mich in solch ungewisse Sachen einlasse, auf Verdacht ... wenn man erst einmal damit anfängt, ist es aus.« So ist es, bestätigte Herr Wiesel, auch er borgte und schrieb an, aber er tat es mit Vorsicht, er konnte noch wählerisch sein.

Herr Seldersen überlegte bei sich, daß manchen Tag kein Stück Ware aus dem Geschäft hinausging, wenn er es nicht auf Treu und Glauben dem Kunden mitgab – sie würden es schon abbezahlen. Was wußten die beiden anderen von den Geschäften, zu denen er gezwungen war.

»Es ist schon nicht leicht«, sagte Herr Wiesel und gab

Herrn Dalke die Hand, »gute Nacht, vielen Dank, angenehme Ruhe.«

»Gute Nacht, Herr Seldersen.«

»Gute Nacht.«

Sie gingen durch die dunklen Straßen. Nach ein Uhr ließ die Stadtverwaltung die Laternen auslöschen – um zu sparen. Zögernd tappen ihre Schritte.

»Seien Sie vorsichtig mit dem Borgen, Herr Seldersen«, warnte Herr Wiesel, »es führt zu nichts, Sie hörten, was Herr Dalke eben gesagt hat.«

Daß er es auch tat – Herr Seldersen wunderte sich, er hatte es nicht geglaubt.

»Warum? Meinen Sie, Herr Dalke macht eine Ausnahme? Er tut es vielleicht mehr, als er es zugeben will.«

»Aber er sieht sich seine Leute an, er kann noch wählerisch sein.«

Dann verabschiedete sich Herr Wiesel, er war bei seinem Hause angelangt.

Herr Seldersen ging alleine weiter, er ließ sich das Gespräch noch einmal durch den Kopf gehen. Die ganze Zeit über war er das seltsame Gefühl nicht losgeworden, Herr Dalke und Herr Wiesel pflegten geheime Beziehungen untereinander. Anfangs konnte er sich über seine Vermutung keine genaue Rechenschaft geben, die Unterhaltung war ruhig verlaufen, ein jeder hatte sein Teil dazu beigesteuert, ein jeder sagte das, was er im Augenblick dachte, keiner verschwieg etwas. Aber dennoch – Herr Seldersen blieb dabei –, Herr Dalke und Herr Wiesel pflegten geheime Beziehungen untereinander, zwischen ihnen bestand, nicht näher faßbar und greifbar, eine geheime Verständigung. Aber worin, zum Teufel? Er war versessen auf den Gedanken und ruhte nicht eher, als bis er hierin Klarheit geschaffen hatte, er fand, daß er es sich schuldig war.

Es war alles höchst einfach und Herrn Seldersens Vermutung keineswegs aus der Luft gegriffen. Die Erlebnisse der letzten Jahre hatten sein Empfinden in vieler Hinsicht geschärft und ihn auch hier nicht im Stich gelassen. Er hatte recht, wenn er auch übertrieb, die Folgen für sich aufbauschte und schlechter dabei wegkam als die anderen zwei. Das eine verband sie alle drei: sie mußten Ware geben, ohne dafür gleich das Geld zu sehen, sie schrieben an. Herr Dalke vornehmlich den Beamten, den Lehrern und den Angehörigen der gehobenen Stände, er konnte seines Geldes ziemlich sicher sein. Herr Wiesel desgleichen. Aber zu Herrn Seldersen kamen ausschließlich – wie konnte es anders sein – die armen Teufel, die Ausgeplünderten, die Hoffnungslosen. Irgendein Geruch lag in der Luft, der sie zu Herrn Seldersen zog, eine Art von Verwesungsgestank, Leichengeruch, eine ebenso vertrackte, geheime Verbundenheit, wie sie Herr Seldersen vorhin zwischen Herrn Wiesel und Herrn Dalke herausgespürt hatte. Dies war es, nichts anderes. Es kam ihnen nicht so sehr darauf an, ob sie den Kunden verloren oder nicht, sie konnten es aushalten, vorläufig bestimmt, und sicherlich noch lange Zeit später. Ein Verlust hin und wieder schuf bei ihnen keine Veränderung, er brachte das Gebäude nicht zum Wanken. Und er? Er war selbst ein armer Teufel, auf jeden Pfennig kam es bei ihm an, von Anfang an mußte er darauf bedacht sein, sich jeden Kunden zu erhalten, in jeder Lage, auch für später, um jeden Preis. Er konnte keine entschlossenen Maßnahmen ergreifen, er konnte es sich nicht leisten, zu tief hing er in dem ganzen Verhängnis. Die anderen konnten anschreiben, vier Wochen, sechs Wochen, acht Wochen, ein halbes Jahr, es kam ihnen nicht darauf an, sie schöpften aus einer Reserve. Sie konnten sich energisch und zielbewußt zeigen, den säumigen Kunden mahnen, verklagen und pfänden, zum Schluß kehrte er zu ihnen zurück, er war auf sie angewiesen. Aber er, Herr Seldersen?

Und dies war die Erfahrung, die Herrn Seldersen im Gespräch mit Herrn Wiesel und Herrn Dalke gleichsam auf übersinnliche Weise zuteil wurde.

Es ging nicht mehr, beim besten Willen, so ging es nicht mehr weiter, das Ende selbst konnte nicht schrecklicher sein. Mit den Briefen damals hatte es begonnen, mit den Briefen fing es auch jetzt wieder an. Der Briefträger brachte sie zweimal am Tage, und mit ihnen zog abermals ein: Kummer, Verzweiflung, Sorgen, alles hatte man schon einmal erfahren. Anderthalb Jahre war es ruhig gegangen, daß es nicht von langer Dauer sein würde, hatte Herr Seldersen damals schon gewußt. Es war ähnlich einem Schlaf während eines Gewitters. Er las die Briefe, er kannte ihren Inhalt, dieses Mal aber waren sie wesentlich schärfer gehalten, man mahnte ihn nackt, ohne Rücksichtnahme, die Gefahr eines Verlustes lag zu nahe, man war gewitzt durch die Erfahrung, vorsichtig, ohne Vertrauen. Herr Seldersen schrieb zurück, bat um Nachsicht, alles wie schon einmal. Als Antwort erhielt er nach einigen Tagen eine Aufforderung vom Anwalt, das Geld innerhalb einer bestimmten Frist zu überweisen, man drohte mit einer Klage und allen Schritten, die sich daraus ergaben. Aber auch die Klage hatte der Vater schon miteinberechnet, sie erschreckte ihn nicht mehr. Er ging zu Herrn Wiesel und lieh sich das Geld, auch dabei empfand er nichts mehr. Die übrigen Gläubiger stellte er durch kleine Summen zufrieden, die er in den folgenden Tagen wegsandte. Es war eine Schusterarbeit, eine elende Flickerei, in seinem ganzen Leben würde er nicht mehr davon loskommen. Die Briefe und Drohungen häuften sich, ihre Sprache wurde anmaßend und schneidend. Aber das Geld, woher sollte Herr Seldersen das Geld nehmen?

Eines Nachmittags machte sich Frau Seldersen verstohlen auf einen langen Weg. Sie zog sich oben in der Wohnung an, nahm ihre Tasche und erschien dann unten im Laden, in dem Herr Seldersen geduldig saß und wartete.

»Ich gehe noch ein wenig spazieren«, sagte sie, und ihre Stimme klang fest, sicher, es sollte durchaus keine Entschuldigung sein, daß sie sich hinauswagte und ihn hier allein zurückließ. Er nickte ihr zu, froh, daß sie sich dazu aufgerafft hatte, er hätte sie gern begleitet. Die Sonne stand am Himmel, die Luft lag leicht und warm über der Stadt.

Frau Seldersen verließ das Geschäft, doch sie hatte nicht die Absicht, ein harmlos vergnügter Spaziergänger, ruhig ihres Weges zu gehen und sich zu erfreuen, ihr Ziel war nicht der Wald da draußen, der sich prächtig und satt über dem weiten Tal erhob, oder die gepflegten Anlagen, in denen es sich gemächlich und heiter wandeln ließ. Sie lenkte ihre Schritte dorthin, wo die Häuser eng, dichtgedrängt an den holprigen Straßen standen, Menschen in verqualmten Stuben wohnten, sie stieg eine ausgetretene, steil aufstrebende Wendeltreppe empor, bis zum obersten Stock, unter das Dach, klopfte an die Tür und trat in das Zimmer.

Auf dem Sofa lag faul und schwer der Mann und schlief. Die Fliegen spielten über sein Gesicht, im Schlaf schlug er nach ihnen. Die Frau saß am Tisch; als Frau Seldersen eintrat, sprang sie auf.

»Frau Seldersen«, rief sie erstaunt, ging ihr ein paar Schritte entgegen und begrüßte sie. Sie setzten sich an den Tisch.

»Pst«, machte die Mutter, »nicht so laut, Ihr Mann schläft, gewiß ist er müde, hat er wieder Arbeit, Nachtschicht?«

»Arbeit«, wiederholte die Frau spöttisch. »Er hat schlechte Angewohnheiten angenommen, er ist müde, er trinkt. Heute mittag kam er wieder in dem Zustand heim. Wir können ruhig laut miteinander sprechen.«

Frau Seldersen bedauerte sie. Mittlerweile hatte sie sich vom Treppensteigen erholt.

Pause.

Sie sitzen sich gegenüber und sehen sich erstaunt und verlegen an. Dieser unerwartete Besuch überraschte die Frau nicht wenig, gern hätte sie bald gewußt, woran sie mit diesem Besuch war, eine große Ehre, vielen Dank auch. Aber ohne einen besonderen Grund war Frau Seldersen nicht die vier Treppen heraufgestiegen.

»Sie wohnen aber recht nett hier, wirklich ...«, sagte Frau Seldersen langsam, ihre Blicke wanderten in der Stube umher.

War sie deshalb hergekommen, um sich davon zu überzeugen?

Schweigen.

Frau Seldersen suchte krampfhaft nach einem Anfang.

»... und die Gardinen, wie schwer Sie sich damals entschlossen haben, nun sind Sie sicherlich selbst zufrieden.«

Die Frau nickte: »Ich habe sie jetzt gewaschen, sie sind noch frisch von der Spanne.«

Pause.

Frau Seldersen überlegt, da kam ihr die andere zu Hilfe.

»Ich glaube, es steht noch ein Rest auf die Gardinen an«, sagte sie zögernd, als erinnere sie sich nur schwer.

Frau Seldersen nickte, auf einmal verspürte sie Mut.

»Nicht nur auf die Gardinen«, sie hebt den Blick und sieht die Frau unbeweglich an.

»Ich weiß«, flüstert sie.

Schweigen.

»Wir haben jetzt große Zahlungen«, sagt Frau Seldersen stockend, »nur schwer kommt das Geld ein, wir müssen zusehen ...«, und der Mut wächst ihr aus ihren eigenen Worten entgegen. Sie spricht weiter. Die Frau versteht, auch sie gehört zu denen, von denen Frau Seldersen spricht, sie ist Geld schuldig, eine ganze Seite in dem Buch ist für sie eingerichtet.

»Sie haben sich lange nicht sehen lassen«, fährt Frau Seldersen fort, »sind Sie krank gewesen? Ich wollte einmal nachsehen, wie es Ihnen geht, und bei der Gelegenheit können Sie vielleicht ein paar Mark auf Ihre Schuld bezahlen.«

Nun war es heraus, sie war gekommen, Geld zu holen. Sie stieg vier Treppen hinauf und nahm Anstrengung und Herzklopfen in Kauf.

Die Frau an der anderen Seite des Tisches, die Kundin, die hier eben gemahnt wurde, saß auf einem Stuhl in ihrem Zimmer und dachte, es wäre besser, sie säße ganz alleine hier, oder draußen irgendwo. Dann wieder rief sie sich in das Gedächtnis zurück, daß sie sich ja in ihren eigenen vier Wänden befand, nirgendwo anders, in dem Geschäft von Seldersen zum Beispiel oder zur Verhandlung im Gerichtssaal. Sie blinzelte zu Frau Seldersen hinüber und sagte:

»Ich hatte mir vorgenommen, morgen oder übermorgen, an einem der nächsten Tage bestimmt, in die Stadt zu kommen, die Wochen vorher ging es nicht, es tut mir leid.« Seldersens brauchten auch das Geld, natürlich, das sah sie ein. Dann erhob sie sich, nahm ihre Schlüssel und schloß, indem sie sich oft nach dem Sofa umdrehte, ein kleines Fach in dem Schrank auf. Sie stöberte darin herum und zog eine kleine Pappschachtel hervor, in der sie, versteckt, damit es ihr Mann nicht fand, Geld aufbewahrte. Sie entnahm ein paar Münzen und schloß alles sorgfältig wieder ab, stets mit der Besorgnis, daß ihr Mann davon aufwachte. Auf einmal glaubte sie anscheinend selbst nicht mehr an seinen festen Schlaf. Dann trat sie an den Tisch: »Da«, sagte sie und gab der Frau Seldersen das Geld.

»Danke.« Frau Seldersen steckte es sogleich in ihre Tasche, im stillen überrechnete sie ... vier Wochen war die Frau nicht zu ihnen in das Geschäft gekommen, jetzt gab sie ihr fünf Mark, stolz, und dachte, wer weiß was für eine bedeutende Zahlung sie da leiste. Macht etwas über eine Mark die Woche, die Zinsen nicht einberechnet. Herzlich wenig und kein Grund, sich zu rühmen. Aber die Frau glaubte, ein gutes und rechtschaffenes Werk vollendet zu haben, Frau Seldersen ließ ihr den Glauben. Sie hatte fünf Mark in ihrer Tasche; noch einige Zeit blieb sie am Tisch bei der Frau sitzen, sie hatte es nicht mehr so eilig, vor allem wollte sie sich nicht den Anschein geben, als sei sie nur wegen des lumpigen Geldes heraufgekommen.

Der Mann lag immer noch auf dem Sofa und schlief sich seinen Rausch aus. Die Frau stand an der anderen Seite des Tisches, aufrecht, die Hände in die Seiten gestützt, und blickte zu Frau Seldersen hinunter. Nur ungenau hörte sie, was Frau Seldersen erzählte, es ging ihr nicht aus dem Sinn, was sie eben erlebt hatte. Dann erhob sich Frau Seldersen und verabschiedete sich, sie ging leise, um den Mann nicht aus dem Schlaf zu wecken, zur Tür. Dort drehte sie sich noch einmal um, nickte mit dem Kopf. Da stand die Frau immer noch am Tisch und sah mit weiten Augen zu ihr herüber. Frau Seldersen wurde ernst. Die ganze Zeit über hatte sie sich sicher und beherrscht gezeigt, nun bebten ihre Hände, ihre Lippen zitterten, sie gedachte noch ein paar Worte zu sagen, sich zu entschuldigen. Sie schämte sich ... Doch wortlos öffnete sie die Tür und stieg die enggewundenen, schmalstiegigen vier Treppen hinab.

Die Frau in der Stube setzte sich wieder an den Tisch. Nun kam man schon zu ihr ins Haus, um das Geld zu holen, das sie schuldete! Das hatte sie noch nie erlebt, aber seltsam ... aus diesem Zwischenfall las sie nicht für sich etwas Nachteiliges oder sogar Beschämendes heraus, sondern der andere, der die vier Treppen bis zu ihr hinaufstieg, um das Geld zu kassieren, war der Spieler, auf den das ganze Licht fiel. Höchst eigenartig, sie gedachte sich einmal mit der Nachbarin eine Treppe tiefer darüber auszusprechen.

Frau Seldersen ging reihum in die Wohnungen zu ihren Kunden. Sie wohnten hier alle dicht beieinander, der Nachmittag war lang, sie hatte noch viel vor. Auf der Straße spielten die Kinder, Frau Seldersen blieb stehen und gab einem kleinen Bub oder Mädel die Hand. »Guten Tag«, sagte sie freundlich, »ist deine Mutter zu Hause?« – »Nein«, antwortete der Knirps mit einem quiekenden Stimmchen, »meine Mutter ist auf dem Feld, abends kommt sie heim.«

»Und dein Vater?«

»Das weiß ich nicht.«

»Einen schönen Gruß«, bestellte die Mutter, »du weißt doch, wer ich bin.«

Sie zog weiter. Sie ging über einen Hof, auf dem Geflügel schnatternd und glucksend durcheinander lief, der Hund riß an der Kette und bellte wütend, die Mutter trat an das Fenster und sah in das Zimmer. Leise klopfte sie mit einem Finger gegen die Scheibe.

»Wer ist denn da«, rief eine müde Stimme von innen. Frau Seldersen nannte ihren Namen. Eilige Schritte kamen angeschlürft, eine alte Frau erschien hinter den Fenstergardinen.

»Welche Überraschung«, rief sie, »Frau Seldersen, kommen Sie nur herein, welche Freude.«

Die Mutter trat in das Zimmer und wurde mit Ehren überhäuft. Sie mußte Platz nehmen, die alte Frau brachte eine Tasse, ohne Henkel und mit abgestoßenem Trinkrand, sie tranken zusammen Kaffee. Die Frau war allein, sie wohnte bei ihrem verheirateten Sohn, die Schwiegertochter war nicht zu Hause.

»Sie haben geschlafen«, bedauerte die Mutter, »wenn ich das gewußt hätte ...«

Aber die alte Frau wehrte ab: »Nur wegen meines Herzens«, sagte sie mit heiserer Stimme, »da muß ich öfters liegen. Ja, das Herz will nicht mehr.«

»Das dachte ich mir doch«, warf Frau Seldersen ein, »ich wollte nur einmal sehen, wie es Ihnen geht.« Vorläufig besaß sie noch nicht genug Mut. Sie erkundigte sich voller Teilnahme nach allem möglichen.

»Lange habe ich Sie nicht mehr gesehen«, begann die Mutter auf einmal, wagte sie es doch?

»Ich gehe nicht mehr viel hinaus«, erwiderte die Alte, »der Lärm, die Aufregung, die Menschen und mein Herz ...«, sie schnappt nach Luft. »Ich bin meinen Kindern eine Last.«

Frau Seldersen sah sie an, eine alte Bekannte, sie hatte auch ihren Mann gekannt, nun war er schon zehn Jahre tot. Den einen Sohn hatte der Krieg ihr genommen, bei dem anderen wohnte sie jetzt. Er schlug sich durch, ohne feste Arbeit, die Mutter unterstützte mit ihren paar Rentengroschen den Haushalt. Ob Frau Seldersen dennoch ein Wort wagte?

Eine gute Weile unterhielten sich die beiden Frauen, die Mutter vergaß darüber nicht, weshalb sie hierhergekommen war, aber sie machte auch nicht die leiseste Andeutung, eine unerklärliche Scham hielt sie zurück. Und der alten Frau, die zufrieden und gottergeben von ihren Leiden berichtete, erging es im Grunde nicht anders. Die ganze Zeit wurde sie den Gedanken nicht los, daß sie bei Seldersens noch im Buch stand und lange schon kein Geld mehr gebracht hatte. Sie hoffte, daß sie selbst noch einmal es in die Stadt tragen könnte, wenn sie wieder gesund war. Einen kleinen Teil hatte sie in der Schublade zusammengespart. Ob sie es wagte – Frau Seldersen war bei ihr zu Besuch, eine Gelegenheit –, ob sie ihr das Geld gab? Sie erhob sich und ging mit unsicheren Schritten wankend durch die Stube. Da bat Frau Seldersen, sie solle sich wieder hinlegen, das sei für ihr Herz besser. Die Frau hielt an und gab ihr Vorhaben auf. Nun gut, vielleicht kam sie selbst noch einmal ins Geschäft. Frau Seldersen verabschiedete sich, zu lange hatte sie sich hier aufgehalten.

Beim nächsten fand sie niemanden vor, die Tür verschlossen, sie kehrte auf der Schwelle um. Beim vierten war die Stube voller Menschen, Nachbarn, Bekannte, Männer, Frauen, sie hatten ihre Kinder mitgebracht. Eine große Balgerei auf dem Boden, Hallo, Lärm und Tabaksqualm. Frau Seldersen blieb an der Tür stehen und setzte keinen Schritt in das Zimmer. Aller Augen gingen hin zu ihrem Platz. Sie winkte in die Stube.

»Wollen Sie nicht nähertreten«, riefen die Männer und schlugen die Karten mit Wucht auf den Tisch, daß es klatschte. »Wir feiern gerade Geburtstag.« Die Mutter dankte, sie will sich hier nicht lange aufhalten. Die Kinder krochen an sie heran. Vom Tisch erhob sich eine Frau und kam mit nachlässigen Schritten zu ihr. Begrüßung. Die Mutter flüstert der Frau etwas ins Ohr. Die macht ein überraschtes Gesicht, Frau Seldersen redet weiter auf sie ein, ohne Unterlaß.

Pause.

Die Frau geht langsam durch das Zimmer zurück, hochaufgerichtet, ein jeder kann sie sehen, die Männer unterbrechen das Spiel, es herrscht plötzlich eine Totenstille in dem Raum, sogar die Kinder lauschen voller Erwartung. Die Frau ist am Küchenschrank angekommen und nimmt aus einer Tasse, im mittleren Fach, zwei kleine Geldmünzen. Sie geht wieder zurück.

»Da«, sagt sie und gibt vor aller Augen Frau Seldersen das Geld in die aufgehaltene Hand, wie man einem Bettler etwas gibt, den man an der Tür abfertigt. Kein Wort weiter.

»Danke«, sagt Frau Seldersen, »lassen Sie sich bald einmal sehen.« Die Frau verspricht es, sie schließt die Tür. Schon hebt drinnen das Lärmen wieder an.

Frau Seldersen steigt langsam die Treppe wieder hinunter, ihr Puls jagt, sie keucht, ihr schwindelt, sie ist halb bewußtlos. Wie sie draußen steht, überlegt sie dunkel, es wäre noch Zeit, sie könnte noch zu verschiedenen anderen gehen ... aber für heute hat sie genug. Langsam kehrt sie in die Stadt zurück.

Am Abend, als Herr Seldersen die Tageseinnahmen überzählt, legt sie ihm schweigend das Geld auf den Tisch, er nickt mit dem Kopf und zählt weiter. Frau Seldersen nach einer Weile:

»Von Frau Arndt und Mertens.«

»So«, fragt der Vater, »hast du sie denn getroffen und angesprochen? Ich hätte das nicht gewagt.«

»Du«, erwidert die Mutter geringschätzig, »ich war in den Wohnungen. Die alte Bach ist krank, vielleicht schickt sie die Tochter, man muß sich eben in Erinnerung bringen.«

Der Vater nimmt das Geld und legt es zu dem übrigen, er spricht kein Wort, nicht einmal ein »Danke« kommt über seine Lippen. Sein Gesicht ist starr, unbeweglich, der Ärger und Verdruß frißt in ihm. Aber auch Frau Seldersen ist verärgert, ohne Zweifel hat sie mehr Grund dazu. Ob er sich denn vorstellt, daß es ihr ein leichtes gewesen ist, sich zu diesem Schritt aufzuraffen, wenn er wüßte ... Wie ein Bettler an der Tür hat man sie abgefertigt. Nie mehr würde sie etwas unternehmen, ihm behilflich zu sein, nie mehr, nichts als Undank erntet sie.

Schon nach zehn Tagen machte sie sich zum zweitenmal auf den Weg, dieses Mal hatte sie mehr Erfolg, so daß auch

Herr Seldersen nicht umhin konnte, ihre Tüchtigkeit und Gewandtheit anzuerkennen, aber mit der Sache selbst hatte er sich immer noch nicht abgefunden. Diese Frau!

Frau Seldersen hingegen, angespornt, ließ diese Spaziergänge zu einer ständigen Einrichtung werden, im Monat mindestens zweimal.

Aber das Geld reichte immer noch nicht, ohne Unterlaß schrieben die Gläubiger, Herr Seldersen wußte sich nicht mehr zu helfen. Er schrieb, ohne seine Frau vorher zu fragen, an Albrecht.

Albrecht saß in einer größeren Stadt Mitteldeutschlands, tat seinen Dienst als Musiker und lebte ohne Sinn für sich hin. Der Tag zerfiel in zwei Hälften, die eine davon arbeitete er angestrengt und fast ohne Pause, die andere schlief er. Dazwischen lag gar nichts, keine Erholung, keine Ruhe, keine Freude. Als er den Brief seines Vaters erhielt, ließ er sich Vorschuß geben und schickte das Geld noch am gleichen Tage ab. Er erhielt alsbald einen Dankbrief, der ihm das Wasser in die Augen trieb, er zerriß ihn und wünschte zu vergessen. Nach zwei Monaten fuhr er wieder nach Hause; müde, ohne Schwung, ein wenig verbittert kam er an, noch ein paar Tage, dann begann seine Arbeit in Berlin. Er ruhte sich aus, kam mit niemandem zusammen.

Fritz Fiedler saß immer noch zu Hause, er hatte noch nichts gefunden, so sehr sich seine Eltern auch bemühten. Er lungerte herum, die Tage vergingen, ohne daß er eine sinnvolle, geregelte Tätigkeit fand. Er verkam langsam. Dies alles beobachtete er mit einer hämischen Schweigsamkeit, nur selten ließ er sich blicken.

Frau Seldersen hatte das Dienstmädchen entlassen, sie besorgte schon seit langem den Haushalt allein, sie rechnete Albrecht vor, wieviel sie an Essen, Lohn und allem anderen sparten. Sie hatte in den Wochen, in denen sie nun schon alleine war, über zehn Pfund an Gewicht abgenommen, die Arbeit strengte sie sichtlich an. Aber sie plagte sich weiter, verbissen, als habe sie ihr Leben lang nichts anderes getan. Mitunter betrachtete sie ihre Hände, die rissig und rauh wurden, die Nägel spröde und flach, aber keine Klage wurde jemals laut. Herrn Seldersen war es nicht nur um die Ersparnis zu tun, er verfolgte noch einen anderen Zweck. Er wußte von sich selbst, was es hieß, den ganzen Tag ohne eine ordentliche Beschäftigung im Laden stehen oder, wie die Mutter, an die Tür gelehnt, und Ausschau nach Kunden halten. Alles war zu ertragen, aber ohne eine Beschäftigung konnte man nicht sein.

In der ersten Zeit ging es gut so, sie waren beide zufrieden, wenn auch das Leben an Bequemlichkeit verloren hatte. Herr Seldersen blieb den Vormittag alleine unten, nahm die Post in Empfang, und was die Mutter nicht wußte, brauchte er nicht zu erzählen. Aber nicht lange, da erschien sie wieder im Laden, zuerst am Nachmittag, dann am Vormittag, auf einen Sprung sah sie hinein, schließlich richtete sie es so ein, daß sie sich gerade immer zu der Zeit unten einfand, wenn die Post kam. Warum sie nicht oben bliebe, fragte der Vater unlustig. Sie schüttelte den Kopf, es ging nicht, die Unruhe, die quälende Ungewißheit trieb sie immer wieder hinunter. So standen sie nun wieder zusammen und kamen sich erneut ins Gehege. Frau Seldersen war hellsichtig, sie wußte mehr, als der Vater ihr sagte, aber längst noch nicht alles. Er wollte sie schonen und erzählte ihr nicht, was sich am Tage mitunter abspielte, von den Briefen, Mahnungen und anderen unangenehmen Zwischenfällen. Aber gerade diese Rücksicht schien ihr unerträglich, sie wußte nichts, aber sie ahnte sehr vieles, nichts Bestimmtes, überall nur ein Verdacht, Vermutungen, die schwerer wogen als eine Gewißheit. Sie sah, wenn sie alleine war, in den Büchern nach, überrechnete die einzelnen Abschlüsse, verglich sie mit früheren, blätterte weit zurück in den Jahren. Sie zerwühlte ihren Kopf und ging umher wie im Traum.

Auf der Straße sprach sie eine Bekannte an und machte sie darauf aufmerksam, daß ihr Kleid eine große schadhafte Stelle aufwies. Verwirrt dankte Frau Seldersen für den Hinweis, sie hatte es nicht gesehen, sie trug sich jetzt weniger sorgfältig und sauber, ein wenig nachlässig schon und gleichgültig. »Vielen Dank«, sagte sie, »ich habe nicht darauf geachtet, ich bin immer so in Gedanken ...«, aber bei den letzten Worten stutzte sie schon, sie durfte nicht zuviel verraten.

»Ja, ja«, erwiderte die Frau, »Sie sehen auch schlecht aus, früher waren Sie viel frischer.«

»Ich habe doch schon zwei erwachsene Kinder«, verwahrte sich die Mutter. Sie hielt das für eine Entschuldigung. Dann erzählte sie, daß sie ihren Haushalt jetzt allein besorge, wir sind nur zwei Menschen, aber Arbeit gibt es immer. Die Frau drückte ihr die Hand und ging weiter.

Auf dem Rückweg kamen der Mutter die Tränen. Jetzt sah man ihr schon auf der Straße an, wie es mit ihnen stand, nicht nur dem Vater, jetzt auch ihr schon. Und sie hatte sich so bemüht, es verborgen zu halten, sich nichts anmerken zu lassen!

Oben in der Wohnung verlor sie ihre Fassung völlig, sie legte sich auf das Bett, weinte und blieb liegen, bis am Nachmittag Herr Seldersen zum Essen heraufkam. Als er noch nichts vorbereitet fand, murrte er und ging wieder hinunter.

Wissen tät' ich gerne, was die Frau den ganzen Vormittag über getrieben hat, noch nicht einmal das Essen hat sie fertig, wenn man hungrig hinaufkommt, so viel hat sie doch nicht zu tun. Aber er sagte es immer, sie besaß keine Einteilung.

So dachte Herr Seldersen und steigerte sich immer weiter in einen Unfrieden hinein. Er hatte nicht gesehen, daß die Mutter rotverweinte Augen hatte, daß sie zerschlagen und verwundet, ein kranker, leidender Mensch, umherlief. Die Not hatte ihn stumpf und blind gemacht und nur in schmerzlich feinen Bezirken eine übertriebene Empfindsamkeit übriggelassen.

Die Tage verloren immer mehr an Licht und Wärme, die Winterware wäre längst fällig gewesen, doch Herr Seldersen schob den Termin immer wieder hinaus. Er schrieb an seine Lieferanten, sie sollten ihm die Ware noch nicht zusenden; dadurch gewann er Aufschub für die Zahlungen später. Als es aber dann an der Zeit war, kam eines Tages ein Brief, man kann ihm die bestellte Ware nicht liefern, schrieb der Fabrikant, die Zahlungen in den letzten Monaten waren zu unregelmäßig, das Risiko eines neuerlichen Verlustes kann er nicht noch einmal auf sich nehmen. In den vorangehenden Monaten hatte er empfindliche Ausfälle zu verzeichnen, auch dort, wo er es nicht erwartete, aber überall forderte die Zeit ihre Opfer, so daß er fortan nur mit der größten Vorsicht ans Werk gehe. Den dritten Teil der bestellten Ware kann er Herrn Seldersen zusenden.

Da stand der Winter vor der Tür, man ertrug wieder geheizte Zimmer und warme Kleider, aber der Kaufmann Seldersen stand ohne Ware da. Die Leute kamen zu ihm ins Geschäft, um einzukaufen, er begrüßte sie freundlich, ließ sich nichts anmerken und hörte ihre Wünsche an. Einen Augenblick, sagte er dann und schickte die Mutter oder das Lehrmädchen weg zu Herrn Wiesel oder Herrn Dalke, um von dort die Ware zu holen. Frau Seldersen sah es von Anfang nicht gerne, für sie bedeutete es die restlose Aufgabe ihrer Selbständigkeit, fortan waren sie nur noch eine Filiale, ein Ableger von beiden, aber der Vater bewies hierin eine Sorglosigkeit, die man früher nie an ihm wahrgenommen hatte. Während dann die Kundschaft im Laden geduldig wartete, erzählte er, daß die Ware eben erst angekommen sei, noch nicht einmal ausgepackt stehen die Kisten unten im Keller. Er war unerschöpflich im Erfinden von geeigneten Ausreden, ja, er schien sogar selbst eine diebische Freude dabei zu empfinden, wenn er seinen Kunden allerhand Geschichten auftischen konnte. Oft waren sie jedoch so offenbar und durchsichtig, daß die Mutter ihre Schlüssel nahm und beschämt nach oben ging. Wenn der Vater sie später zu Gesicht bekam, grinste er voller Behagen, aber sie sah doch tiefer, sie ließ sich kein Theater vormachen. Die Leute kamen nur noch vereinzelt zu ihnen ins Geschäft, mit der Zeit hatte es sich herumgesprochen, daß Herr Seldersen keine große Auswahl führte, sie fühlten, wie es mit ihm stand. Die Geschichten, mit denen er ihnen aufwartete, bekamen sie sonst nirgends zu hören. Sie waren ungeduldig und ließen sich nicht länger mehr hinhalten.

Lieber gingen sie zu Herrn Dalke, seine Ware ist nicht besser und auch nicht wesentlich billiger im Preis, aber da war das Geschäft, die Aufmachung, die Auslagen, was gab es nicht alles zu sehen; sie vergaßen für einige Zeit ihre Kümmernisse, die Augen schwelgten in den unfaßbaren Vorräten, die Kinder bekamen außerdem einen Luftballon oder irgendein Spielzeug, ein Fähnchen, auf dem der Name des Herrn Dalke gedruckt stand. Es war ein Wunder und zugleich ein Geschenk. Zu Weihnacht ließ sich Herr Seldersen große papierne Teller herstellen, er verschenkte sie, doch neben den Fähnchen und den Luftballons konnten sie nicht bestehen. Es war nur eine unnütze Ausgabe und verteuerte den Betrieb, besser, er unterließ künftig derartig kostspielige Reklame, mit Herrn Dalke konnte er doch nicht mit.

Herr Seldersen las den Brief, seine Frau stand dabei, sie sprachen kein Wort miteinander, sie dachten beide den gleichen Gedanken: das war das Ende. Wenn er jetzt nicht achtgab, war es um ihn geschehen, was sollte er aber tun?

»Du mußt sofort nach Berlin fahren«, drängte die Mutter. Er schüttelt den Kopf. »Doch, doch«, wiederholt sie, »was soll denn sonst werden?«

»Ich weiß nicht«, sagt er, ihm ist alles gleich, er läßt es gehen. Frau Seldersen weinte sehr an dem Tage.

Am nächsten Morgen fuhr der Vater nach Berlin, er hatte es sich überlegt, er wollte mit dem alten Chef persönlich reden, vielleicht erreichte er sein Ziel. Ob er auch Herrn Nelken bat. Unmöglich, murmelte er vor sich hin, unmöglich, jetzt im Winter ... Über den Winter mußte er noch kommen, er fühlte noch einen Rest von Ehrgeiz.

Es dauerte seine Zeit und bereitete viel Schwierigkeiten, bis Herr Seldersen vorgelassen wurde. Er wagte nicht, die Augen aufzuschlagen, er glaubte, ein jeder hier in dem Geschäft wüßte, wie es mit ihm stand und in welcher Angelegenheit er kam. Vorn an der Anmeldung nannte er seinen Namen ...

Herr Seldersen? Ja, man kannte ihn noch, wenn er sich auch lange nicht hatte blicken lassen. »Es ist gut, in welcher Angelegenheit bitte?« Der Vater drückte sich um eine genaue Angabe herum, er will hier wegen eines Briefes, den man ihm geschickt hat, Rücksprache nehmen. Man weist ihn einen Stock höher, da trifft er bestimmt jemanden an. Er ging durch die geräumigen Säle, die ihm bekannt waren wie sein eigener Raum zu Hause. Eine Totenstille herrschte hier, vereinzelt standen an den Lägern Kunden, wurde ein Korb mit Paketen bepackt zur Auslieferung durchgeschoben, die Verkäufer standen herum und langweilten sich, viele neue Gesichter, Herr Seldersen kannte sich nicht mehr aus. Dann traf er einen alten Bekannten, herzliche Begrüßung.

»Sind Sie auch wieder einmal hier, man sieht Sie nur selten bei uns, wie geht es denn?«

Ob er es wohl wußte, der Vater überlegte bei sich, dann stammelte er ein paar nichtssagende Worte ... »wenn ich etwas brauche, schreibe ich, die Reise ist zu teuer, eine einfache Postkarte genügt.«

»Werden Sie denn nicht mehr von uns besucht?« fragte der andere.

»Natürlich«, antwortete Herr Seldersen hastig, »aber wie das Reisen heute ist, wissen Sie selbst, Sie sind doch früher auch gereist.«

»Ja, ja, ich weiß Bescheid«, er verlor sich in Erinnerungen.

Der Vater fragte weiter, warum so wenig Betrieb hier sei, wie ausgestorben, jetzt in der Wintersaison, vor Weihnachten, eigentlich habe er erwartet ...

»Es ist nicht mehr so arg mit dem Geschäft«, winkte der andere ab, »wir verspüren es auch.« Dann erzählte er mit leiser Stimme, das große Haus Hans & Co. stelle seine Zahlungen ein. Es war noch nicht spruchreif, aber lange dauerte es bestimmt nicht mehr, ein offenes Geheimnis. Herr Seldersen wiederholte, Hans & Co., nicht möglich, er schüttelte den Kopf, unfaßbar, wohin soll das führen? Einer nach dem anderen, und jetzt auch schon die Großen, von denen man wer weiß was für Vorstellungen hatte. Da darf man sich ja am Ende nicht wundern ...

Nein, nicht wundern, bestätigte der andere.

»Aber wohin soll denn das führen?« erregte sich Herr Seldersen, »ich frage Sie, wohin?«

Pause.

»Ich weiß es nicht, Herr Seldersen, man liest doch täglich in den Zeitungen eine große Aufstellung von denen, die es aufgegeben haben, das ist vielleicht das beste, ich weiß es nicht.«

»Ja, aber was dann, was kommt danach?«

»Auch das weiß ich nicht«, erklärte schließlich der andere, beinahe schämte er sich, es zu sagen, »ich weiß es nicht, ich bin alt, ich werde es nicht erleben und denke nicht mehr darüber nach.«

Herr Seldersen schwieg. Wie es auch kommt, er erlebt es nicht mehr, hatte der andere gesagt und sich still beschieden. Nun, auch Herr Seldersen wünschte oft, daß er so denken könnte, das Verlangen nach Ruhe, nach tiefem Frieden, nach Bewußtlosigkeit überfiel ihn seit langem immer stärker, gefährlich nahe schon, es wußte kein Mensch.

Er verabschiedete sich und ging einen Stock höher. Hier suchte er lange Zeit, bis er endlich den einen Inhaber fand. Herr Seldersen grüßte und ging vorüber, er suchte den Seniorchef, er kannte ihn persönlich, von ihm erhoffte er sehr viel. Er fand ihn nirgends, die Zeit schritt vorwärts, und er hatte noch nichts erreicht. Den anderen Inhaber kannte er auch, allerdings nur flüchtig, er war erst seit kurzem eingetreten, noch nicht ganz fünf Jahre. Er war jung, energisch, zielbewußt, Herr Seldersen verspürte von Beginn an eine Abneigung gegen ihn. Er hatte nie viel mit ihm zu tun in den Jahren, da es mit ihm noch besser stand, ängstlich vermied er eine nähere Berührung, wer weiß, von welchen Gefühlen er sich da leiten ließ.

Endlich faßte er Mut, trat an den jungen Chef heran und fragte höflich, wo der Seniorchef, der alte Herr – er nannte dessen Namen –, zu finden sei.

»Er ist nicht im Hause«, antwortete der andere, »in welcher Angelegenheit bitte?«

Herr Seldersen erklärte, daß er ihn gern gesprochen hätte. Wann er zu erreichen sei?

»Selten«, entgegnete ihm der Jüngere, »selten ist er noch im Haus, das hohe Alter, die Verhältnisse ... es ist so ratsamer.«

Der Vater verstand. Da war er nun umsonst hergekommen. Er überlegte, dann machte er eine kurze Verbeugung, schließlich war er der Ältere, und wenn er auch als Bittender kam – nicht zu viel Untertänigkeit. Er nannte seinen Namen. »Ich kenne Sie«, erwiderte der Chef freundlich, vorhin tat er, als hätte er einen Fremden vor sich. Herr Seldersen nahm einen Anlauf und offenbarte vorsichtig den Zweck seines Besuches. Der andere verstand sofort, er war über alles genau unterrichtet. Er sprach überaus höflich, bedauerte unendlich, zwischendurch entschuldigte er sich für einen Augenblick, um einen Anruf zu erledigen, kam wieder, führte die Unterredung weiter, rief einen jungen Mann heran, diktierte ein paar Sätze, die ihm gerade durch den Kopf gingen. In den Pausen stand der Vater da und wußte nichts mit sich anzufangen, am liebsten wäre er auf und davon gelaufen, aber dies ging nicht, er wartete geduldig.

Auch Herr Nelken erschien, aber er blieb im Hintergrund. Wenn der Jüngere wiederkam, setzte er das Gespräch genau an dem Punkte fort, wo er zuletzt stehengeblieben war. Sein Ton war freundlich, zuvorkommend, wie es sich für einen klugen Geschäftsmann geziemt, jedoch gerade dies machte Herrn Seldersen so befangen.

»Ja, ja«, sagte er, »ich gestehe Ihnen zu, daß Sie schlechte Erfahrungen haben und vorsichtig sein müssen.« Der andere nickte lebhaft ... er wollte ihm einmal einen Einblick in die Bücher verschaffen, Augen würde er machen.

»Aber wenn Sie den ganzen Kredit entziehen, wo soll man dann hinkommen?«

Schweigen.

»Wir haben eben das Vertrauen verloren«, erklärte ihm der Chef gemächlich, »die schlechten Erfahrungen geben uns recht.«

Herr Seldersen suchte krampfhaft nach einer Erwiderung. »Das Vertrauen«, flüsterte er, »schon recht. Wenn jemand Geld hat, dann ist es keine Kunst, Vertrauen zu gewähren, aber ...«

»Herr Seldersen«, unterbrach ihn der andere, »Sie haben bei uns doch Kredit gehabt, bis Sie vor anderthalb Jahren mit dem Vergleich kamen, wo wir viel verloren. Trotzdem räumten wir Ihnen weiter Kredit ein, wenn wir ihn auch beschränkten, aber wir gaben Ihnen doch eine Möglichkeit wenigstens. Nun sind Sie mit Ihren Zahlungen wieder im Rückstand, kann man es uns verdenken?«

»Es reichte eben schon damals nicht, wenn Sie mir damals eine größere Möglichkeit geboten hätten, bedenken Sie doch, die Konkurrenz ist groß.«

»Ich weiß nicht«, der Jüngere zuckte die Achseln, »trotzdem ... dann gingen wir ein noch viel größeres Risiko ein. Sie hatten doch keinen Rückhalt, und wir können doch nicht ins Blaue hinein vertrauen. Sie denken doch auch kaufmännisch, geben Sie zu, es wäre nicht kaufmännisch gedacht.«

»Aber wenn ich Ware gehabt hätte«, wiederholte der Vater, er kam nicht darüber hinweg, als wenn dies der Schlüssel für alles wäre.

»Nein, Herr Seldersen«, sagte der Chef auf einmal, es

klang, als wollte er den Vater gütig belehren, »Ihnen wäre auch so nicht geholfen, Sie irren, wenn Sie das glauben. Ihre Lasten wären nur größer geworden.«

»Größer geworden? Warum?« forschte der Vater, er sah den Grund nicht ein.

»Haben Sie denn keine Arbeitslosen in der Stadt?« fragte der andere ruhig.

Der Vater schwieg, er verstand jetzt, ihm schwindelte. Das ewige Leid, wie man es auch drehte und wendete, zum Schluß kam man immer wieder auf den Anfang zurück. Es hing alles dicht zusammen, wer fand sich da noch hindurch? Er nicht mehr, ihm war der Weg versperrt. Und wie der junge Chef das mit den Arbeitslosen scheinbar so ruhig und unbeteiligt sagte, ward allmählich der Vater sich bewußt, daß er hier nicht allein stand und nur seine Sache vortrug, es war da noch etwas anderes in ihm, ein Gefühl, das er bisher noch nicht gekannt hatte. Er sah in Gedanken einen geduldigen, traurigen Zug aufmarschieren, sie kamen zu ihm, sagten, nun können wir nicht mehr kaufen, denn wir haben gerade so viel, um zu essen, und das geht vor. Aber der Vater gab ihnen, dies war unabänderlich, solange er auf seinem Platz stand, hielt er durch, schenkte Vertrauen, weil es sonst überhaupt nicht mehr ging.

Hier stand er nun und kämpfte, daß man ihm wieder Vertrauen schenkte, ein verzweifelter Kampf, er wollte ja noch arbeiten ... »und jetzt wollen Sie mich also aufsitzen lassen«, sagte er leise, er hatte schreien wollen, aber dazu konnte er sich nicht mehr aufschwingen.

»Wir geben Ihnen Ware, natürlich«, entgegnete der andere höflich wie zuvor, »wenn ich mich recht erinnere, den dritten Teil können Sie jederzeit von uns haben, war es nicht so?«

»Es reicht nicht«, hält ihm der Vater vor, »gerade jetzt vor Weihnachten, gerade jetzt hofft man doch etwas zu verkaufen.«

Ein Achselzucken. Herr Seldersen verabschiedet sich und geht mit schweren Schritten durch den Raum. Als er bei Herrn Nelken vorbeikam, sah er auf, ein Gedanke durchzuckte ihn, er gedachte einen Augenblick stehenzubleiben. Herr Nelken stand da und sah zu Boden, er suchte vielleicht gerade eine Stecknadel, die ihm heruntergefallen war. Der

Vater wußte nicht, ob er ihm die Hand geben solle? ... Hier hatte er seine Rolle zu Ende gespielt, er ging.

Am Nachmittag traf er sich mit seinen Kindern, er trat ihnen wesentlich gefaßter und ruhiger entgegen, aber es blieb ihnen doch nicht verborgen, wie es in Wahrheit mit ihm stand. Lange saßen sie zusammen, der Vater erzählte, warum er hier in Berlin war, berichtete auch von der Unterredung und dem Ergebnis. Langes Schweigen. Endlich sagte Anneliese, daß man es dabei doch nicht belassen könne, irgend etwas müsse geschehen. Er sah sie an. »Aber was?« fragte er leise, »hast du einen Vorschlag?« Schweigen. Dann sagte er, daß er es schon lange habe kommen sehen, aber bisher hat er noch nie davon gesprochen, um sie nicht unnötig zu beunruhigen, jetzt kann es nicht mehr lange dauern, es sei unsinnig, sich länger noch einer Erwartung hinzugeben. Bei diesen Worten liefen ihm die Tränen über die Wangen, aber er merkte nicht, daß er weinte. Dann verharrten sie lange in tiefem Schweigen. Die ganze Zeit hörte Albrecht nie auf, seinen Vater groß anzusehen, er erinnerte sich, daß er ihn schon einmal hatte weinen sehen. Damals saß er in der Küche auf einer kleinen Bank und weinte, weil er nun Hausieren gehen müsse, er sah keine andere Möglichkeit mehr, sie erschien ihm so untragbar, daß er weinte. Umsonst waren die Tränen, er war nicht hausieren gegangen, es kam alles anders, eine Besserung trat nicht ein, es wickelte sich nur viel langsamer und schwerer ab, als er damals ahnte. Nun saß er hier, weinend, und sagte, daß das Ende gekommen ist, man gibt ihm keine Ware mehr, das Vertrauen hat er unwiderruflich eingebüßt, nun ist er am Schluß angelangt.

Aber er war noch nicht am Schluß angelangt, er irrte, wenn er so sprach, nur seine Unwissenheit konnte als Entschuldigung gelten, noch hatte er nicht alle Möglichkeiten erschöpft, noch nicht die tiefste Scham erlitten – sie blieb ihm nicht vorenthalten.

Der Nachmittag verrann unter endlosem Nachdenken, Überlegen, Pläneschmieden, es kam nichts dabei heraus, alles war ohne Aussicht. Der Vater fuhr nach Hause, zum Abschied küßte er sie zärtlich, dann stieg er in seine Bahn.

»Man sollte ihn nicht alleine fahren lassen«, sagte Anneliese. Albrecht zuckte die Achseln, er war selbst gelähmt.

Zu Hause erwartete ihn die Mutter auf der Bahn, es war

kalt und zugig, es fror sie selbst in ihrem Mantel. Als sie ihn an der Sperre sah, wie er die Fahrkarte abgab und sich dann umblickte, ob man ihn abhole, wußte sie alles. Stille Begrüßung, sie nimmt seinen Arm, und so gehen sie langsam, gegen den Wind ankämpfend, nach Hause. Der Vater erzählt zögernd von allem möglichen, was er in Berlin gesehen hat, von dem Zusammensein mit den Kindern, er bestellt Grüße – über den ursprünglichen Sinn seiner Reise kein Wort. Endlich fragt die Mutter, sie kann es nicht länger mehr aushalten, die Nerven versagen ihr ... »und was hast du erreicht?«

»Nichts«, erwiderte der Vater, »nichts.«

Pause.

»Mein Gott«, flüsterte die Mutter, »was nun?«

Hatte der Vater es gehört? Er schob die Mütze tief herab, sein Gesicht blieb verdeckt. Die Mutter weinte leise vor sich hin, den ganzen Tag über hatte sie gebangt, ihre Ahnungen! Alles umsonst, und was nun? Der Wind pfiff und bog die Körper zurück, man mußte sich ducken und ordentlich dagegen stemmen, um einen Schritt Boden zu gewinnen. Sie kämpften sich durch, sie bissen die Lippen aufeinander und sprachen kein Wort. Ermattet kamen sie zu Hause an, die Mutter brachte das Essen, aber sie aßen beide nicht, sogleich gingen sie zur Ruhe.

Und nun muß ich von einer Nacht erzählen, die so angefüllt ist von unergründlicher Trauer und tiefster Verzweiflung, daß die Gedanken sich voreinander verbergen. Ich will berichten, behutsam und zart, da ich keine alten Wunden neu bluten lassen will, von dieser einen Nacht, in der es schien, als sollte das Schicksal einen irrsinnigen Ausweg gefunden haben. Ich beginne:

In dem Schrank, der in dem Schlafzimmer in der Ecke vorne am Fenster steht, hielt Herr Seldersen in einem Gefach unter Wäschestücken einen Revolver versteckt. Er hatte ihn aus dem Krieg mit nach Hause gebracht, ein jeder wußte es, niemand sagte es dem anderen. Doch nein, ich muß von neuem beginnen, muß viel weiter zurückgreifen, nicht eine Spur von Schatten darf auf den Ereignissen liegenbleiben, die zu dieser Nacht führten.

Ein Revolver ist gut, der Gasschlauch verlängert die Qual. Seht Herrn Seldersen, einen Mann über die Fünfzig, er hat den Krieg draußen im Feld gesund überstanden, vier entfesselte Jahre vermochten nicht, ihm das Ende zu bereiten, er kam zurück, wie man aus einem Feldzug, den man verloren hat, zurückkommt, zermürbt, ermattet, müde – aber mit gesunden Gliedern und heil, das Leben blieb bewahrt. Und nun liegt dieser alte Mann, dem das Leben so arg mitspielte, nachts in seinem Bett, wälzt sich unruhig von einer Seite auf die andere, als sei der ganze Körper eine einzige große Wunde, und findet den Schlaf nicht. Neben ihm liegt seine Frau wach. Er stöhnt, betet und flucht, nur das eine erbittet er noch, Vergessen, Ruhe, endlich einmal Ruhe. In tiefer Nacht richtet er sich langsam in seinem Bette auf, und wie er dann behutsam und vorsichtig die Decke abstreift, ist er so entbrannt in seiner Vorstellung, in dem Gedanken an das, zu dem er sich entschließt, daß er nicht merkt, wie nebenan in ihrem Bett die Mutter ebenfalls ganz leise die Decke zurückschlägt, nur unendlich behender und mit der Angst, daß es zu spät werde. Der Vater steht vor dem Wäscheschrank, leise dreht er den Schlüssel und öffnet vorsichtig die Tür, von der er weiß, daß das spröde Holz knarrt. Da steht die Mutter neben ihm, in ihrem Nachthemd, gespenstisch, überragend groß, wahnwitzig entschlossen. Sie ergreift des Vaters Hand und drückt sie langsam nieder, mit gewaltigen Kräften, die aus einem alten, im Verfall begriffenen Körper wunderbar entstehen. Der Vater ist im ersten Augenblick so überrascht, daß jeder Widerstand erlahmt und die Mutter leichtes Spiel hat. Doch bald gewinnt er wieder Gewalt über seine Kräfte, und nun beginnt im Dunkeln ein stiller, verzweifelter Kampf. »Laß mich«, stöhnt er irr und voller Wut, daß ihm jemand dazwischengekommen ist. Sie steht da, wie in einem Wahn, ehern umschließt sie seine Hand. Dazu ihr stilles Weinen. »Es ist genug jetzt,« preßt der Vater endlich hervor, »jetzt endlich ist Schluß.« Er bittet flehentlich, ihn freizugeben. Kein Wort entfährt der Mutter, die übergroße Anstrengung spannt den Körper siegesgewiß. Pause. »Nein, nein«, sagt sie leise, ihre Stimme erzittert in dem Schluchzen, »nein, nein.« Wer vermag dagegen etwas auszurichten? Heftiger, verbissener Kampf. Der Vater sieht zu der Mutter in der Dunkelheit auf, sieht ihr altes Gesicht, die aufgelösten Haare, den vor Erregung zitternden Körper. »Komm«, flüstert sie leise, »komm zurück, wir legen uns wieder hin.« Es klingt unendlich gütig, beinahe lockend. Der Vater kann nicht umhin, er läßt sich befehlen und legt sich still in sein Bett. Doch der Kampf ist noch nicht zu Ende, als würde er sich jetzt erst seiner Lage bewußt, er wirft sich hin und her, ein wühlendes Weinen ergreift ihn, sein Körper zerspringt fast unter den gewaltigen Stößen. Die Mutter daneben liegt zuerst ganz ruhig und läßt den Schmerz austoben, sie ist ohne Gedanken und nur offen dem Augenblick. Dann tastet zart ihre Hand, und wie sie es früher getan hat, sie nimmt seinen Kopf, rückt unmerklich näher und umfängt den Vater in ihrer Umarmung. Da kann er sich nun ausweinen, sie fühlt den bebenden Körper, und allmählich merkt sie, wie er nur noch in schweren großen Schlägen sich aufbäumt und dann langsam zur Ruhe kommt. Und so überkommt ihn mildtätig und erlösend der Schlaf.

Am übernächsten Tag in der Abendstunde ließ sich Herr Seldersen bei Herrn Dalke anmelden. Er befolgte den Vorschlag seiner Frau und trat in seine tiefste Erniedrigung. Den Vormittag ließ er vorübergehen und auch den Nachmittag, erst als es allmählich in den Straßen dämmrig wurde und in den Geschäften schon das Licht brannte, fühlte er sich mutig genug. Ja, er ging zu Herrn Dalke, der in drei Wochentagen so viel einnahm wie er in dreißig, der einen Rückhalt hatte, Vertrauen besaß, alles, wie er wollte. Nun ging Herr Seldersen zu ihm. Eigentlich waren sie Konkurrenten, wenn sie auch persönlich gut miteinander standen – war er denn aller Scham ledig gegangen?

Herr Dalke war ein kluger Mann, er saß oben in seinem Kontor, über seine Bücher gebeugt, als der Vater eintrat.

»Guten Abend«, sagte er leise, »störe ich?«

Herr Dalke zeigte sich nicht im mindesten überrascht, er ging dem Vater entgegen, ließ ihn zuerst Platz nehmen, dann setzte er sich ihm gegenüber und fragte ihn, nein, er fragte nicht viel, er wußte ja genug. Er vermied es geschickt und machte es Herrn Seldersen nicht allzuschwer, ohne lange Umschweife, er wußte, warum man ihn aufsuchte. Ein Gespräch, ein munteres Gespräch über all das, was Herrn

Seldersen bedrückte, floß zwischen ihnen, und dann war es eigentlich Herr Dalke, der dem Vater einen Vorschlag machte, zurückhaltend und voller Nachsicht, er wollte sich nicht aufdrängen. Er bot ihm eine Summe an, gerade genug, daß sich Herr Seldersen für den Winter mit Ware eindecken konnte. Da saß er und brachte kein Wort heraus, das hatte er nicht erwartet, alles andere, das nicht.

»Es ist zu viel«, sagte er, »ich kann es nicht annehmen, ich muß Ihnen nachher das Geld doch zurückzahlen, das wäre viel zu schwierig, nein.«

Sie einigten sich auf die Hälfte des Betrages, es war auch noch genug.

Herr Seldersen wollte schon aufstehen und sich verabschieden, aber für Herrn Dalke war die Angelegenheit noch nicht erledigt. Er sah weiter.

»Herr Seldersen«, sagte er, »für das Geld, das ich Ihnen gebe, will ich gern eine Sicherheit haben.«

Herr Seldersen hob den Blick, vermied aber, Herrn Dalke anzusehen.

»Eine Sicherheit?« flüsterte er.

Herr Dalke nickte: »Ja, Ihre Möbel und einige Wertsachen, daß der Betrag erreicht wird. Es ist besser so. Bringen Sie mir morgen eine Aufstellung.«

Dann gab er ihm die Hand. Herr Seldersen atmete erleichtert auf.

»Vielen Dank«, sagte er, er schüttelte sie kräftig, »vielen Dank!« Auch Herr Dalke war sein Freund, in den langen Jahren, die sie sich kannten, gab es nie eine Mißstimmung zwischen ihnen, wenn sie auch Konkurrenten waren und im Grunde mehr als das. Herr Dalke besaß, was dem Vater fehlte, Vertrauen, ein großes Geschäft, einen Rückhalt, Reserven, und das war das Entscheidende. Er gehörte zu denen, um die sich eng und fest immer mehr der Ring schloß und die untereinander festgeschweißt standen. Ein einzelner konnte da nicht gegen an. Ja, eigentlich hatte Herr Dalke schuld, keine persönliche Schuld, er meinte es nicht schlecht, aber er stand auf der anderen Seite. Er war ein Mörder, nicht heimlich und aus einem Hinterhalt, sondern eine Macht, die feststand, die gesichert war und mordete mit dem, was sie tat. Das war Herr Dalke, und dazu ein Freund. Am nächsten Tage fuhr Herr Seldersen nach Berlin und kaufte Ware für das Geld, das ihm Herr Dalke gegeben hatte. Er ging in das Geschäft, in dem er vor kurzem seinen größten Sturz erlebt hatte ... man entzog ihm das Vertrauen, nachdem er es fünfundzwanzig Jahre besessen. Nun gut, er ging dahin, obgleich er es nicht nötig hatte; für sein Geld bekam er die Ware überall, mit Kußhand. Aber den Triumph wollte er sich nicht entgehen lassen.

Er suchte lange aus, ein großer Auslieferungskorb wurde vollgepackt. Beim Überrechnen verschwand der Verkäufer einen Augenblick, um Erkundigungen einzuholen. So war es angewiesen worden, über jeden Käufer mußte er eine Erkundigung einziehen. Er kam nicht allein zurück, der jüngere Chef begleitete ihn, der gleiche, mit dem der Vater vor kurzem die Erfahrung gemacht hatte. Leider nicht Herr Nelken, Herr Seldersen wollte bitten, auch Herrn Nelken zu rufen. Sie alle sollten es sehen. Der jüngere Chef begann höflich, aber entschieden, er bedaure sehr, aber Herr Seldersen entsinne sich gewiß ihres Gespräches ...

»Ich bezahle sofort«, unterbrach ihn der Vater.

»Wie bitte?«

»Ich zahle sofort bar«, wiederholte Herr Seldersen, man hatte ihn anscheinend nicht verstanden. »Mein Zug geht in anderthalb Stunden, bis dahin muß die Ware auf der Bahn sein. Ich nehme sie sofort mit, wenn es nicht geht, dann bedauere ich ...«

»Aber natürlich, wird prompt erledigt.« Er will also sofort bezahlen, schon gut, es wird pünktlich geliefert, er kann sich darauf verlassen.

Der junge Chef stand da und wußte nicht, was er weiter sagen sollte. Es konnte ihm schließlich gleich sein, woher Herr Seldersen das Geld auf einmal hatte, vielleicht hatte er zufällig eine Erbschaft angetreten oder in der Lotterie gewonnen oder auch gestohlen ... was ging ihn das an. Herr Seldersen bezahlte bar, erhielt seine Ware, er war wieder angesehen, Herr Seldersen, zu Diensten, immer zu Diensten ...

Als er wieder draußen stand, spuckte der Vater dreimal kräfig aus – ob er mit seinem Absatz die Fensterscheibe eintrat? Jedoch, er hatte seine Ware, er konnte eigentlich zufrieden sein. Aber widerlich, unsagbar widerlich, er hatte genug von dem Theater. Beinahe schämte er sich, eine so erbärmliche Rolle darin erhalten zu haben. Den Herrn Nelken übrigens hätte er gerne gesprochen, er hatte ihm eine ordentliche Ohrfeige zugedacht.

Im Dezember, in der Nacht zu einem Mittwoch, erschoß sich Fritz Fiedler in einem kleinen Hotel in der Mitte der Stadt. Als man ihn am Morgen fand, war sein Körper kalt, ein dünner roter Streifen war aus einer kleinen Wunde an der Schläfe quer über das Gesicht geschmiert. Schon am nächsten Tage erfuhr Albrecht vom Tode seines Freundes. Als ihn das Mädchen am frühen Morgen weckte, war es noch dunkel. Er schaltete die Lampe auf dem Nachttisch ein, ein wohltuender gelber Schimmer verbreitete sich über dem Zimmer. Er tritt zum Fenster, auf dem Hof liegt weißer Schnee, der über Nacht gefallen ist. Dann sitzt er fertig angezogen an seinem Tisch und ißt mit der schwermütigen Feierlichkeit, die jeder an sich hat, der alleine am Tisch sitzt und ißt. Das Mädchen kommt langsam in das Zimmer herein, sie ist alt, schon über zehn Jahre im Hause. Sie lehnt sich an den Türrahmen und fragt auf einmal: »Kennen Sie einen Fritz Fiedler oder Fiedeler?«

»Ja, Fritz Fiedler, den kenne ich«, erwidert Albrecht und läßt sich nicht stören, »was ist mit ihm, woher kennen Sie ihn?«

»Ach«, sagt das Mädchen, »es steht heute in der Zeitung, ich las eben, da hat sich ein Fritz Fiedler erschossen.«

Albrecht springt auf, der Schlaf ist aus dem Zimmer gewichen. Fritz ist tot! Er läuft nach vorne, die Zeitung liegt auf dem Schreibpult, er braucht nicht lange zu suchen, er findet bald die Nachricht, zehn Zeilen, ein kurzer Absatz, die täglichen Selbstmorde. Fritz hat sich erschossen, nicht alleine, er hat ein Mädel mitgenommen, so groß war ihre Liebe gewesen, kein Mensch hat davon gewußt.

Der Tag fing jetzt erst an, er mußte zu Ende gebracht werden. Albrecht fährt in die Stadt, dann geht er ins Schauhaus, dort muß er den Freund noch einmal sehen. Als er die Tür zum Vorzimmer öffnet, wenden sich drei schwarze Gestalten um, die Eltern und ein Verwandter. Albrecht geht zur Mutter und gibt ihr die Hand.

»Weinen Sie nicht«, sagt er, »jetzt ist er ja endlich erlöst.«

Aber das war nur eine neue Aufforderung.

Der Vater steht die ganze Zeit daneben und zeigt mit dem Finger an die Schläfe: »Hier hat er sich hineingeschossen.« Das wiederholt er fünfmal, immer die gleichen Worte und die gleiche Handbewegung.

Albrecht wies sich aus und bat den Sekretär, die Leiche sehen zu dürfen. Man gab ihm einen Führer mit. Auf dem Wege durchquerten sie eine geräumige Halle, auf dem Altar stand ein Kruzifix. Sie gingen über lange Korridore und gelangten an eine Treppe. Hier kamen ihnen vier Männer entgegen, feierlich in Gehrock und Zylinder gekleidet. Einer sagte: »Ich habe dem Fuhrmann ausdrücklich gesagt, daß er einen Sarg mitbringen soll, er wollte es dem Tischler ausrichten, er versprach es mir. Jetzt ist kein Sarg da, und die Leute kommen von auswärts. Der hat auch nur im Sinn, wo er etwas verdienen kann. – Ja, ja.«

Sie kommen in den Keller, zu beiden Seiten stehen große hölzerne Verschläge wie Kaninchenställe, was wohl da drin sein mag? Hinten in der Ecke tritt der Führer an einen heran. Er weist Albrecht einen Schritt zurück, öffnet ein Schloß und zieht einen Wagen heraus. – Obenauf liegt der Tote. Der Wärter tritt zurück, stellt sich an die Wand, verschränkt die Hände auf dem Rücken und senkt das Gesicht zu Boden, sein Amt war hier zu Ende.

Auf der Bahre lag Fritz, er war nackt, und sein herrlicher Körper erschien ohne Fehler. Die Augen geschlossen – keine Brillengläser mehr – das Gesicht wie im Schlaf, als ruhe er sich aus. Quer über die Wange lief ein roter Streifen, blaß und eingetrocknet. Tot. Wenn dies nicht wäre, dachte Albrecht, er faßte es nicht, das war der Tod. Er begriff ihn noch immer nicht. Er sah den Freund liegen, als wenn er schlafe, jetzt muß er doch aufwachen, wenn er ihn leise bei der Hand nimmt. Die Hand ist kalt und steif. Und der Körper, der schöne, athletische Körper, lag da und antwortete mit keiner Regung. Aus dem kleinen Loch am Kopf war quer über die Wange das Leben gelaufen und hatte sich verflüchtigt. Albrecht kannte den Körper, als er noch warm war und unter der Berührung mit der Hand verstohlen zuckte, wie er sich bog, spannte und wieder locker wurde beim Wurf und Lauf. Er kannte, er wußte, er sah. Aber das war jetzt der Tod. Was ist der Tod? Oder wenigstens das Ende des

Lebens? Hier war eine Schranke, darüber hinaus ging es nicht mehr, gab es keine Verständigung.

Lange Zeit stand Albrecht an der Bahre seines toten Freundes, es kamen ihm keine Tränen. Eisige Kühle stieg in ihm auf, er blieb hart, bezähmt, aber dennoch ergriffen, voller Trauer und lebend. Er nahm Abschied, es war die Stunde des Todes und der Geburt in einem, aber dies wußte er noch nicht. Er nahm Abschied von einem Menschen, seinem Freunde, der einst gelebt hatte und dessen Leben nichts anderes war als ein Versuch, am Leben zu bleiben, als Mensch, vollgültig, warm und in der Zeit, ein Versuch, Anschluß zu finden, unternommen aus einer vollblütigen Kraft und einem jungen Glauben. Er nahm Abschied von allem, was sie miteinander gesprochen, worin sie sich gestritten und zusammen in die Irre gegangen waren. Der Tod hier war jedoch wahr, kein Irrtum mehr, er brachte die Lösung. Ja, erst später, wenn Albrecht an diese kurze Stunde mit seinem toten Freunde zurückdachte, erfaßte er ihn in seiner ganzen Bedeutung. Der Tod war ein Opfer und eine Erlösung zugleich. Er brachte ein Leben zum Erlöschen und ward dadurch ein Sinnbild, ein Beweis, noch mehr, eine Mahnung. Er war eine Tat, die in jedem eingeschlossen lag, mehr oder minder deutlich, auch in Albrecht. Gleichviel, dadurch, daß sie bestand, ward sie bewußt, erkenntlich und deutbar. Und brachte sie damit nicht die Heilung? Fritz hatte vollendet, was dunkel in ihm lag, er hatte die Tat gewagt und auf sich genommen, der Weg wurde frei zu einem neuen Leben.

Fritz Fiedler war tot. Albrecht ging wieder durch die Straßen seiner Heimatstadt, schon am nächsten Tag war er nach Hause gefahren. Die Eltern, nicht erstaunt über sein plötzliches, unangemeldetes Eintreten in den Laden, fragten nicht viel, machten keine Worte, sie selbst waren zu sehr beteiligt. Nun war er wieder zu Hause, in der Stadt, die für sie beide so viel Gemeinsames barg, von hier hatten sie ihren Ursprung genommen, immer blieb ein Hauch des Alten an ihnen zurück.

Albrecht war allein. Was konnte er für seinen toten Freund tun? Er ging in die Geschäfte und kaufte die Zeitungen, in denen der zwiefache Tod groß aufgebauscht zu einer Liebestragödie umgearbeitet war.

»Ich will alle Nummern der Zeitung haben, die hier zum Verkauf ausliegen.«

Der Händler erwiderte: »Nein, mehr als drei Exemplare gebe ich nicht, andere wollen es auch lesen.« Er merkte recht wohl, was Albrecht plante. Es stand alles darin, von der Flucht aus der Schule angefangen, dann Amerika, und noch vieles mehr, was sich zugetragen – ein trauriges Meisterstück an Ausdeutung und Erklärung. Er hatte sich mit einem Mädel erschossen, eine Liebestragödie. Das Publikum fand Gefallen daran.

Das war alles, was Albrecht tun konnte: Zeitungen kaufen und verbrennen. Am Sonntag vor Weihnachten wurde der Freund beerdigt. In der Stadt lag der Schnee noch festgestampft und grau, auf dem Kirchhof über den Gräbern lag er weiß und unberührt.

Dann fuhr Albrecht wieder nach Berlin, das Leben ging weiter, es hielt ihn in unablässiger Spannung. Der Winter war kalt und die Not groß, das war nun schon der dritte Winter, den man so erlebte. Wie hatte man vor ihm gebangt, gejammert, der dritte Winter ... Nun stand man mitten darin, anfangs hatte man geglaubt, man würde ihn nie überleben.

Spät an einem Winterabend verläßt Albrecht seine Wohnung und geht auf die Straße, ihn treibt eine nicht zu fassende Unruhe und seine grenzenlose Einsamkeit. Der Schnee liegt hartgetreten und spiegelglatt auf den Wegen, es ist kalt. Albrecht läuft, die Hände tief im Mantel vergraben, die Ohren unter einer Mütze versteckt, ohne Ziel, gedankenlos durch die belebten Straßen. Viele Menschen sind unterwegs, zu jeder Zeit sind Menschen anzutreffen. Sie gehen gemächlich ihres Weges, als wüßten sie alle ein behagliches Ziel. Wenn aber einer es eilig hat und schnell vorwärtskommen will, muß er achtgeben. Albrecht windet sich stolpernd und schliddernd durch die offenen Lücken. Hoppla, was wohl die Frau gesagt hätte, wenn er nicht in letzter Minute die richtige Wendung vollführt und an ihrem Hals gelandet wäre? Haha, gut das. Sie dürfen nicht glauben, daß es meine Absicht war, an Ihrem schönen Hals zu hängen, ich bitte tausendmal um Entschuldigung. Warum ich es so eilig habe? ... in meinem Zimmer ist es heute zu kalt, verstehen Sie das? Das heißt, als ich nach Hause kam, war mein Zimmer sehr warm. Ich zog meine Jacke aus, öffnete den Kragen, das war bequem. Doch nach einer halben Stunde wurde es geradezu unerträglich warm, dazu eine stickige Luft – nicht mehr zum Aushalten. Vor allem reine Luft, gutes Atmen ... ich öffnete vorsichtig ein Fenster, legte mich aufs Bett, da mich die Müdigkeit heimtückisch anfiel. Ich kenne sonst keine Müdigkeit, kein Ausruhen, bei mir gibt es sonst nie ... aber das ist Nebensache. Als ich wieder aufwachte, war es dunkel und kalt. Ich strecke die Hand zum Fenster hinaus, aber draußen ist es genauso eisig. Ein Windstoß muß das Fenster ganz geöffnet haben, und die kalte Luft zog herein. Der Spiegel war beschlagen, der Ofen stand feucht in seiner Ecke. Ich mache Freiübungen, um wieder warm zu werden, bewege meine Glieder, singe, versuche Geige zu spielen, aber nur die Finger werden warm, der Kopf glüht mir, sonst bleibt es kalt wie zuvor. Ich hatte vergessen, das Fenster zu schließen. Was sollte ich in einem kalten Zimmer anfangen?

Die Schienen beim Straßenübergang sind glatt gefroren, wer darauf tritt und sich nicht in der Gewalt hat, fällt hin, gerade vor die Straßenbahn. Der Führer klingelt, streut Sand, bremst, das erleuchtete Auge vorn am Bug kommt immer näher. Schnell, gleich wieder aufstehen, weiterlaufen, Achtung, flitzt ein Auto hinter dem Wagen hervor, du hast es nicht gesehen, schreckst zurück, die Räder heulen vor Wut, als sich die Bremsen in die Fahrt einfressen und sie aufhalten. Verschüchtert, eingeklemmt zwischen Straßenbahn und Auto steht ein bleicher junger Mensch, aufrecht, mit jagendem Atem.

Die Mütze des Schutzmanns ist grün, er trägt weiche Ohrenschützer. Die Lichter an der Zeitungsfiliale sind groß und gelb, der Strich darunter blau, die Fenster gelb ausgeschlagen, die Zeitungen, schwarze Buchstaben auf grauem Papier ... Farben, Farben, überall Farben, jeder Mensch hat eine andere Farbe, nur eine ist schön – rot. Wenn das Blut noch dazu, nur ein klein wenig, ein dünner Strich, über die Wange gezogen ist. Wenn mein Vater sich freut, weint er, nicht vor lauter Glück vergießt er Tränen, sondern weil ihm dann seine Not am meisten gegenwärtig ist. Wer an die Hausmauer lehnt, weil er auf dem Boden vor Kälte nicht mehr sitzen kann, tut es nicht aus Vergnügen an einer neuen

Beschäftigung, die einem das Leben bietet. Hat er ein Holzbein, so braucht er keine Bange zu haben, daß es ihm eines Tages vor Kälte erstarrt und abfällt. Aber das ist etwas, ein Mensch, der an der Wand steht, mit einem gesunden Bein, das andere liegt irgendwo in Rußland oder Frankreich ... das ist schon etwas. Da braucht man nicht zu denken und zu suchen, wo steckt der Anfang.

Ein Mann spricht ihn an, greift flüchtig an seinen Hut und murmelt ein paar Worte. Albrecht schüttelt den Kopf, nein, ich habe selbst nichts, ich kann nichts geben. Aber er bleibt stehen und sieht sich den Mann näher an, er ist alt und mächtig heruntergekommen ... Ein paar Streichhölzer, wiederholt der Mann und hält die Schachtel in der Hand. Albrecht erwidert: »Danke, ich rauche nicht.« Aber er bleibt fest auf seinem Platz, er sieht sich den Mann recht genau an. »Sind Sie Vater?« fragt er auf einmal, »haben Sie Kinder?« Der andere nickt traurig mit dem Kopf, kneift seine Augen zusammen und geht weiter.

Albrecht läuft durch die Straßen ... Vater, denkt er, Vater ... Sein Kopf ist ihm zum Zerspringen, und seine Gedanken gehen wirr durcheinander, es ist, als sei er nur noch halb bei Bewußtsein. Und dann das Gefühl, in der letzten Zeit überfällt es ihn immer heißer, er kommt sich so recht erbärmlich vor, daß er hier herumläuft und sich mit persönlichen Gefühlen und quälenden Selbstbeobachtungen herumschlägt, während zu Hause sein Vater ... aber genug, es ging nicht mehr.

Er springt auf eine Bahn, die geradenwegs daherkommt, sieht nicht nach der Nummer, nach dem Ziel. Er steht vorn, neben dem Wagenführer in seinem dicken Pelz, bezahlt und fährt, bleibt lange an einer Haltestelle stehen und empfindet Kälte. »Ja, wollen Sie nicht aussteigen?« fragt der Schaffner, »es ist Endstation.« – »Ach so, ich fahre wieder mit Ihnen zurück.« – »Das geht nicht«, kommt die Antwort, »wir bringen den Wagen in den Schuppen.«

Es ist spät, wie er nur von hier nach Hause kommt? Er befindet sich irgendwo ganz weit draußen. Der Führer weist ihm den Weg zum nächsten Nachtomnibus. Albrecht fährt nach Hause, müde, abgekämpft, nie war er glücklicher.

Die Ferien begannen, Albrecht kam nach Hause, er war aus Berlin abgefahren, ohne den Eltern vorher seine Ankunft mitgeteilt zu haben. Sie erschraken, als er so unerwartet zu ihnen in den Laden trat, fast erkannten sie ihn nicht mehr wieder. Er war blaß, etwas heruntergekommen, und seine Gestalt erschien welker und zerbrechlicher denn je. Albrecht begrüßte sie voller Freude, er war ja heimgekommen, und als er seinem Vater die Hand gab, wußte er im gleichen Augenblick alles, er war wieder zu Hause und aufgenommen in den engen Kreis der Sorgen und Ängste, die auch die seinen waren. Dies waren seine Eltern, der Vater ein alter Mann, nicht so sehr alt als nun völlig gebrochen und hilflos, das Haar der Mutter erglänzte grau, ihr Körperchen glich dem eines Kindes, aber dennoch war sie immer noch die Stärkere und Aufrechte, weiß der Himmel, aus welchem geheimen Boden sie ihre Kraft zog. Es war alles so, wie Albrecht es sich vorgestellt hatte ... Er blieb vorerst daheim, er gedachte sich ein wenig auszuruhen, die Eltern pflegten ihn sorgsam mit aller Liebe, deren sie fähig waren, er vergalt es ihnen mit kindlicher Zärtlichkeit und Treue.

Hier in der Stadt war das Leben trostlos, wo Albrecht auch hinsah, überall begegnete er müden Gesichtern, in denen die Not und die gegenwärtige schwere Zeit geschrieben stand. Nirgends gab es noch unbefangene Freude und Lebenslust, sogar Herr Wiesel ließ den Kopf hängen, er ging umher, er hatte keine Sorgen, aber das Leben, das er um sich herum immer elender und mehr verfallen sah, stimmte ihn traurig – er besaß eben ein mitfühlendes Herz. Albrecht ging durch die Straßen, besuchte vertraute, verschwiegene Stellen im Wald, wo er einst als Kind erhitzt und mit kühnen Träumen gespielt hatte. Er blieb seltsam kalt und unberührt. Hatte er vergessen, war er doch untreu geworden? In seinem Kopf lag eine dumpfe Müdigkeit, einen schweren Panzer trug er mit sich herum, er keuchte und stöhnte sehr unter seiner Last, aber vermochte ihn nicht zu lösen.

Das Leben der Eltern stand erneut vor einer großen Veränderung, der letzten vielleicht, die ihnen bis jetzt zum Schluß vorenthalten geblieben war, sie kam nicht überraschend, man hatte sie erwartet, lange Jahre hindurch; es war nur eine Frage der Zeit, wann sie eintraf, es konnte gar nicht anders sein. Nun war es so weit mit dem Bankrott, Herr

Seldersen gab sein Geschäft auf, es ging nicht mehr weiter. Dies war seine feste Überzeugung. Lange genug hatte er diese Entscheidung hinausgeschoben, sie bei sich aufbewahrt, gleichsam, als halte er eine furchtbare Waffe in seinen Händen, mit der er eine große Rache vollbringen könnte. Lange genug hatte er diesen Zustand ertragen, ein leises unaufhaltsames Sterben, wie eine Seuche, die sich verschleppt hatte. Sollte er noch einmal zu Herrn Dalke gehen und ihn bitten, oder dieses Mal vielleicht zu Herrn Wiesel? Nein, er ging nicht, zu beiden nicht, er wird vielmehr auf das Gericht gehen und den Bankrott über sein Geschäft anmelden. Punktum.

Er sagte es Albrecht, er wollte ihn langsam mit dem Gedanken vertraut machen. Albrecht blieb stumm, er hatte es nicht anders mehr erwartet. Wenn der Vater meinte, daß es das beste sei für ihn und für sie alle überhaupt ... aber vieles blieb noch ohne Antwort, ohne Lösung zurück. Endlich, mehrere Tage nach seiner Ankunft, wagte Albrecht die Frage an seinen Vater zu stellen, wie es denn werden solle, wenn er hier das Geschäft aufgab und damit seine Beschäftigung verlor, wollte er denn ganz feiern? Wie dachte er sich seine Zukunft? Verdammt gut gefragt, da gab es kein Ausweichen, Albrecht erschrak fast selbst vor der Unentrinnbarkeit seiner Gedanken.

»Wir werden die Wohnung aufgeben und mit euch zusammen nach Berlin ziehen«, antwortete Herr Seldersen ohne lange Überlegung, dieser Schritt stand für sie fest.

»So, und dann, was weiter?«

Hm ... Herr Seldersen zuckte die Achseln, was weiter, er wußte es nicht, anscheinend hatte er es noch nicht einmal überlegt, aber im Augenblick zeigte er sich nicht im mindesten erschreckt oder gar besorgt. Kaum glaublich, unfaßbar – keine Gedanken um das, was nachher kam? Aber erst wollte er hier einmal zu einem Ende kommen. Was danach kam – schlimmer konnte es auf keinen Fall werden, das wußte er bestimmt. Nein, Herr Seldersen machte sich im voraus keine Gedanken.

Albrecht unterließ jede nähere Frage, nie würde er seinen Vater verstehen, nie seine Gleichgültigkeit begreifen. Er selbst gedachte nicht, der Zukunft in einer ähnlich abwartenden Haltung gegenüberzutreten, im Gegenteil, er war auf das höchste gespannt und zum äußersten Kampf bereit. Im Augenblick jedoch lag er noch ermattet da und konnte in Gedanken keinen Plan aufstellen. Aber er wußte, daß hier in diesem anscheinend nur äußeren Geschehen, in dieser Verwandlung, die sich im rein Wirtschaftlichen vollzog, der Grund gelegt war für schwere und entscheidende Auseinandersetzungen über seine zukünftige Stellung und Tat, daß hier eigentlich für ihn erst alles begann, wo seinem Vater das Ende bereitet stand. So wie sein Vater sprach, konnte nur jemand sprechen, der restlos am Ende stand, dem der Tisch gnadenlos abgeräumt war, ohne Hoffnung, ohne Zuversicht und Liebe – gnadenlos. Albrecht erschauerte, je fester die Erkenntnis in ihm Wurzel schlug, und eine sonderbare Anwandlung überkam ihn oft, wenn er mit seinem Vater sprach. Er hatte dann nicht mehr das Empfinden, mit einem Menschen zu sprechen, der alt und abgekämpft auf einem verlorenen Posten stand, aber immer noch lebte und atmete, sondern es schien ihm, als stünde er vor einem Denkmal, dem Sinnbild der vergangenen Zeit, und er neigte sich tief in Gedanken vor Bewunderung und unsagbarem Schmerz. Er war, solange er alleine geblieben war, still und zurückhaltend, beinahe unentschlossen geblieben in allem, was er tat, kein Mensch, nur er selbst stellte Anforderungen an ihn. Hier zu Hause trat eine wesentliche Änderung ein: die Eltern waren alt geworden, das Leben hatte sie langsam an die Wand gedrückt, sie fühlten sich müde und enttäuscht. Was blieb Albrecht anderes übrig, als sich zusammenzureißen und von einer verlornen Stelle seiner Seele den letzten Rest von Mut und Zuversicht zusammenzuraffen. Es wurde ihm verdammt schwer, oft meinte er, es übersteige seine Kräfte, und dann dachte er an seinen toten Freund mit lüsternen, süß gefährlichen Gedanken. Aber er hielt durch, ja, er blieb oben, der Himmel sei gelobt, er war jung und nicht danach geschaffen, zu verzagen und untätig dabeizusitzen, während er das Wissen in der Hand hielt. In den Jahren, in denen er allein in Berlin lebte, hatte er viel gesehen und erfahren. Die Ereignisse traten nicht schattenhaft auf und strichen in weiter Ferne vorüber, es ging auch ihn an. Und was er wußte, war schicksalhaftes Nichtkönnen, schuldhaftes Versagen und verkommene Menschlichkeit.

Auch mit Dr. Köster, seinem Freund und Lehrer, wie er

sich selbst scherzhaft nannte, traf Albrecht zusammen. Sie verabredeten einen bestimmten Abend, an dem Albrecht ihn besuchen sollte. Sie wollten wieder einmal einen ganzen Abend in Ruhe zusammen sein, in Erinnerungen schwelgen und die alte Freundschaft aufleben lassen. Eine lange Zeit war verstrichen seit den Vorträgen in der Literarischen Vereinigung, da Dr. Köster Albrecht, er war damals noch ein Schüler mit kurzen Hosen und verträumt blickenden Augen, das erstemal gesehen hatte. Als er dann aus der Schule kam und nach Berlin ging, hielt nur ein flüchtiger Austausch von Grüßen und kurzen Briefen die Verbindung zwischen ihnen aufrecht. In den Ferien, wenn Albrecht zu Hause war, trafen sie sich öfters, ihr Verhältnis blieb immer das gleiche wie damals zu Anfang in der Schulzeit.

Albrecht ging zu der verabredeten Zeit hin, und sie saßen zusammen in dem großen Zimmer, das der Doktor bewohnte, solange er schon hier in der Stadt war. Alles stand noch am gleichen Platz wie früher, Albrecht erinnerte sich, er erkannte alles wieder, die Bilder an den Wänden, das hohe zweiteilige Bücherregal, den Schreibtisch in der Fensternische, das Klavier, von Noten und Büchern bepackt, es herrschte immer noch die gleiche vertraute Unordnung. Albrecht stand in dem Zimmer herum, er fand sich nicht so schnell zurecht, er fühlte sich nicht recht behaglich und sonderlich sicher, er überlegte, vielleicht wäre er lieber nicht hierhergekommen. Der andere zeigte ihm Bücher, die er neu erstanden hatte, las Stellen daraus vor und fragte Albrecht um seine Meinung.

»Gut«, bestätigte Albrecht, »ausgezeichnet beobachtet, treffend geschildert, es ist gut.« Er sagte es so hin, ohne daß er sich nähere Rechenschaft über seine Worte abgab, es ging ihn im Grunde nichts an, er hatte gar nicht genau zugehört, er wollte nur eine Pause vermeiden und sich seinem Freunde gegenüber vorerst nichts anmerken lassen. Vielleicht wollte er ihn nicht enttäuschen.

»Darf ich Ihnen das Buch leihen«, fragte Dr. Köster.

»Nein, danke, ich mag nicht«, antwortete Albrecht, er lehnte entschieden ab.

»Warum?« Der andere war erstaunt, er verbarg es nicht. »Warum?« fragte er noch einmal.

»Ich muß meine Augen schonen«, erwiderte Albrecht, »außerdem habe ich keine Zeit.«

Dr. Köster sah ihn an, der Ton mißfiel ihm, in dem Albrecht seine Gründe vorbrachte, er war nicht unhöflich, aber irgend etwas lag in ihm einbeschlossen, was Dr. Köster sich noch nicht erklären konnte.

»Wie Sie wollen«, sagte er kurz, legte die Bücher hin. Dann nahmen sie Platz. Albrecht saß in einem tiefen Sessel, versunken in den weichen Plüsch der Polster, und versuchte, so gut es ging, Fragen zu beantworten, die der andere an ihn stellte. Eine Menge wollte er von Albrecht wissen, wie es ihm in Berlin erging, in dem letzten Jahr hatten sie sich selten gesehen, was er trieb, wie es überhaupt da draußen aussah. Er selbst kam nicht hier aus dieser Stadt heraus, ein verfluchtes Verhängnis hielt ihn fest.

»Nun, reden Sie doch, Albrecht, was ist mit Ihnen, Sie sehen abgespannt und blaß aus, strengt Sie das Leben in der großen Stadt so sehr an?«

»Ach«, erwiderte Albrecht unlustig, er wollte nicht daran erinnert werden, »ich will mich hier ein wenig erholen, ich glaube, ich habe es nötig, jetzt fühle ich mich schon wieder viel wohler. Ein paar Tage bin ich erst hier, meine Eltern sind rührend besorgt.«

Dr. Köster sah ihn heimlich an, er empfand eine Scheu, näher daran zu rühren, er hatte auch studiert, es lag jetzt schon mehrere Jahre zurück, aber hier war der Fall sicherlich anders.

»Erzählen Sie lieber von sich«, bat Albrecht, »was macht Ihre Arbeit, kommen Sie voran, erzählen Sie.«

Was sollte er erzählen von seiner Arbeit, an der er nun schon bald fünf Jahre zubrachte? Im Augenblick ging sie nicht sonderlich voran, sie lag auch nicht völlig brach, mit der Drucklegung hatte er schon begonnen, ein paar Bogen unterlagen gerade der Korrektur, er arbeitete immer noch weiter, alles befand sich in einer ungewissen Schwebe, hing sozusagen in der Luft. Oft überkam ihn Ekel und tiefer Abscheu vor seiner Arbeit, so daß es bedeutender Anstrengung bedurfte, um sich wieder daran zu setzen. Sie wurde nicht fertig, vorläufig war noch kein Ende abzusehen, obgleich sein Verlag vor langer Zeit schon eine Vorankündigung gebracht hatte. Außerdem war ihm das Geld ausgegangen, und er bemühte sich augenblicklich, neue Quellen zu erschließen. Es ist ziemlich unerfreulich, gestand er, aber angenommen, die Arbeit wird beendet, wer liest ein Werk, das entfernt vom Praktischen, nur vom Geist und allem, was an seiner Existenz hängt, handelt, wer liest es wirklich? Nein, nein, wenn er sich die Dinge recht betrachtet, so erfaßt ihn eine tiefe Aussichtslosigkeit. So ähnlich sprach er, nicht die gleichen Worte, aber Albrecht las das alles aus ihnen heraus und zeigte sich nicht wenig erstaunt.

»Also auch hier«, sagte er, »überall diese Resignation, überall, wohin man sieht.«

Dr. Köster nickte. »Nennen Sie es Resignation, nennen Sie es Müdigkeit, wie Sie wollen. Man kann nur traurig sein und schweigen.«

»Warum traurig sein und schweigen?« wiederholte Albrecht. »Meinen Sie, es bleibt nichts anderes übrig, als dorthin seine Zuflucht zu nehmen?«

»Sicherlich, Sie werden es mir bestätigen können, aus den Menschen, die Sie kennen. Aber ich brauche Sie nur anzusehen, Albrecht, da habe ich die Gewißheit. Es tut mir eigentlich aufrichtig leid, aber ich glaube, es bleibt uns nichts anderes übrig, wenn man sich nicht zu den Schreihälsen und männlichen Hysterikern begibt.« Er schwieg bedrückt.

»Sie irren«, sagte Albrecht langsam, »soweit Sie von mir sprechen, Doktor Köster, irren Sie bestimmt. Müde bin ich im Augenblick, das gebe ich zu, manchmal glaube ich auch, ich habe den Zusammenhang verloren, lange Zeit habe ich schon kein Buch mehr gelesen, beinahe bin ich stolz darauf«, fügte er noch hinzu.

»Stolz darauf, lächerlich Albrecht, lassen Sie es sich von mir sagen, Sie haben kein Verdienst erworben, wenn Sie auf dergleichen hohle Erfolge stolz sind. Kein Buch mehr gelesen, Himmel, wenn Sie früher so gesprochen hätten! Aber die ganze Zeit, die ich jetzt hier mit Ihnen zusammen bin, besonders als ich vorhin die Bücher zeigte, werde ich das unbehagliche Gefühl nicht los, daß Sie geringschätzig denken und sprechen von dem, was Ihnen früher etwas bedeutete.«

Gelassen nahm Albrecht die Vorwürfe hin, denn was waren es anders als Vorwürfe und Rufe zur Umkehr!

»Ich spreche nicht geringschätzig oder gar verächtlich, das

müssen Sie mir glauben. Es mag immerhin auch gleichgültig klingen, das schon eher, aber dagegen brauche ich mich nicht zu verteidigen, nicht wahr?«

»Gleichgültig? Ich nehme es eben als Zeichen für Ihre Resignation und Müdigkeit.«

»Ich sehe das viel einfacher«, erwiderte Albrecht, »ich habe in der Tat keine Zeit. Die Tage vergehen, man kommt nur zu rein praktischen Dingen. Ich nehme an, Sie wissen, unter welchen Verhältnissen ich studiere, man nennt es mit einem Wort Werkstudent, das bedeutet, neben meinem Studium arbeite ich und verdiene Geld, oder ich arbeite, verdiene und studiere nebenbei, so völlig klar ist mir das oft selbst nicht. Wenigstens, wenn es um das Geld geht – das Studium geht dabei zum Teufel. Die Nerven auch, aber auch das ist nicht zu ändern.« Er hielt einen Augenblick an. Dr. Köster ihm gegenüber hörte angespannt zu. Dann fuhr Albrecht fort. »Man glaubt den Geist zu erobern und zu erforschen, und dabei scheitert man schon an der äußeren Form, an äußeren Dingen. Alles geht darauf bei der Sicherung der einfachsten Grundlagen. Ich weiß, dieser Widerstreit ist nicht neu, so mancher hat ihn schon erfahren und wieder vergessen.«

»Wieder vergessen, wie soll ich das verstehen, Albrecht?« unterbrach ihn Dr. Köster. Albrecht überlegte kurze Zeit.

»Sehen Sie, ich treffe da so manchmal ältere fertige Leute, die sicher in ihrem Beruf stehen, sie meinen es gut, klopfen mir wohlmeinend auf die Schulter und erzählen, wie schwer es ihnen früher wurde und wie sie sich durchgehungert haben, unter den schwersten Bedingungen. Durchgehungert, sagen sie, und vielleicht waren sie damals aufrührerisch, revolutionär, Kämpfer. Heute haben sie es geschafft, ihre Frauen sprechen mit sichtbarem Stolz und Wohlbehagen von der Tüchtigkeit ihrer Männer, und die Männer selbst? ... Traurig, Doktor Köster, ich sage Ihnen traurig, daß man weglaufen und verzweifeln könnte, wenn man später einmal genauso aussieht. In der Tat, ich kenne keinen widerwärtigeren Anblick als saturierte Revolutionäre oder Familienväter mit Vollbäuchen und Fettansatz, die früher einmal Schnelläufer waren und noch die Photographie aus der Zeit herumzeigen.«

Dr. Köster lachte. »Sehr gut, Familienväter mit Vollbäuchen und Fettansatz ... aber Sie wollten mir beweisen, daß ich mich irre in dem, was ich vorhin sagte.«

»Richtig, wir waren bei der Resignation stehengeblieben, und ich war nahe daran, ihnen ein Geständnis zu machen.«

»Ein Geständnis? Bitte sehr, welches?«

»Nicht zu schnell, im Augenblick bin ich nicht zu Geständnissen aufgelegt, vielleicht etwas später oder vielleicht heute gar nicht mehr.«

»Nun gut, Albrecht, wie Sie wollen. Ich wundere mich nur, ja ich bin sogar ein wenig traurig darüber, daß Sie sich vor mir schämen, ich dachte, wir hätten die Scham nicht mehr nötig.«

»Mit der Scham ist es so eine eigene Sache, Doktor Köster, wenn Sie zuhören wollten, ich könnte Ihnen da Geständnisse machen, die sicherlich ebenso aufschlußreich sind.«

»Reden Sie, immer reden Sie, Albrecht, Sie müssen alles sagen, was Sie auf dem Herzen haben, ich höre gerne zu.«

»Nun gut«, er begann. »Sie wissen, daß man auf der Universität, um eine Nachsicht bei der Erlegung der Gebührengelder zu erreichen, ein Gesuch einreichen muß, in dem bestimmte Fragen ganz genau beantwortet und zum Teil behördlich beurkundet werden müssen. Am Schluß befindet sich außerdem ein Anhang, eine lange Spalte, hier schreibt man ein paar persönliche Bemerkungen dazu, alles mit dem Ziel, das Gesuch durch nähere Erläuterungen, soweit sie nicht aus den Fragen hervorgehen, für einen gnädigen Bescheid herzurichten. Man muß das tüchtig anpacken. Als ich nun das erstemal ein solches Gesuch ausfertigte und an die Stelle kam, wo ich einige Erklärungen über meine Lage niederschreiben konnte, wußte ich plötzlich nicht mehr weiter und bat einen Kollegen, ein älteres Semester, der hierin schon Übung hatte, mir zu helfen. Er lachte zuerst, als er mein hilfloses Gesicht sah, dann diktierte er mir ein paar Sätze, die sich gewaschen hatten. Ich selbst war ganz gerührt. ›Na‹, fragte er am Schluß freudestrahlend, ›stimmt es, man kann nie schwarz genug malen.‹ Äußerst befangen erwiderte ich, es sei wohl ein bißchen übertrieben, es ginge uns wohl nicht mehr gut, aber so schlecht, wie er es hingestellt hatte, ging es nun auch wieder nicht. Aber wenn die da oben das lesen, dann müssen sie ja gerührt sein. ›Ach was‹, erklärte mein Kumpan, ›was meinen Sie, andere haben das noch viel besser heraus als ich, die kennen überhaupt kein Schamgefühl mehr.‹ Schamgefühl sagte er, er bedauerte es wohl im stillen, daß er noch nicht genügend abgebrüht war und sich noch schämen konnte, da waren ihm andere voraus. Sehen Sie, dieses mit der Scham, die man nie los wird, das war auch mein Fall, das traf mich ebenfalls. Ich kenne diese Scham in noch viel stärkerem Maße, daß sie mir oft kaum erträglich schien, beim Abfassen von Bittgesuchen oder bei mündlichen Unterredungen. Man war immer zuvorkommend zu mir, man ließ mir von jeder Seite Hilfe und Unterstützung zuteil werden, ich kann mich nicht darüber beklagen, überall wo ich hinkam, trat ich demütig und unterwürfig auf, nur so konnte ich meine Würdigkeit beweisen. Ich trug meine Sache vor, und jedesmal, wenn ich geendet hatte, verharrte ich in einem feierlichen Schweigen, wartete, bis man mich wieder fragte. Aber wenn ich dann entlassen war, draußen vor der Tür stand, da überkam mich das Bewußtsein meiner kläglichen Rolle, die ich im Leben spielte, ein jedesmal immer stärker wieder. Ich lief wie ein gekränkter Patriot nach Hause, besah mein Gesicht im Spiegel und empfand die tiefste Abscheu vor meiner Kunst, mit meiner Not hausieren gehen zu können. Ich finde kein anderes Wort, aber meine Lage kam mir unanständig vor, unwürdig, verlogen, was Sie wollen – und dabei war sie wahr, sie entsprach den Tatsachen, das war das Ungeheuerliche, das mich nicht zu Ruhe kommen ließ. Ich wollte den Leuten, zu denen ich als Bittsteller ging, große Geschichten erzählen von meinem Vater, der sein Leben lang gearbeitet hatte und nun nicht mehr weiterkonnte. Ja, aber zum Teufel, warum laufe ich dann, sein Sohn und, wie es so schön heißt, sein Erbe, demütig herum und schäme mich, wir hatten doch nichts Strafbares verbrochen, es ging uns nur immer schlechter, zum Teufel, was sollte das mit der Scham? Wissen Sie eine Antwort darauf, Doktor Köster? Bitte sagen Sie mir Ihre Ansicht.«

»Das ist einfach, Albrecht, Sie merkten eben, daß Sie sich mit Ihren Bitten, demütigen Gesuchen, wie Sie es ein wenig übertrieben nennen, in eine Abhängigkeit begaben, die Ihnen nicht erträglich schien. Sie sind eben stolz und lassen nur gelten, was Sie allein vollbracht haben.«

»Nicht ganz, Doktor Köster, das ist nur ein Teil, aber Sie sind der Wahrheit schon nahe. Was, meinen Sie, hätten mir wohl die Leute geantwortet, wenn ich ihnen das von meinem Vater erzählt hätte. Sie hätten mir wohlmeinend und verstehend auf die Schulter geklopft, versichert, sie wüßten genau Bescheid, täglich hätten sie Einsicht in ähnliche Schicksale, aber die Verhältnisse seien daran schuld, man könne es eben nicht ändern, die Verhältnisse, ich sei nur ein Opfer, und da ich fleißig und bescheiden bin, werde man mir auch helfen. Und man half mir auch. Aber bei mir bewirkte das keine Änderung, ich fuhr fort, mich zu schämen, ja ich könnte beinahe sagen, meine Scham wuchs in dem gleichen Maße, wie man mir half ... und warum jetzt? Sehen Sie, ich merkte nämlich, daß ich keine anständige Haltung im Leben mehr bewies. Wie sollte ich auch, es lag nicht nur bei mir, ich stand schief und verquert mit einem unbeschreibbar schlechten Gewissen auf einem Platze, der nach Untergang, Verwesung, Tod stank. Mit etwas Ironie, etwas Langmut, etwas Schläfrigkeit half ich mir über diese Stunden entsetzlichster Verzagtheit hinweg – Hilfsmittel waren es, Versuche, mich über Wasser zu halten, da es mir schon bis zum Halse hinauf stand. Wir waren eben ein Opfer, mein Vater und ... Aber zum Teufel mit dem ewigen Klagen und Trauern, schließlich sind wir keine Klageweiber, ich habe es satt.«

Dr. Köster sah auf, er lächelte. »Sie reden, als wollten Sie Bomben werfen.« Voller Hingabe betrachtete er seinen Freund, wie er aufstand und sich immer mehr in Feuer redete. Albrecht fühlte den Spott aus seinen Worten heraus.

»Nein«, erwiderte er, »Bomben werde ich nicht legen, nie mich mit solchen großen und mutigen Aktionen befassen, das überlasse ich Kräftigeren. Sie dürfen mich nicht auslachen, aber in Wahrheit, ich schlage mich noch mit Sachen herum, die für andere nie in Frage gestanden haben, die selbstverständlich sind – nämlich, ich habe mich entschlossen, politisch zu werden.«

»Was, Albrecht ... politisch ... armer Junge!« Dr. Köster sprang auf.

»Ja, Sie tun erstaunt, Sie meinen, das Beste ginge dabei an mir verloren, ist es so?«

»Ja, ich kann Sie mir nicht vorstellen. Nun wollen Sie also auch zu den Schreihälsen und männlichen Hysterikern überlaufen, das ist die größte Resignation, die ich mir denken kann.« Er dachte nach, dann sagte er: »Albrecht, ich hatte Sie in Erinnerung als einen kräftigen, gesunden, empfindsamen Jungen, der für sich bleibt und nicht im Chor mit anderen mitschreit. Ich dachte, Sie würden still Ihren Weg gehen, und wenn Sie mir dies nun erklären, so scheint es mir, als ob Sie selbst sich nicht mehr kennen oder sich verfälschen. Liegt darin vielleicht eine bewußte Absicht, der Wunsch nach einer Verwandlung? Es tut mir leid, ich sehe vorläufig nur die übergroße Anstrengung, einen Krampf, wenn ich es so nennen darf. Albrecht, ich gab Ihnen am Anfang unserer Bekanntschaft ein Buch, es ist mehr als ein gewöhnliches Buch, ich weiß, welchen Eindruck es auf Sie gemacht hat. Und nun frage ich Sie, Albrecht, erinnern Sie sich, oder lehnen Sie sogar schon die Erinnerung ab?«

»Ja«, erwiderte Albrecht schwerfällig, »ich erinnere mich«, ungern sprach er jetzt davon. »Ich erinnere mich«, fuhr er leise fort, »es ist vieles wahr, vieles paßt haargenau auf mich, es ist unheimlich oft, zuweilen schien es mir, als sollte ich nie darüber hinwegkommen, es war zum Verzweifeln. Ich hing in mir selbst gefangen, nirgends gab es einen Ausweg, Sie wissen nicht, wie es mir erging. Ich lief herum und verrichtete meine Arbeit gewissenhaft, ein tüchtiger Junge, sagten die Leute, wenn sie von mir sprachen, sie meinten meine Bescheidenheit und Tatkraft, ein tüchtiger Junge, und luden mich zum Mittagessen ein. Aber keiner merkte, daß ich mich eigentlich selbst aufaß, daß ich von meiner eigenen Substanz zehrte und mir von keiner Seite eine neue Quelle zufloß, die mich frisch erfüllte, mich neu speiste. Ich litt Unendliches an dem, was ich täglich sah, an Erfahrung hinzugewann und wußte als Erbteil meiner Erziehung. Ich stand mitten im Leben und verlor immer mehr die Beziehung, den Halt an ihm. Ja, wenn ich einer von denen wäre, ein Drahtseilkünstler, ein Tänzer, der sich meisterhaft durch alle schwierigen Lagen hindurchbalanciert, ich hätte mir eins gepfiffen und mich durchgewunden. Aber ich bin zu schwer, zu alt, ohne Humor meinetwegen, als daß ich das könnte. Sie werden mich nicht auslachen, wenn ich Ihnen ein Geständnis mache, aber ich glaube an Worte wie Sauberkeit, Geradheit, Anstand und Würde. Sie sind für mich mehr als nur Worte, sie verkörpern für mich den einzigen

Inhalt, den ich aus einem vollgültigen Leben herauslese. Und das alles besaß ich in meiner damaligen Lage nicht mehr, nur das einzige, das Schamgefühl, und das unendliche schlechte Gewissen, mich um eine Entscheidung herumzudrücken. Ich merkte deutlich, wie ich mit der Zeit immer mehr ausgeschaltet wurde, es bedurfte keiner langen Überlegung, wann der Tag kam, an dem ich gänzlich erledigt war.«

Eine kleine Pause trat in ihrem Gespräch ein, sie hatten sich im Verlauf ihrer Unterhaltung von den Plätzen erhoben und liefen jetzt im Zimmer herum, ein jeder mit seinen Gedanken beschäftigt. Schließlich faßte sich Dr. Köster ein Herz, immerhin war er der ältere, er zog Albrecht auf seinen Platz zurück.

»Kommen Sie, Albrecht, zünden Sie sich eine Zigarette an, dann wollen wir noch einmal gemeinsam Ihre ganze Lage durchsprechen. Mir scheint, Sie handeln da etwas übereilt und nicht frei von Entschlüssen, die Sie unter einem vertrackten Zwang in einer ebenso vertrackten Lage gezogen haben.« Er sprach väterlich, wie ein Lehrer zu seinem Schüler spricht, als müßten sie gemeinsam das Ziel suchen, während er, der ältere, schon längst darum weiß und fein und zart, ohne daß der andere des leichten Betruges gewahr wird, bewußt darauf hinsteuert.

»Danke, keine Zigarette«, lehnte Albrecht ab, »wir wollen uns das Gespräch nicht durch den Duft verschönern und süßer gestalten, es ist besser, alles so schroff und gegensätzlich zu sagen, wie wir es im Augenblick empfinden.«

»Nun, wie Sie wollen, Albrecht.« Er zündete sich eine Zigarette an. Nach einer Weile: »Also wir wollen noch einmal da halten, wo Sie sagten, daß Sie sich entschlossen haben, politisch zu werden. Sie setzten hinzu, es klänge ein wenig lächerlich und anmaßend, wenn Sie davon wie von einem großen Entschluß redeten, der weittragende Folgen nach sich zieht, während es bei anderen Menschen dieses gewaltigen Anlaufes nicht mehr bedarf. Nun, wir wollen diese anderen Menschen vor allem aus dem Spiel lassen und nicht nach ihnen schielen, wie sie es wohl anstellen ... Wenn ich überhaupt einen Sinn in allen unseren Unterhaltungen erblickt habe, dann wohl nur den, Sie selbständig denken zu lehren und jederzeit von dieser Selbständigkeit Gebrauch zu machen. Auch heute wollen wir es so halten, nicht wahr? Wenn Sie nun sagten, Sie wollten politisch werden, bemühe ich mich, das vollkommen zu verstehen, um auf die Anlässe zu kommen, die Sie bewegen, Ihre Einsamkeit aufzugeben und sich irgendeiner politischen Partei, wie sie sich jetzt zu Dutzenden auftun, in die Arme zu werfen. Ihre Einsamkeit, denn das halte ich für das Wesentliche, Sie empfinden das Bedürfnis, mit Menschen zusammenzukommen, denen Sie sich in einer äußeren Zielsetzung verwandt wissen, Sie fühlen sich damit erleichtert, freier, ja das Leben wird für Sie ein wenig bequemer, aber ich bin noch lange nicht am Ende. Ihre augenblickliche wirtschaftliche Lage, die nicht besonders rosig sein mag und auch für die Zukunft ein wenig unklar sich erhebt, bestärkt Sie in Ihrem Entschluß. Ich weiß, es ist schwer, verdammt schwer sogar, ich erkenne das an und berechne es mit ein, Sie sind abgespannt und nervös, mißmutig – alles erscheint Ihnen schärfer und drohender, als es in Wirklichkeit ist. Warten Sie ab, Albrecht, erholen Sie sich etwas, dann wollen wir weiterreden. Aber jetzt habe ich Sie in dem Verdacht – Sie dürfen mir meine Aufrichtigkeit nicht übel auslegen –, ich habe Sie in dem Verdacht, daß Sie stark nach der Glückseligkeit schielen. Gestehen Sie ein, Albrecht, habe ich recht?«

»Ich gestehe nicht«, erwiderte Albrecht ruhig, »nein, ich habe nichts zu gestehen, und mit der irdischen Glückseligkeit überhaupt erst recht nicht. Ich begehre sie nicht in dem Sinne, den Sie mir vorwerfen, noch in irgendeinem anderen. Das war sogar meine erste, und ich will es nicht verheimlichen, schmerzliche Erfahrung, schon vor langen Jahren, damals, als Sie mir das wunderbare Buch liehen, daß ich an dem, was man so gemeinhin mit Glückseligkeit bezeichnet, ›irdische Wonnen und Genüsse in himmlischer Fülle verliehen‹, daß ich daran keinen Teil habe. Um davon beglückt zu sein, muß man aus anderem Holz gebaut, muß man richtig jung gewesen sein, aber nicht ohne Humor und Lachen, wie ich es im Grunde bin. Mit der Glückseligkeit habe ich, glauben Sie mir, nicht das geringste im Sinn. Im Grunde geht es uns beiden um das gleiche, Doktor Köster, ich bitte Sie, es nie im Verlauf unseres ganzen Gespräches zu vergessen, auch wenn wir uns manchmal weit davon entfernen, es geht uns um das gleiche, nämlich, hören Sie recht zu: um den

Geist. Zu Anfang unserer Bekanntschaft sagten Sie mir, erinnern Sie sich, ich ging damals noch zur Schule und besaß wenig Erfahrung ... Der Geist ist es, die Liebe zu ihm, was allein erhält und uns tätig macht. Sie sehen, ich habe das Wort in gutem Andenken bewahrt, der Geist ist es, der uns erhält, das habe ich damals schon verstanden, und auch heute stehe ich trotzdem noch dazu, wenn ich vorhin auch zu prahlen schien, daß ich lange Zeit nichts Ordentliches mehr gelesen hätte. Ich habe es nicht vergessen. Und allein uns tätig macht ... Als Sie damals diesen Satz hinzufügten, glaubte ich, auch den Sinn endgültig begriffen zu haben ... und uns tätig macht ... Aber jetzt sehe ich, daß ich damals auch noch nicht eine Spur von dem ahnte, was ich heute weiß. Ich sah, wie Menschen, einfach weil es ihnen schlecht ging, weil die Verhältnisse gegen sie Stellung nahmen, aktiv wurden, handelten und Entschiedenes vollbrachten. Zu jeder Zeit ist es so gewesen, sicherlich, aber ich sah dies jetzt, und eingedenk Ihrer Worte von dem Geist und der Liebe zu ihm erschien mir dies unfaßbar, ja, hier sah ich deutlich einen Trennungsstrich gezogen zwischen mir und allen denen, die tatkräftig handeln. Dabei gehörte ich auch zu denen, gegen die die Verhältnisse Stellung nahmen, auch ich wurde ihr Opfer, jedoch ich blieb für mich, mit meinen kleinen Kämpfen und Unentschiedenheiten, abseits, versunken in Beobachtung und Selbstbetrachtung. Allmählich setzte sich in mir das entscheidende Gefühl durch, daß ich mich immer mehr entfernte von dem, was Leben heißt, ja ich bemerkte, und dies war meine schmerzliche Erschütterung, daß ich mich nicht mehr im Gegenwärtigen halten konnte, daß ich abtrieb, uferlos, in die verschwommene Unendlichkeit.«

»Man könnte meinen, Sie seien der tiefsten Erkenntnisse dabei inne geworden«, entgegnete Dr. Köster, »sind Sie nicht der Ansicht, daß die Lage, die Sie mir eben beschrieben, die eines jeden ist, der abseits nur für sich denkt und Einblick getan hat?«

»Ja«, erwiderte Albrecht zögernd, »vielleicht, aber man darf nicht dabei stehenbleiben, oder vielmehr, ich durfte nicht dabei stehenbleiben, wollte ich überhaupt noch eine Möglichkeit finden, am Leben teilzunehmen. Verstehen Sie das?«

»Ich glaube«, antwortete Dr. Köster nachdenklich, »Sie

müssen arbeiten, Geld verdienen. Meinen Sie die dazu nötigen Energien, den seelischen Schwung?«

Albrecht schüttelte den Kopf. »Nein«, sagte er langsam, »auch hier verstehen Sie mich nur halb, es ist mehr, ich muß den Schritt wagen, mich dort eingliedern, wo ich glaube, daß ich hingehöre, und für mich eine Lebensmöglichkeit besteht. Ich muß mir eine neue feste Form suchen, aber es ist mehr als nur eine äußerliche Form. Ich habe ihn, den Geist nämlich, neu begriffen, ich habe ihn neu erlebt, da ich ja nichts anderes getan habe, als gelebt und gearbeitet, was für mich im Grunde eins ist.«

»Albrecht, wie kommen Sie darauf und welche Folgerungen ziehen Sie daraus für sich im Zusammenhang mit dem, was Sie mir vorhin sagten, daß Sie sich entschlossen haben, politisch zu werden? Sie gehen noch weiter, Albrecht, Sie sind nicht der Mensch, sich einfach mit einer runden Erkenntnis, mag sie auch noch so beglückend oder verwünscht sein, zu begnügen.«

»Nun gut«, erwiderte Albrecht ernst, »Sie bitten mich darum, ich werde diese Bitte erfüllen. Aber versuchen Sie nachher nicht, etwas zu beschönigen oder mich auszulegen oder zu kommentieren, so, wie ich es Ihnen sage, will ich, daß es verstanden wird.

Sie warfen mir vorhin vor, daß ich mit meinem Entschluß, politisch zu werden, meine persönliche Note verliere, wie Sie sagten, oder mich selbst nicht mehr kenne. Sie kamen mir mit der Einsamkeit, und im Gegensatz zu ihr mit der politischen Partei, die durch die gemeinsame äußere Zielsetzung eine Verbundenheit schafft. Ich glaube nicht, daß Sie das Sich-verbunden-Fühlen mit anderen Menschen in einem äußeren formalen Ziel ablehnen wollen, oder hätten Sie doch die Absicht?«

»Nicht im mindesten, Albrecht, Sie haben mich mißverstanden, ich meinte vielmehr alles, was diesem Entschluß mitanhängt, gleichsam ungewollt mit hinzugetragen wird, aber ich verstehe nicht ...«

»Gemach, Doktor Köster, zuerst einmal: Sie entsinnen sich, ich hatte hier einen Freund, den Fritz Fiedler. Eines Tages riß er aus der Schule aus, da er glaubte, sein Leben unter den Bedingungen wie bisher nicht zu Ende führen zu können, er riß einfach aus, anders konnte er es seinen Eltern nicht beweisen. Diesen biederen Handwerksleuten, die es durch ihre Arbeit zu einem guten Auskommen gebracht hatten, wollte es zuerst durchaus nicht in den Sinn, daß ihr Sohn keinen Wert darauf legte, ein studierter und, wie sie damit meinten, angesehener und wohlhabender Mann zu werden. Sie hatten ihm die Möglichkeit gegeben, zum Schluß blieb ihnen nichts anderes übrig, sie fanden sich damit ab. Verstanden haben sie es sicherlich nie. Auch mir ist erst mit der Zeit klargeworden, was Fritz damals bewogen hat. Einmal sagte er mir, daß er keine Brücke fände zwischen dem, was man ihm in der Schule beibrachte, und dem Leben, das er um sich herum erfaßte; offenbar bestand da ein tiefer Spalt, den er sah, den auch unsere Lehrer sahen und der sie unsicher machte. Außerdem war er gesund und überaus kräftig, seine Kraft verlangte nach Arbeit, ganz einfach nach einer Arbeit. Er wollte das Leben leben, das er um sich herum sah, sein Vater arbeitete, sein Bruder arbeitete, er wollte es nicht anders. Wie es ausging, wissen Sie. Zuerst versuchte er es hier im Lande. Nach einem Jahr, er hatte noch nicht ausgelernt, lag er auf der Straße, die Firma machte bankrott. Die Lehrzeit wurde ihm nirgends angerechnet, was nun? Er konnte noch einmal von vorne anfangen, in einer neuen Lehrstelle. Und wissen Sie, Doktor Köster, wie es ihm ergangen wäre, wenn er die Lehrzeit glücklich hinter sich gebracht hätte? Es wäre ihm nicht anders ergangen, er hätte wieder auf der Straße gelegen, ohne Aussichten für die Zukunft, ein hoffnungsloser Fall, einer unter vielen Tausenden. Dann ging er nach Amerika, und als er nach zwei Jahren zurückkam, war er erledigt. Was er in der Zwischenzeit alles erlebt hatte, hat er nie erzählt, nicht schwer, es sich vorzustellen, Amerika hat selbst genügend Arbeitslose. Ich sprach ihn damals, ich konnte ihm nicht helfen, ich war selbst in einer äußerst verzwickten Lage. Ein paar Monate lungerte er noch hier herum, er versuchte vergeblich, Tritt zu fassen, es gelang ihm nicht. Dann erschoß er sich eines Tages in Berlin, in einem kleinen Hotel, zusammen mit einem Mädel. Liebesmord, natürlich, es ging damals durch alle Zeitungen, denn was gibt es für andere Gründe, das Leben von sich zu werfen, als Liebeskummer oder verhinderte Sexualität, manchmal auch noch Nahrungssorgen, aber das war bei Fritz nicht der Fall. Seinen

Eltern ging es immerhin noch gut. Sie sehen mich fragend an, als warteten Sie gespannt auf den Schluß, den ich zu Nutz und Frommen aus dieser Erzählung ziehen würde. Gewiß, es ist leicht, nachher Betrachtungen darüber anzustellen und nachträglich noch mit Vorschlägen zu kommen.«

Pause.

»Mir ist die Angelegenheit mit Ihrem Freund und vor allem der Ausgang klar«, begann Dr. Köster, er besaß Verständnis genug, er bewies es durch seine Worte. »Ihr unglücklicher Freund hatte die tiefe Aussichtslosigkeit erkannt, die am Ende eines jeden Unternehmens stand, auf das er heute seine Kraft richtete. Es ist eine gewaltige Tragik und ein unerhörter Vorwurf.«

»Ja«, fuhr Albrecht erregt auf, »das gleiche lese ich auch heraus. Aber noch mehr, ich wage es heute zu sagen, es mag lächerlich klingen, wo er doch tot ist und nicht mehr zu einem neuen Leben erstehen kann, es gibt einen anderen Weg, der, aufgebaut auf die gleichen Erfahrungen und schmerzlichen Erkenntnisse, nicht unbedingt zu dem Ende führt. Ich weiß, natürlich, für Fritz gab es keine andere Entscheidung, er hätte sie sonst nicht gefällt. Er kannte nicht die Not, es ging ihm äußerlich noch gut, er hätte weiterleben können auf Kosten seiner Eltern und seines Bruders, aber das war nicht das Leben, das er begehrte. Er war jung und besaß Kräfte, aber er war einfach ausgeschaltet. Wenn er sich da entschlossen hätte, politisch zu werden, politisch zu denken, sagen wir, geschichtlich zu denken, zu stürzen, was sich im Verfall schon befand und an ihm sich wirksam zeigte, aber in dem Gedanken, etwas Neues aufzubauen – wenn er sich dazu entschlossen hätte, statt allein herumzulaufen, überall anzurennen und sich immer mehr ein Stück von sich selbst abzuschlagen –, ich wage es heute zu sagen, es wäre anders gekommen. Dieser Entschluß lag nicht in ihm begründet, von allein kam er nicht darauf. Alle haben bei ihm versagt, die Eltern, obwohl sein Vater früher selbst politisch war und sogar eine Freiheitsstrafe zu verbüßen hatte, die Lehrer erst recht – und ich, ich auch, denn ich wußte damals noch nicht genug.«

»Aber jetzt frage ich Sie«, unterbrach ihn Dr. Köster, »da Sie mir zu Anfang sagten, es geht Ihnen nur um den Geist –

ich sollte es nicht vergessen, baten Sie mich –, nun, was hat das mit dem Geist und der Erkenntnis zu tun? Oder sind Sie schon so weit, daß Sie aus dem rein Wirtschaftlichen alles erklären wollen?«

»Das ist widerlich«, entgegnete Albrecht langsam und mit unendlicher Schwermut, er erhob sich. Sein Gesicht erstarrte, und jedes Alter wich daraus. »Nehmen Sie es mir nicht übel, ich finde es wirklich widerlich. Soll ich Ihnen versprechen, daß ich nichts vergessen werde, nichts von dem, was wir einst besprachen, von der Kraft des Geistes und der Liebe zu ihm, von der Seele und allem, was zwischen Himmel und Erde in der ewigen Schwebe ist und nur in ihr begriffen werden kann, von der Fragwürdigkeit eines jeden Geschehens, und noch vieles mehr, was so zart und zerbrechlich ist, daß es gefährlich wäre, es auszusprechen, es könnte in der kalten Unwirtlichkeit des Daseins zerfallen ... soll ich das wirklich versprechen, meinen Sie, ich könnte es je vergessen? Nein, ich werde es nie vergessen, niemand wird es vergessen, der je daran teilgehabt hat. Aber jetzt, Doktor Köster, merken Sie auf, jetzt gilt es, etwas ganz anderes zu begreifen, nämlich die unendliche Tragik, die darin liegt, *verdammt sein zum Handeln, während der Geist schon erlöst ist*? Verstehen Sie das? Ich habe sie begriffen, mehr noch, am eigenen Leibe erfahren, gnadenlos, wenn ich jetzt nicht handele, bin ich erledigt.«

Dr. Köster stand auf und sah Albrecht groß ins Gesicht.

»Doktor Köster«, fuhr Albrecht leise fort, »es geht nicht darum, wer von uns beiden recht hat, ohne Zweifel steht das Recht bei jedem von uns, Sie können sogar noch die ewigen, unveränderlichen Wahrheiten für sich in Anspruch nehmen. Gut, ich überlasse Sie Ihnen, desgleichen Ihre Resignation und gepflegte Müdigkeit, nehmen Sie sie hin, Sie dürfen es sich leisten, müde und resigniert zu sein. Die ewige, unveränderliche Wahrheit – nun, sie hält mich nicht mehr, sie läßt mich fallen, ich wäre ein Feigling, ein Selbstmörder, wenn ich sie mir in meiner Lage vor Augen hielte. Die ewige, unveränderliche Wahrheit ... sie ist mir hinreichend verdächtig. Erlöst sein im Geiste, gut, und gleichzeitig verdammt zum Handeln, lernen Sie es begreifen. Dann ist man bereit, sogar zu Krücken seine Zuflucht zu nehmen, wie Sie es vorhin bezeichneten. Aber auch da irren Sie und urteilen nur von Ihrem Standpunkt. Wo gibt es ein Leben ohne Krücken? Lassen Sie mich humpeln und unvollkommen bleiben, wie Sie meinen, wenn ich nur am Leben bleibe. Denn nur im Leben glaube ich dem Geist dienen zu können. Wenn ich Ihnen das Beispiel mit der Form anführte, so sollen Sie weiter wissen, daß es für mich nur diese eine Form gibt. Habe ich je eine besessen, wenn ja, dann ist sie zerbrochen, und ich muß mir eine neue schaffen, in der Anstand, Würde, Gerechtigkeit und Menschlichkeit verbürgt sind. Was haben Sie mir zu erwidern?«

Dr. Köster schwieg lange Zeit. Er trat an das Fenster und sah auf die Straße, als käme ihm von dort aus dem nächtlichen Dunkel die Antwort. Sein Atem ging schwer. Vor seinen Augen entstand das Bild des Schülers von einst, die kurzen Hosen, mit offenem Kragen und mit verwundert, unwissend blickenden Augen, zu ihm hatte er einst gesprochen. Er verharrte lange auf seinem Platz am Fenster. Dann erinnerte er sich jäh der eben gefallenen Worte, sie klangen noch in seinen Ohren, langsam drehte er sich um und sagte:

»Nicht viel, Albrecht. Ich sehe ein, es steht für Sie im Vordergrund. Sie sind, um mit Ihren eigenen Worten zu reden, verdammt, zu handeln, sicherlich ... und nur in dieser bestimmten Form. Auch das erscheint mir verständlich. Nein, schütteln Sie nicht den Kopf, als wollten Sie sagen, das Verstehen, der Verstand allein genügt hier nicht, keine Phantasie, mag sie auch noch so blühend und farbig in einem bestehen, reicht aus und kann ermessen – hier vermag nur das Leben zu entscheiden.«

»Es ist so«, flüsterte Albrecht.

»Aber eine Frage noch«, fuhr Dr. Köster unbeirrt fort, »Offenheit gegen Offenheit: glauben Sie auch daran? Antworten Sie mir bitte, glauben Sie an die Erfüllung Ihres Zieles, eines Zieles überhaupt, wenn ich es schnell so nennen darf, antworten Sie bitte.«

»Ja, ich glaube daran«, erwiderte Albrecht feierlich. »Wenn ich meinen Vater ansehe, glaube ich daran.«

Seine Augen leuchteten bewußt und kraftvoll.

»Eine außerordentliche Täuschung«, flüsterte Dr. Köster, »und sonst ...«

Schweigen.

»Und sonst, wenn Sie allein sind, Albrecht?«

Nach einer Weile: »Ich will leben, denn ich muß weiterleben und arbeiten. Wir haben nichts mehr zusammen zu besprechen, Leben Sie wohl.«

Bankrott! An einem Donnerstag ging Herr Seldersen auf das Gericht, den Konkurs über sein Geschäft anzumelden. Schon vier Wochen vorher hatte er diesen Gang genau überlegt. Der Tag war festgesetzt, an diesem Donnerstag eben. Beinahe hätte er seinen Entschluß wieder umgestoßen, denn er behielt ihn streng für sich geheim. Zwei Tage vorher erinnerte er sich, daß auf diesen Donnerstag sein Geburtstag fiel – ein merkwürdiges Zusammentreffen. Vielleicht eine Bestimmung, so sollte es sein. Es war sein sechsundfünfzigster Geburtstag. Er hielt an dem einmal gesetzten Termin fest und brachte sich selbst das größte Geburtstagsgeschenk. Am frühen Morgen gratulierte ihm die Mutter, und dann begann der Tag.

Über zwei Stunden blieb er von Haus weg, eine unendliche Zeit, der Weg zum Gericht erforderte nur wenige Minuten. Unten im Laden saß Frau Seldersen in großen Ängsten, es fiel alles zusammen, der Geburtstag, das Ende, es gab keine Gnade. Dann kam der Vater zurück, er war ruhig und zufrieden. Die Mutter hockte versteckt in einem Winkel, sie weinte, weiter tat sie nichts, sie weinte nur immerzu. Der Vater saß schwer auf dem Stuhl hinter der Kasse, seine Hände lagen auf dem grünbezogenen Schreibpult – er saß in seinem Geschäft, das ihm achtundzwanzig Jahre gehört hatte, bis heute, jetzt war er ein Fremder darin. Er hatte genug getan, sollten andere die Sache zu Ende bringen, er war entbunden von jeglicher Verpflichtung, für lange Zeit, bis man hier zu einem Ende gekommen war.

Es brannte kein Licht mehr in seiner Wohnung, auf seinem Herd flammte kein Feuer mehr auf. Man hatte ihm die Zuleitung gesperrt. Er ertrug es lächelnd, es war ja Sommer. Dann wollte er nach Berlin ziehen, und dann ... aber das ist noch nicht an der Reihe, gedacht zu werden. Er war zufrieden, er hatte etwas vollbracht, er machte nicht mehr mit. Er hatte es gesagt, alle konnten es hören. Dabei lag die Entscheidung gar nicht bei ihm, vielmehr war er zu diesem Schritt gezwungen worden. Er hätte es noch einige Zeit hinziehen können, über diesen Winter kam er nicht mehr, er wußte es, es lag ihm nichts daran. Er machte nicht mehr mit. Jetzt endlich war Schluß. Er wollte seine Ruhe haben, nichts weiter als seine Ruhe, einmal wieder schlafen können, Mensch sein, nicht geprügeltes, gehetztes Tier.

Er ist auf der Strecke geblieben, der Bürger Johann Seldersen, er ist im Kampf unterlegen. Was Krieg, Nachkrieg, Inflation, jedes für sich allein, nicht vermochten, haben sie vereint in langer, zäher Arbeit geschafft: Krieg, Nachkrieg, Inflation. Es ging hart auf hart. Der Kaufmann Johann Seldersen ist zurückgetreten, erschöpft, sterbensmüde, aber ruhig, ohne viel Aufhebens. Er ist von der Bühne des Geschäftslebens, auf der er jahrelang vermittelnd zwischen Hersteller und Verbraucher stand, ein sicherer Mitspieler, der seine Rolle bis zu Ende kannte, abgegangen. Der Bürger Seldersen hat aufgehört, ein Bürger zu sein, er besitzt nichts als das, was er auf dem Leibe trägt, und dazu alte Möbel, mit denen er notdürftig seine Zimmer bestellen kann, und auch diese gehören ihm noch nicht einmal. Und das nach dreißigjähriger Arbeit. Die Rechnung ist aufgegangen, null zu null. Er geht heraus, wie er vor dreißig Jahren eingetreten ist, nur liegen dreißig Jahre dazwischen, das besagt alles.

Am gleichen Tage kam noch ein Brief, ein Fabrikant drohte mit einer Klage, stellte eine Frist von fünf Tagen. Herr Seldersen las den Brief sorgfältig, er lachte höhnisch. Ihn ging das nichts mehr an, das war jetzt die Sache eines anderen. Von Gericht wurde ein Sachverwalter über diese Angelegenheit bestellt, ein biederer, angesehener Mann, so alt wie Herr Seldersen. Sie hatten sich oft in geschäftlichen Dingen besprochen, er vertrat den Vater vor Gericht. Man hatte von ihm nichts zu versehen, er würde die Sache in Ordnung bringen. Herr Seldersen bedauerte, daß ihm diese unerquickliche Arbeit nun zufiel. Er waltete seines Amtes, Wochen konnten vergehen, bis die Angelegenheit ins reine gebracht war. Bis dahin hatten Seldersens nichts zu sorgen. Eine Summe war täglich ausgesetzt, mit ihr mußten sie ihren Unterhalt bestreiten, es war mehr, als sie in Zeiten, da sie noch selbständig waren, gewagt hätten, für sich anzuwenden. Nach acht Tagen stand es in der Zeitung. Wer wunderte sich darüber? Wohl niemand in der ganzen Stadt. Also nun auch Herr Seldersen, sagten die Leute und holten Luft, um zu sagen: Und dann kommt eben der nächste an die Reihe. So ging die Entwicklung, man hatte es nicht anders erwartet, schließlich konnte man nichts dagegen ausrichten.

Die Tage waren lang und warm, Seldersens gingen am Abend spazieren, sie gingen über die Wege, langsam, jeden Schritt auskostend. Achtundzwanzig Jahre sind sie hier gegangen, ein Menschenalter beinahe, daß sie innerhalb dieser Mauern ihr Leben begannen. Sie hatten gehofft, später, wenn sie alt sind, in Ruhe hier ihr bescheidenes, sorgloses Dasein zu Ende zu führen. Es ist anders gekommen. Sie sind noch nicht am Ende. Sie sitzen in einem großen Karussell, das sich dreht, immer dreht, ohne Unterlaß, wer aussteigen will, tut es auf eigene Gefahr. Eigentlich sind sie noch nicht alt genug, um schon die Hände in den Schoß zu legen und das beschauliche Dasein alter Leute zu führen. Aber sie sind auch nicht mehr so jung, um wie junge Menschen von vorne anzufangen und sich neu eine Berechtigung zu erwerben. Man hat sie nicht gefragt, ob sie wollen, es ist grausam und unwiderruflich zugleich. Ja, vielleicht liegt doch ein Grund, eine eherne Notwendigkeit darin, nur sie sehen sie nicht, begreifen sie nicht, da es ihr Schicksal, ihr Leid, ihre Tränen sind, die den Blick verdunkeln und die Gedanken nur auf das Nächstgelegene lenken.

Herr Seldersen veranstaltete einen großen Ausverkauf, die Preise herabgesetzt, die Ware wurde beinahe verschleudert. Alle kamen, die die Jahre, die unsagbar schweren Jahre, die Treue gehalten hatten, nun erschienen sie zum letztenmal. Ohne große Worte des Mitleids und der Teilnahme, das verstand sich von selbst, sie kauften noch einmal ein, die Gelegenheit war günstig, das Lager mußte geräumt werden. Auch der kleine Kipfer kam, er brachte seine Frau mit und das jüngste Kind. Es war nun bald ein Jahr alt, es sah verhutzelt aus und war noch so winzig, als sei es eben erst geboren, es schrie jämmerlich. Der kleine Kipfer versuchte, es mit einer rührend väterlichen Hilflosigkeit zu beruhigen, er trug es auf dem Arm, seine Frau hatte nicht die Kraft. Sie hatten Geld mitgebracht, um einzukaufen, was sie gerade am nötigsten brauchten, bei vier Kindern, es reichte nie. Herr Seldersen bediente sie selbst, er holte aus den dunkelsten Ecken hervor, überall stöberte er noch etwas auf.

»Und das hier noch«, sagte er und brachte einen großen

Lappen, »gerade ein Rock für Sie, Frau Kipfer.« Er legte alles auf einen Haufen zusammen. Kipfers wurde es unbehaglich zumute, sie hatten fünf Mark mitgebracht. Dann machte der Vater den Preis. »Vier Mark«, sagte er. »Vier Mark, es ist Ihnen doch recht?«

Ob es ihnen recht war. Ein Geschenk! Keiner sagte ein überflüssiges Wort.

Herr Seldersen verpackte alles in einen Karton. Für die Kinder hatte er noch Spielwaren bereitgestellt, seine eigenen Kinder hatten früher mit ihnen gespielt, nun waren sie erwachsen, und die Sachen standen auf dem Boden herum. Der kleine Kipfer holte sie sich an einem der nächsten Tage ab. Zum Abschied gab er dem Vater die Hand, er sah ihn lange an. Dann sagte er auf einmal zögernd:

»Es tut mir leid, Herr Seldersen, wirklich, es tut mir leid.«

Der Vater sah auf, ernst und unbeweglich, er zuckte die Achseln.

»Nun«, sagte er und machte eine Handbewegung. Dann lachte er hilflos und verlassen. Insgeheim verspürte er eine tiefe Freude, daß ihn jemand verstand und mit ihm fühlte. Der kleine Kipfer verstand ihn. Ja, wie war es eigentlich, Kipfer zeigte sich ergriffen und erschüttert, als wenn es ihn selbst betreffe. Aber hatte er nicht vor langer Zeit schon vorausgesagt, wie es kommen mußte? Es kam ihm nicht überraschend, das stand doch alles in seiner Lehre, die er mit seinen kranken Lungen predigte. Er hatte recht behalten. Seht, hätte er voller Stolz sagen können, seht, ein Beispiel, ich habe recht behalten, und er hätte nun triumphieren können. Aber es tat ihm leid, er machte kein Hehl daraus. Die Wahrheit stand bei ihm, doch er litt trotzdem.

Seldersens gingen reihum zu den Bekannten und nahmen Abschied. Es ist keine Entfernung, wir kommen bald auf Besuch herüber, sagten sie. Und das Neue, Unbekannte kam ihnen immer näher. Dann haben sie auch die Kinder, zusammen erträgt sich alles leichter. Aber das änderte nichts daran, daß sie von hier fortgingen und sich im Alter von neuem zum Kampf stellen mußten.

In der Früh' um fünf Uhr kamen die Möbelpacker, in drei Stunden war die Wohnung ausgeräumt und auf zwei Lastwagen verladen. Herr Dalke hatte ihnen die Möbel gelassen, er verzichtete auf seinen Anspruch. Dank!

Sie gingen durch die ausgeräumten Zimmer, die Tapeten zeigten Flecke dort, wo die Bilder hingen, in den Ecken lag Staub und Spinnweben, alles war fremd, kahl und leer. Hier hatte man nun gewohnt, wieviel Jahre waren es? Die Zimmerdecken erschienen doppelt hoch, seitdem die Lampen abgenommen waren, der Fußboden verkratzt und verschabt. Überall glitt der Blick hin, sie nahmen Abschied. Ade nun! Nicht auf Wiedersehen! Guten Tag auch nicht ... nun, dann einfach ade!

Albrecht beneidete die Eltern, die weinen durften, ohne Rückhalt weinen konnten. Er nahm sie bei der Hand, sie ließen sich willig von ihm führen.

Sie wohnen in Berlin, irgendwo, eingeklemmt zwischen hohen Häusern mit Ausblick auf graue Wände, düstere Höfe und einen halbverdorrten Kastanienbaum. Die Höfe von vier enggebauten Häusern grenzen aneinander, nur durch einen mannshohen Drahtzaun getrennt, früh um neun Uhr kommen die ersten Hofsänger, so geht es den ganzen Tag, jeden einzelnen hören sie viermal. Mit ihnen wohnen dreißig Parteien im Haus, Vorderhaus und Hinterhaus zusammen. Die Treppen sind eng und nackt. Nachts schallt der Lärm der Straße zu ihnen herauf. Die Wohnung ist um ein Zimmer kleiner, die Stuben sind nicht so geräumig, die Möbel sind die gleichen geblieben.

Sie alle haben ihre Beschäftigung. Die Kinder gehen am Morgen weg, spät am Abend kommen sie wieder. Nie sind sie pünktlich, und Frau Seldersen hat es schwer, für jeden das Essen bereitzustellen. Herr Seldersen hat nicht lange gefeiert, er ist sechsundfünfzig Jahre alt, wer nimmt heute einen so alten Mann noch in seinen Betrieb, sagt er. Er macht sich keine Hoffnung, doch er ist nicht verlegen, er macht sich einen kleinen Handel zurecht, Schnürsenkel, Strümpfe, Bänder, Knöpfe, Nadeln, alles gibt es bei ihm zu kaufen. Damit zieht er herum, geht in die Häuser, auf die Märkte, baut sich einen Stand. Stundenlang steht er zwischen Lärmen und Rufen, und bereit für die Blicke der Käufer. Er ruft nicht laut, preist seine Ware nicht mit großer Stimme an. Wer zu ihm kommt, der kauft. Viel wirft das Geschäft nicht ab, nicht genug zum Leben, der Staat muß helfen. Oft hat er nur so viel, um die Standkosten, das Fahrgeld zu bezahlen, doch dann kommen auch Tage, an denen er ein paar Mark nach Hause bringt. Dann sitzt er den übrigen Tag beglückt auf dem Sofa, liest seine Zeitung, ganz nutzlos ist sein Dasein nicht mehr. Ein paar Mark ... so weit ist es mit seiner Bescheidenheit gekommen. Er hat das Gefühl für das Vergangene verloren, alles liegt unfaßbar weit hinter ihm. Und wenn ihm die Gedanken kommen, so berühren sie ihn nicht. Sein Schicksal – das eines Fremden –, ja, ja, es ist gut so. Auch Frau Seldersen ist mit ihrer Arbeit vollauf beschäftigt, nie hat sie Ruhe, sie begehrt sie nicht. Ungern geht sie auf die Straße, sicherlich begreift sie das Leben um sich herum nicht mehr, sie macht sich keine Gedanken.

Und auch das ist in Ordnung.

Wenn der Vater die Zeitung gelesen hat, legt er sie sorgfältig auf dem Tisch zusammen und verharrt lange Zeit mit geschlossenen Augen still auf seinem Platz. Sein Atem geht ruhig. Die Mutter kommt herein, Musik ruft sie, Musik, hört ihr nicht? Sie geht zum Fenster und öffnet. Ganz deutlich vernimmt man die quietschenden Querpfeifen und die Trommeln, die ein Marschtempo wirbeln. Es kommt näher, jetzt biegen sie um die Ecke. Vorn an der Spitze marschiert ein Mann allein, ihm folgt ein Zug, wohlgeordnet in Viererreihen, der immer mehr anschwillt: ein Demonstrationszug. Arbeiter, Arbeitslose, verarmte Bürger, Studenten, Frauen und Männer. Sie marschieren alle im gleichen Tritt, und obwohl der Mann in der ersten Reihe den Mann in der zehnten Reihe nicht kennt, nicht weiß, wer er ist – sie marschieren zusammen. Ein starker Wille geht von ihnen aus, eine einheitliche Bereitschaft – sie wissen, warum sie marschieren. Als die ersten Trupps an dem Hause angelangt sind, beugt der Sohn sich ein wenig aus dem Fenster hinaus, daß die da unten ihn sehen können, und grüßt die Vorbeiziehenden lautlos. Und langsam, als müßte er eine ungeheure Last von sich stoßen, erhebt der Vater seine Hand, tritt einen Schritt vor neben seinen Sohn – doch als besäße er nicht die Kraft ... der Arm fällt ihm schwer herab, er neigt den Kopf zur Erde und schließt die Augen. So stehen sie beide, Vater und Sohn, grüßend, die ganze Zeit, bis die letzten Demonstranten am Fenster vorbeigezogen sind.

Nachwort

Nach mehr als fünfzig Jahren wird »Das Leben geht weiter« bei meinem alten Verlag wieder aufgelegt. Man lud mich ein, ein kurzes Nachwort beizusteuern, Entstehungsgeschichte und Schicksal des Buches womöglich im zeitgeschichtlichen Kontext nachzuzeichnen. Seltsamerweise überkommt mich hierbei das Gefühl, eine Art Nachruf, meinen eigenen, zu schreiben. Fünfzig Jahre sind eine lange Zeit, und in ihnen ging bestimmt mehr verloren als nur die naive Hoffnung eines sehr jungen Mannes, der eben sein erstes Buch bei »S. Fischer« herausgebracht hatte, Hoffnung auf Erfolg, Ruhm, – ja, sagen wir es rundheraus: auf Unsterblichkeit.

Vor mir liegt das »Kleine Selbstbildnis«, das ich im März 1933 für die »S. Fischer Korrespondenz« geschrieben hatte. Ich zitiere daraus: »Als ich geboren wurde, im Dezember 1909, trank mein Vater eine Flasche Sekt, er konnte es sich leisten. Es war der ›silberne‹ Sonntag. Aber ich glaube nicht daran.« Glaube ich noch immer nicht daran?

»Ein Herr Loerke hat angerufen«, sagte meine Mutter, als ich eines späten Nachmittags im Dezember 1932, wenige Tage vor meinem 23. Geburtstag, aus der Charité nach Hause kam, »er hat uns gratuliert, deinen Roman wird er dem Verlag empfehlen.«

Ungefähr drei Monate zuvor hatte ich in der Bülowstraße, dem alten Sitz des Verlages, Gottfried Bermann Fischer gegenüber gesessen und ihm ohne jegliches Vorspiel das Manuskript übergeben. Wir unterhielten uns über viele Dinge, über Medizin, er war von Hause aus Chirurg, ich stand im neunten Semester; über Musik, er spielte Bratsche, ich saß als Trompetist und Geiger in verschiedenen »Bands«, spielte auf Veranstaltungen von Spar-, Angler- und Ringvereinen von der Frankfurter Allee, um den Alexanderplatz herum bis zum Presseball in allen Räumen des Zoo-Restaurants, zum Filmball, Ball der Technischen Hochschule in der Krolloper, jour fixe bei Katharina von Oheimb, zu Tonfilmen (»7 Mädchen in einem Boot«, »Czardasfürstin«) – all dies erzählte ich ihm, über Literatur sprachen wir kein Wort.

In den unteren Räumen des Hauses war ich von einer Frau empfangen worden, deren Züge, denen einer Bäuerin ähnelnd, sich mir einprägten. Es war, aber dies erfuhr ich erst später, Paula Ludwig. Beim Weggehen stieß ich an der gläsernen Tür mit einem kleinen schmächtigen Mann zusammen, der eine dicke Aktenmappe schleppte und mich hinter seinen randlosen Brillengläsern aus einem fett- und bartlosen, etwas zerknitterten Gesicht scharf musterte. Es war Alfred Döblin, und falls er ein Manuskript in seiner ledernen Tasche trug, muß es »Unser Dasein« gewesen sein.

Dann besuchte ich Oskar Loerke in seiner Wohnung in Frohnau, und gemeinsam arbeiteten wir am Text. Loerke hat in seinen »Tagebüchern« darüber berichtet. Karl Krolow hat mich Anfang der sechziger Jahre in Amsterdam auf diese Notizen aufmerksam gemacht. Ich erhielt einen Vorschuß, ging, zum ersten Mal, mit einer Gruppe Medizinstudenten aus Berlin zum Skilaufen ins Engadin, nach Compatsch. Der Verlag sandte mir die Fahnen nach. Als ich zurückkam, brannte der Reichstag. Loerke und Peter Suhrkamp, der gerade die Redaktion der »Neuen Rundschau« von Rudolf Kayser übernommen hatte, empfahlen eine Textänderung auf der letzten Seite; sie überzeugten mich. Die zum Gruß »geballten Fäuste« verschwanden. Schließlich ging es mir nicht um Parteien, sondern um die politische Entscheidung an sich.

Zuvor hatten wir uns über den Titel beraten. Ich hatte, nichtsahnend, »Das neue Leben« gewählt. Loerke und Suhrkamp lehnten ab, natürlich, Kollege Dante. Dann schlug ich »Das Leben geht weiter« vor. Und dabei blieb es. Dies war mein Einstieg in die deutsche »Literatur« und zugleich auch mein Ausstieg. Zwar hatte ich 1926 bei einem Schülerwettbewerb des Börsenvereins »Kannst Du ein Buch empfehlen?« den dritten Preis gewonnen – ich empfahl »Demian« –, aber meine Arbeit wurde nur mit den Initialen in einer speziellen Broschüre abgedruckt. Von den gewonnenen 30 Mark erwarb ich drei Bücher, es dauerte Wochen, bis der neugierig-entrüstete Buchhändler des Städtchens sie mir aushändigte: »Eros im Zuchthaus« von Karl Plättner, einem Kumpan von Max Hölz, den Novellenband »Erstes Erlebnis« von Stefan Zweig und die wunderschöne ledergebundene Dünndruck-Taschenausgabe der »Vorlesungen« von Sigmund Freud, dritte Auflage (1926, Leipzig, Wien, Zürich), die ich über die Jahre gerettet habe, die beste, beglükkende Einführung in das Fach, das ich auch heute, wenn gleich kritischer geworden, noch ausübe.

Ich erinnere mich, wie ich zum Schreiben des Romans kam. Auf Anregung einer amerikanischen Kommilitonin, die am Berliner Psychoanalytischen Institut ihre Ausbildung erhielt, meldete ich mich eines Tages dort an, wurde empfangen und erzählte »mein Leiden«. Der betreffende Analytiker – war es Sachs? – hörte mich ernsthaft an und teilte mir schließlich mit, er sehe keinen Anlaß für eine psychoanalytische Behandlung. Wütend ging ich nach Hause und schrieb die ersten Sätze.

So begann ich, zuweilen aufgehalten durch die Anforderungen des Studiums und der Arbeit als Musiker, meine Geschichte und die meiner Eltern in der kleinen Kreisstadt der Mark Brandenburg und später in Berlin zu erzählen, die Geschichte vom wirtschaftlichen Niedergang eines kleinen Selbständigen, eingelassen in die politischen, sozialen und ökonomischen Wirren der Jahre nach dem Ersten Weltkrieg, der Weimarer Republik, der Inflation und des aufkommenden Nationalsozialismus. Es war ein Stück Selbstanalyse in dem engen Ausschnitt, den ich damals übersehen, und eine Beschreibung von Entwicklungen, soweit ich sie damals erfassen konnte. Aber es war nur *ein* Teil der Selbstdarstellung, den anderen, den des jungen Juden im damaligen Deutschland schrieb ich erst in den Niederlanden, mit dem Roman »Der Tod des Widersachers«, der 1959 in Deutschland erschien. In Amerika stand er auf der Liste der »Best Readings« des Jahres 1962.

Im Frühjahr 1933 erschien also mein Buch. Ich habe noch einen Empfang in der Villa im Grunewald mitgemacht, »Tutti« einen steifen Blumenstrauß überreicht und dem alten »Samy« – »wir bringen ja ein Buch von Ihnen« – die Hand geschüttelt. Ansonsten stand ich verloren unter den vielen mir zum größten Teil unbekannten Menschen; ein schlanker, sehniger Mann stiefelte selbstbewußt durch die Räume, Leonhard Frank; dort saß Hermann Sinsheimer, der den Roman im Vorabdruck im »Berliner Tageblatt« bringen wollte, den Plan jedoch wieder verwarf; auch Richard Huelsenbeck, Mitbegründer des Dadaismus, später mein Psychiaterkollege, von dem der Verlag zur selben Zeit ein Buch brachte, lernte ich kennen.

Ich klammerte mich an Joachim Maass und Karl Jakob Hirsch (»Kaiserwetter«), die ich schon auf dem Hinweg aufs Geratewohl angesprochen hatte, und auch an Kurt Heuser, der mir über Stefan Grossmann und dessen Tochter Maya, einer Kommilitonin und für mich mehr als das, bekannt war. 1934 kam mein Buch auf die Verbotsliste, es war das letzte Debut eines Juden im alten S. Fischer Verlag. Im selben Jahr bestand ich mein ärztliches Staatsexamen und wurde ebenfalls hinausgeworfen.

Ich wechselte über in meinen zweiten erlernten Beruf, den eines staatlich geprüften Turn-, Sport- und Schwimmlehrers an der Preußischen Hochschule für Leibesübungen in Spandau und unterrichtete fortan im Landschulheim Caputh, an mehreren Schulen der jüdischen Gemeinde Berlin und auch an der Theodor-Herzl-Schule. Hier am Kaiserdamm war ich noch für den jüdischen Sportklub »Bar Kochba« im Staffellauf »Potsdam-Berlin« 500 Meter auf glühendem Asphalt gelaufen. Im Oktober 1936 verließ ich zusammen mit meiner Frau Gertrud Manz Deutschland, durch die Nürnberger Gesetze waren wir gefährdet.

Seitdem lebe ich in Holland, wo ich Krieg und Verfolgung im Versteck und als Arzt (unter einem Decknamen) der Widerstandsgruppe »Vrije Groepen Amsterdam« überstand. Das Leben ging zwar weiter, aber die Literatur war mir sehr fern gerückt, obgleich ich in den Niederlanden unter dem Pseudonym Benjamin Cooper einige holländische Anthologien herausgab und auch eruptiv Gedichte in deutscher Sprache zu schreiben begonnen hatte, von denen die holländische literarische Zeitschrift »De Gemeenschap« sehr zu meinem Erstaunen einige unter dem Decknamen »Alexander Kailand« veröffentlichte. Nach dem Kriege schickte ich sie an Peter Huchel, der in »Sinn und Form« das Gedicht »Zu einem alten Niggun« veröffentlichte. Während der Zeit, da ich untergetaucht leben mußte, schrieb ich die Novelle »Komödie in Moll«, die 1947 im Querido-Verlag erschien. Wegen Devisenschwierigkeiten war die Einfuhr der Verlagsproduktion in Deutschland praktisch unmöglich gemacht.

Den in »De Gemeenschap« veröffentlichten Gedichten habe ich es zu verdanken, daß meine Eltern nach der »Kristallnacht« in Berlin noch in den Niederlanden zugelassen wurden. 1943 kam mein Vater als dekorierter Frontkämpfer des Ersten Weltkrieges mit meiner Mutter auf eine spezielle Austauschliste. Der Austausch kam nicht zustande. Das Leben meiner Eltern wurde in Birkenau beendet.

Nach dem Kriege gründete ich zusammen mit anderen Überlebenden die jüdische Kriegswaisenorganisation »Le Ezrat Ha Jeled« (»Zur Hilfe des Kindes«), für die ich bis 1970 arbeitete, holte niederländische Arztexamina nach, Ausbildung zum Nervenarzt, Psychoanalytiker. Im Sommer 1967 wurde ich Mitarbeiter der kinderpsychiatrischen Universitätsklinik Amsterdam. Hier begann ich mit Unterstützung des klinischen Psychologen Herman R. Sarphatie und in einem späteren Stadium des Mathematikers Arnold Goedhart eine Untersuchung, mit der ich 1979 promovierte. 1934 hätte ich, wie man mir damals in Berlin bedeutete, bei einer eventuellen Promotion zum Dr. med. meine Staatsbürgerschaft aufgeben müssen. Ich verzichtete und tat es fünfundvierzig Jahre später. Das holländische Justiz- und das Sozialministerium unterstützten meine Arbeit. Sie ist als Monographie in der Reihe »Forum der Psychiatrie« beim Enke-Verlag in Stuttgart erschienen, 1979. Elf Jahre habe ich an ihr gesessen, demgemäß hat sie einen langen Titel: »Sequentielle Traumatisierung bei Kindern. Deskriptiv-klinische und quantifizierend-statistische follow-up-Untersuchung zum Schicksal der jüdischen Kriegswaisen in den Niederlanden.« Mit dieser Arbeit habe ich endlich Kaddisch gesagt, das Totengebet, das ich lange nicht sprechen konnte.

Außer »Sinn und Form« haben »Castrum Peregrini«, »Die Neue Rundschau«, »Die Zeit« Gedichte von mir veröffentlicht, ich habe an Anthologien mitgearbeitet, wissenschaftliche Arbeiten auf deutsch und holländisch verfaßt, – alles in allem nicht sehr viel. Aber ich habe unzählige Rapporte geschrieben über Kinder und Erwachsene, die ich untersucht oder behandelt habe, um Gerichte und andere Instanzen im Idiom meines Faches von dem Leid zu überzeugen, das sie in schweren Jahren überkommen hatte. Diese Arbeit bestimmt im Grunde mein persönliches Verhältnis zur Literatur.

Als ich 1936 in Holland ankam, fand ich in der öffentlichen Bibliothek meinen Roman. War er mir vorausgeeilt, oder hatte er mich wieder eingeholt? Sein Titel »Das Leben geht weiter« – bedeutete er eine Herausforderung, eine Ahnung, eine Beschwörung des Kommenden oder war er nur ein ironisches Aperçu? In Osnabrück sprach ich im Mai 1983 zur Eröffnung der »Woche der verbrannten Bücher« als Vertreter des PEN-Zentrums deutschsprachiger Autoren im Ausland, hinter mir, auf eine Leinwand gemalt, standen alle Namen der vertriebenen Schriftsteller. Viele waren nicht mehr am Leben. Auch meinen sah ich dort, zufälligerweise stand ich direkt darunter, als ich sprach. Ich hatte mich nie viel und mit Überzeugung darum gekümmert, dazuzugehören. Aber ich begriff, daß es ja nicht nur erlauchte Namen waren, Frauen und Männer, die damals über die Grenzen flüchteten. Auch weniger bekannte und noch junge Autoren verließen damals Deutschland. Ihr einziger Ruhm war, zusammen mit Baruch Spinoza, Moses Mendelssohn, Heinrich Heine, Karl Marx, Sigmund Freud, Thomas Mann und vielen anderen verbrannt oder verboten zu sein.

Nach dem Krieg habe ich noch zweimal Bad Freienwalde besucht, nun in der DDR gelegen, und bin durch meine Erinnerungen gewandert. Es gehört zur menschlichen Natur, zu vergessen und vergessen zu werden. Diesem Faktum entlehnen Gedenktage ihre Legitimation.

Die Literatur ist das Gedächtnis der Menschheit. Wer schreibt, erinnert sich, und wer liest, hat an Erfahrungen teil.

Bücher kann man wieder neu auflegen. Von Büchern gibt es schließlich Archivexemplare.

Von Menschen nicht.

Bussum / Niederlande, im Frühjahr 1984 HANS KEILSON

Verboten und verbrannt – Bücher aus dem Exil

Carl von Ossietzky
Rechenschaft
Publizistik aus den Jahren 1913–1933
Band 5188

Kurt Otten
Torquemadas Schatten
Band 5137

Theodor Plievier
Der Kaiser ging, die Generäle blieben
Band 5171

Gustav Regler
Im Kreuzfeuer
Band 5181

Arnim L. Robinson (Hg.)
Die zehn Gebote
Band 5186

Nico Rost
Goethe in Dachau
Band 5183

Wilhelm Speyer
Das Glück der Andernachs
Band 5178

Paul Zech
Deutschland, dein Tänzer ist der Tod
Band 5189

Fischer Taschenbuch Verlag

fi 118/2b

Lion Feuchtwanger

Erfolg
Roman. Band 1650

Die Geschwister Oppermann
Roman. Band 2291

Exil
Roman. Bd. 2128

Jud Süß
Roman. Bd. 1748

Goya
Roman. Bd. 1923

Die häßliche Herzogin Margarete Maultasch
Roman. Band 5055

Die Jüdin von Toledo
Roman. Band 5732

Jefta und seine Tochter
Roman. Band 5730

Simone
Band 2530

Ein Buch nur für meine Freunde
Eine Auswahl aus den Essays
Band 5824

Josephus-Trilogie
Bd. 1: **Der jüdische Krieg**
Roman. Band 5707
Bd. 2: **Die Söhne**
Roman. Band 5710
Bd. 3: **Der Tag wird kommen**
Roman. Band 5711

Die Füchse im Weinberg
Bd. 1: **Waffen für Amerika**
Roman. Band 2545
Bd. 2: **Die Allianz**
Roman. Band 2546
Bd. 3: **Der Preis**
Roman. Band 2547

Die Brüder Lautensack
Roman. Band 5367

Der falsche Nero
Roman. Band 5364

Narrenweisheit oder Tod und Verklärung des Jean-Jacques Rousseau
Roman. Band 5361

Fischer Taschenbuch Verlag

fi 223/2

10. Mai 1933

Bücherverbrennung in Deutschland und die Folgen

Herausgegeben von Ulrich Walberer
Fischer Taschenbuch Band 4245

Mit Beiträgen von
Wolfgang Benz, Ursula Büttner, Volker Dahm, Hermann Glaser, Erich Kästner, Gabriele Krämer-Prein, Hans Mayer, Manfred H. Niessen, Gerhard Sauder, Ralf Schnell, Hans-Wolfgang Strätz, Frithjof Trapp und Hermann Weiß

Vor fünfzig Jahren wurden in Deutschland Tausende von Büchern verbrannt. Hochschulprofessoren hielten völkische Jubel-Reden. Wenig später wurden Menschen in Millionenzahl verbrannt.
Mit diesem Band wird eine Summe bisheriger Detail-Forschung gezogen. Fachleute aus mehreren wissenschaftlichen Disziplinen behandeln in ihren kritischen Beiträgen den Forschungsgegenstand aus verschiedenen Perspektiven und legen hier ihre erschütternden Ergebnisse einem breiten Publikum vor – Ergebnisse, an denen sich künftig niemand mehr wird vorbeistehlen können.
Warum die Anstrengungen fünfzig Jahre danach? Damit in Deutschland und anderswo keine Bücher ins Feuer geworfen werden. Denn: Wo man Bücher verbrennt, da könnte man bald auch wieder Menschen verbrennen.